DREIZEHN WOCHEN

Die Vorbereitung auf diese Erstveröffentlichung des Potsdamer Tagebuchs von Hermann Kasack erfolgte gemeinsam mit dem Brandenburgischen Literaturbüro, Potsdam.

Die Deutsche Bibliothek - CIP-Einheitsaufnahme
Kasack, Hermann:
Dreizehn Wochen: Tage- und Nachtblätter;
Aufzeichnungen aus dem Jahre 1945 über das
Kriegsende in Potsdam/Hermann Kasack.
Hrsg. von Wolfgang Kasack.
Mit einem Geleitw. von Walter Kempowski.
Nachw. und Erl. von Günther Wirth. -
1. Aufl. - Berlin: Ed. Hentrich, 1996
ISBN 3-89468-209-4

Satz und Druck:
Druckhaus Hentrich, Berlin
Lithos:
Reprowerkstatt Rink, Berlin
Buchbinder:
Buchbinderei Heinz Stein, Berlin

ISBN 3-89468-209-4
1. Auflage 1996
Printed in Germany

HERMANN KASACK

DREIZEHN WOCHEN

Tage- und Nachtblätter

Aufzeichnungen aus dem Jahre 1945
über das Kriegsende in Potsdam
herausgegeben von Wolfgang Kasack

Mit einem Geleitwort von
Walter Kempowski

Nachwort und Erläuterungen
von Günter Wirth

EDITION HENTRICH

Inhalt

ZUM GELEIT

Diese Notizen aus »Dreizehn Wochen« habe ich mit der Anteilnahme desjenigen gelesen, der von autobiographischen Texten immer von neuem angezogen wird und an ihnen den Zipfel vom Mantel des wirklichen Lebendigen zu erfahren sucht. Und ich habe sie mit der Aufmerksamkeit desjenigen zur Kenntnis genommen, der sich in solchen Texten aus Zeiten tiefgehender politischer und sozialer Veränderungsprozesse, aus Katastrophen den berühmten Zipfel am Mantel der Geschichte betrachten sieht. Kasacks Notizen haben den Vorzug, daß in ihnen beide Mäntel zu entdecken sind, der des alltäglichen Lebens und der der geschichtlichen Umbrüche.

Ich gehöre einer anderen Generation an als Hermann Kasack und kann daher aus eigener Erfahrung nur wenig mitreden, wenn es um den Nationalsozialismus und seine Voraussetzungen geht. In des Dichters Tagebuchaufzeichnungen sind wir in der Endmoräne des Regimes, und es waren ja genau deren Anfänge, auf die ich mich konzentrierte, als ich – womöglich zur Überraschung der Freunde von »Tadellöser & Wolff« – die Synopse von Hunderten autobiographischer Mitteilungen aus der Zeit der »Wende« des zweiten Weltkrieges in meinem Dokumentationswerk »Echolot« bot.

Leider habe ich erst spät erfahren, daß es von Kasack von Anfang 1943 bemerkenswerte Tagebuchnotizen gibt, die genau in das Umfeld des »Echolot« passen und zugleich in das dieser »Dreizehn Wochen«, etwa die Notiz vom 16. März 1943:

»Niemand kann entrinnen. Und jeder Tag, jeder kleine Zeitabschnitt, den man noch im alten Fahrwasser hinbringt, wirkt wie ein Aufschub. Von Augenblick zu Augenblick vermehrt sich die Existenz des Vorläufigen, eines nur vorläufig geduldeten Lebenszustandes... Das Donnerschwert, das leiblich oder seelisch oder geistig auszulöschen droht, hängt über jedem... Woher die Kraft nehmen, sich zu wehren? Vielleicht aus dem Wissen, daß Fall und Verteilung der Lose nur umgedreht sein kann. Daß man also für seine eigene Gerechtigtkeit kämpfen soll.«

Gerade von hier aus wird deutlich, was ich an den autobiographischen Mitteilungen für besonders wichtig halte, für existentiell wichtig, wenn es denn pathetisch formuliert werden soll: Dieser Dichter, der sich oft genug als »Visionär« gefühlt hat, hat nämlich im Augenblick der von ihm begrüßten, weil herbeigesehnten Befreiung aus der Despotie das mitunter dramatische, mitunter unmerklich subkutane Heraufziehen einer anderen beobachtet. Sicher, er wehrt sich noch, und er wird auch noch fast vier Jahre in der von den Sowjets zugleich eroberten, befreiten und okkupierten Stadt, seiner Heimatstadt seit fünfzig Jahren, wohnen bleiben. Aber es ist schon in diesen Texten, noch mehr in dem nach den »Dreizehn Wochen« vollendeten Opus magnum »Die Stadt hinter dem Strom« spürbar, wie fragil die jetzt, nach dem 27. April 1945, entstandene Lage geblieben ist, wenn auch auf andere Weise als zuvor.

Ich habe den Roman bei seinem Ersterscheinen vor genau 50 Jahren nicht lesen können, aber ich bin gleichsam in der »Stadt hinter dem Strom« gewesen. Von den Sowjets verhaftet und verurteilt, wußte ich doch nicht, ob dies nur eine vorläufige Existenz sein würde, ob ich je lebend diese Stätten meiner Einkerkerung würde verlassen können: Ich war in dem Zwischenreich ...

Hermann Kasack hat das unanfechtbare, seit 1989 erst richtig zu würdigende Verdienst, in der pointillistischen Genauigkeit der Beschreibung der damaligen Zustände in seiner Heimatstadt die Kreuzwege des Jahres 1945 markiert zu haben - nicht zuletzt den, in den alle münden, den des Unvermögens, den Übergang aus einer Despotie in eine andere zu verhindern.

Ich bin an einem Ort, der Kreuzungspunkt beider Despotien war, in dem von Kasack erwähnten Gestapogefängnis in der Potsdamer Lindenstraße, das dann NKWD- und Stasigefängnis werden sollte, darauf angesprochen worden, ob ich ein Wort des Geleits für diese Aufzeichnungen schreiben könne. Wie hätte ich diese Bitte an einem solchen Ort abschlagen können?

Übrigens: Der Lehrer Kempowski findet es ganz angenehm, daß der Dichter Kasack freundliche Wort über einige Lehrer findet.

Walter Kempowski
Nartum, im Mai 1996

Hermann Kasack, 1946

Das 1945 von meinem Vater, Hermann Kasack (1896–1966), als Dokumentation eines der wichtigsten Momente der deutschen Geschichte des 20. Jahrhunderts geschriebene Tagebuch aus den Tagen der Eroberung Potsdams durch die Rote Armee wurde von ihm zwar durchgesehen und bearbeitet, aber nie abschließend für eine Publikation redigiert. Es blieb unveröffentlicht. Lediglich für den Rundfunk hat er 1963 einen kleinen Auszug zusammengestellt. Der Text wird hier nach dem Typoskript abgedruckt, wobei einige von ihm in einem der Exemplare erwogenen Streichungen nicht beachtet wurden. Zur Abrundung wurden Auszüge aus einem Brief an meine Schwester und aus einer »Fortsetzung der ›Dreizehn Wochen‹« als Anhang einbezogen. Inkonsequente Namensschreibungen und offensichtliche Tippfehler wurden korrigiert.

Bei Maria und Renate, die im Text mit Vornamen genannt werden, handelt es sich um meine Mutter (1896–1983) und meine Schwester (1924–1967), bei Johanna um meine Tante, die Schwester meiner Mutter (geb. 1895), die noch in Berlin lebt.

Much, im März 1996 *Wolfgang Kasack*

In diesen Tagen der Unbeständigkeit bin ich zum Pförtner unseres Hauses geworden. Der Krieg, der sich nach fünfdreiviertel Jahren seinem Ende zuneigt, hat nun auch unser Gebiet und unsere Stadt Potsdam überschwemmt. Da unser Haus trotz allen Luftangriffen bisher unversehrt geblieben ist und auch die militärischen Operationen der letzten Tage überstanden hat, denen die Stadt bei der Eroberung durch die russischen Truppen ausgesetzt war, besteht das Bedürfnis, Wohnung und Haus gegen willkürliche Eindringlinge ein wenig zu sichern. Denn die Unruhe in der Stadt ist vielenthalben erst zu einer losen Ordnung gediehen, und mit jedem Augenblick drohen noch immer Überraschung und Änderung der bisher gewohnten Lebensverhältnisse. Nur für Stunden läßt die Spannung nach, die Kopf und Herz bei aller Überanstrengung wach hält.

Da der elektrische Strom, der nach einer Woche der Unterbrechung in Gang gesetzt wurde, inzwischen durch die Städtische Verwaltung für Privathäuser wieder ausgeschaltet ist, funktionieren die Klingeln nicht. Man ist auf das Klopfen gegen die Haustür oder das Rufen vor den Fenstern angewiesen, falls jemand Einlaß begehrt. So muß sich ständig jemand in den Vorderzimmern aufhalten, in der Regel bin ich es. Zuweilen bilde ich mir ein, das Amt eines Wächters innezuhaben, der über den kleinen Umkreis hinaus auf den Lauf der Welt zu achten hat. Es gibt im Augenblick keine bessere Aufgabe als die, zu warten und zuzuschauen. Ich erinnere mich an Robert, den Doktor Robert Lindhoff aus meiner halbfertigen Chronik von der »Stadt hinter dem Strom«. Auch er geriet in sonderbare Verhältnisse, an die sich zu gewöhnen und die zu deuten ihn ständig auf die Probe stellen. Und auch wir führen gegenwärtig das gespenstische Dasein eines Lebens, das sich an einem Orte abspielt, der Potsdam heißt, der indessen seit einigen Tagen weder das Potsdam meiner Kindheit noch die Wohnstätte meiner Arbeit ist. Ich bin unfähig, die letzten Kapitel meines Romans niederzuschreiben, der jetzt ohne mein Zutun auf unheimliche Weise vom Leben selbst so folgerichtig weitergeschrieben wird. Um wieder Herr meiner selbst zu werden, versuche ich aber allmählich aufzuzeichnen, was sich von der Umwelt in mir spiegelt.

Wenn es unten an der Haustür klopft, spähe ich vorsichtig aus dem Fenster. Sind es Freunde, rufe ich ihnen zu, daß geöffnet wird. Bei unbekannten Gesichtern warte ich mißtrauisch, selbst wenn eine weiße Binde am linken Arm sie als Deutsche kennzeichnet. Die ausländischen Arbeiter, Franzosen, Belgier, Polen zum Beispiel, tragen eine Binde oder ein Abzeichen in den Farben ihrer Nationalflagge. Man sieht auch rote Armbinden, die auf Ostarbeiter, Russen oder deutsche Kommunisten deuten.

Sobald abgesprengte Soldateska oder wildernde Personen ins Haus dringen wollen, vermeiden wir zu öffnen. Die Bewohner werden verständigt, und wir stellen uns, als ob niemand das Klopfen höre. Manchmal gelingt die Täuschung, und sie ziehen zum nächsten Haus weiter. Manchmal lassen sie sich nicht beirren und erzwingen schließlich, da man fürchten muß, sie könnten die Haustür einschlagen, den Einlaß und dringen unter einem Vorwand ins Haus und in eine der Wohnungen ein. Dann begegnen wir ihnen stets zu mehreren. Es sind erregende Augenblicke, weil man niemals weiß, was sie beabsichtigen: ob eine Durchsuchung der Räume »nach deutschen Soldaten«, wie sie oft behaupten, oder nach Quartiermöglichkeiten, ob sie, wie es auch geschieht, Matratzen, Möbel oder was immer sonst zu requirieren suchen, nach Lebensmitteln fahnden, jemanden verhaften wollen oder lediglich zu plaudern wünschen.

Den Zutritt zu den Wohnungen wenn auch nicht zu verhindern, so doch zu erschweren, haben wir uns also geeinigt, das Haus Tag und Nacht verschlossen zu halten. Die Umstände scheinen es vorläufig zu erfordern, daß entweder Maria als Hausfrau oder, wie man übersetzt sagt, als »Wirtin« oder ich selbst anwesend sind, weil kaum ein Vor- und Nachmittag vergeht, der nicht die Gegenwart eines von uns im Haus bedingt. So müssen neben anderem unsere Gedanken auch darauf gerüstet sein, einer plötzlichen Aufforderung zu entsprechen, unsere Sechszimmer-Wohnung, möglicherweise das ganze Haus innerhalb weniger Stunden zu räumen, wie es letzthin mit den Nachbarhäusern der Nummern 15 und 16 geschah. Die Möglichkeit dafür ist insofern gegeben, als sich die russische Stadtkommandantur in unmittelbarer Nähe, an der Ecke der nächsten Querstraße, befindet und im zunehmenden Rang ihrer Aufgaben weitere Räume zu Wohn- und Bürozwecken benötigt. Vielleicht ist aber die Dreizehn, die unser Haus beziffert und sich in unserm Leben schon so oft als gutes Zeichen bewährt hat, auch weiterhin ein günstiger Talisman.

*

Am Spätnachmittag des letzten Sonntags - es war der 6. Mai - drangen, als die Haustür versehentlich offen geblieben war, laute Schritte die Holztreppen zu unserer Wohnung im ersten Stock herauf, und schon wurde herrisch geklopft. Da niemand öffnete, eilten die Schritte weiter ins Obergeschoß zu der Höpfnerschen Wohnung, kehrten aber nach vergeblichem Pochen wieder zurück. Durchs Guckloch hatte ich ein junges Mädchen erspäht, das mit einem Mann in Uniform russisch sprach. Sie waren schon im Fortgehen begriffen, als Maria, die ich nicht mehr hatte warnen können, öffnete. Laut redend drangen sie bei uns ein.

Meine Schwägerin Johanna und unsere Hausangestellte Else waren unterwegs, um aus zerstörten Häusern Holz zum Heizen zu sammeln. Auch Frau und Fräulein Kauffeldt, eine Flüchtlingsfamilie aus Riga, die sich zuletzt in Posen aufhielt und die wir seit Ende Januar bei uns in Wolfgangs früherem Zimmer aufgenommen haben, waren fortgegangen. Lediglich Anne befand sich in meinem Zimmer, wo sich der Rechtsanwalt Masius, der Verteidiger Suhrkamps in seinem politischen Prozeß vor dem Volksgericht, zu einem seiner kurzen Besuche eingefunden hatte. Wir entbehrten recht die Hilfe, die uns durch Fräulein Kauffeldts russische Sprachkenntnisse bei ähnlichen Fällen schon wiederholt zuteil geworden war. Die junge Russin, ein forsch auftretendes Mädel, verlangte energisch ein Zimmer für sich, sie sei Dolmetscherin bei der Kommandantur. Sie bediente sich ziemlich fließend der deutschen Sprache, während ihr Begleiter, ein hochgewachsener Mann mit schmalem schwarzen Schnurrbärtchen, kein Wort deutsch sprach. Was die beiden untereinander redeten, verstanden wir nicht. Wir entnahmen den fordernden Gesten ihres Begleiters, daß er den Wunsch der jungen Russin ungeduldig unterstützte. Er hatte eine hohe Pelzmütze auf und trug goldene Epaulettenstreifen. Von ihr wurde er als ihr Chef, als »Kapitan«, also als Hauptmann, bezeichnet.

Sie gingen musternd durch die einzelnen Räume, wobei wir sie darauf hinwiesen, daß mehrere Familien in unserer

Wohnung untergebracht seien. Sie schienen noch unschlüssig, so daß wir auf die Zweizimmer-Wohnung im Obergeschoß aufmerksam machten, die von dem Höpfnerschen Ehepaar allein bewohnt wird. Diese Zimmer waren in unberührtem Zustand, während die unseren zum Teil noch sichtbare Spuren aus den Tagen der ersten Truppenbesatzung zeigten. Bei Höpfners war indessen niemand anwesend, oder sie waren vorsichtig genug nicht zu öffnen, und so entschieden sich die beiden für das kleine Zimmer, in dem unsere Tochter Renate früher gelebt hatte und das jetzt von meiner Schwägerin Johanna bewohnt wird. Wir wurden gedrängt, das Bett auf dem Sofa frisch zu beziehen und alles für den Abend bereit zu machen. Der »Kapitan« selber würde hier nicht wohnen, nur sie, die sich Taja nannte. Ob ihr Vorgesetzter zur GPU oder zur Militärpolizei gehört, wissen wir nicht. Allem Anschein nach ist die Dienststelle in Nummer 15 und zum Teil auch im Nachbarhaus Nummer 14 eingerichtet, in dem früher Büros der SS untergebracht waren. Vom Hof, der an unseren Garten hinter dem Haus grenzt, hören wir wiederholt lebhaftes Treiben. Autos und Krafträder fahren ein und aus, die Zimmer sind - ein ungewohnter Anblick nach den Jahren der Verdunkelung - bis tief in die Nacht hell erleuchtet. Irgendwo hat man sogar eine Kuh eingestellt, die sich durch lebhaftes Muhen bemerkbar macht.

Die junge Taja erschien am selben Tag gegen zehn Uhr abends, war mit allem, was wir für ihr Quartier vorbereitet hatten, einverstanden und brachte als Gruß ein Schächtelchen Zigaretten mit. Immer ist sie eilig und nur für Minuten für ein Gespräch zu fassen. Drei Jahre lang war sie als Ostarbeiterin in Berlin gewesen und stammt offensichtlich aus einfachsten Verhältnissen. In ihrer naiven lauten Art bringt sie uns einige Unruhe und Mühewaltung ins Haus. So kehrt sie am nächsten Tage erst nach zwölf Uhr nachts heim, eine von uns im Dunkeln mühselig herangewartete Zeit. Auch während des Dienstes kommt sie häufig für einen Sprung herauf, rufend und ungeduldig wartend, bis man ihr öffnet.

Als sie eines Tages mit einem Polizeisoldaten, der ihre Sachen ins Zimmer gebracht hatte, auf dem Hausflur stand und ich ihr die Tür wieder aufschloß, ging auf der Straße der Hauptmann, ihr Chef, vorbei. Rasch gab sie dem Soldaten einen Wink, der eilends, um nicht entdeckt zu werden, in unseren Garten floh. Taja selbst gelang es, den Hauptmann, der sie selig anlächelte, abzulenken und ihn nach nebenan zu begleiten. Später holte ich den verlegen grinsenden Soldaten aus dem Gartenversteck hinter den Stachelbeerbüschen und ließ ihn mit einem Blick des Einverständnisses auf die Straße. Am Nachmittag dieses Tages hatte sie ungenierten Besuch ihres Chefs, überließ auch das zerwühlte Bett dem Aufräumen Marias und erschien gegen elf Uhr nachts wieder mit einer Freundin und einem ihrer Polizeisoldaten, den ich bald heraus-, bald wieder ins Haus einlassen mußte, bis die drei gegen ein Uhr gemeinsam im kleinen Zimmer nächtigend blieben.

»Er holt noch Stoff«, sagte sie zu mir um Mitternacht, als ich sie in meiner Pförtnereigenschaft in Haus und Wohnung einließ. Da ich nicht begriff, was sie meinte und insgeheim bei dem Ausdruck Stoff an Alkohol dachte, folgte ich der Einladung in ihr Zimmer, in dem ihre Freundin schon im Bett lag. Im Schein mehrerer Kerzen zeigte sie mir mit kindlichem Stolz Seiden- und Kostümstoffe, teilte von einem Ballen ein Stück ab und gab es mir mit den Worten: »Für Ihre Frau.« Es war ein Futterstoff, dem sie am nächsten Tag noch zwei Rollen mit Nähgarn hinzufügte. Nun ist sie auf der Suche nach einem Schneider, der ihr Kostüm und Mantel machen soll. Ihren alten schäbigen Mantel hatte sie unmittelbar nach dem Einzug Maria zum Flicken gegeben, und wenn sie sich auch in vieler Hinsicht von uns bedienen läßt, nimmt sie jede Handreichung mit einem höflichen »Dankeschön« entgegen. Sie zeigte sich auch beglückt, daß Maria Tulpen aus unserem Garten ins Zimmer gestellt hat. Ihre Ansprüche bringt sie mit der Selbstverständlichkeit von jemandem vor, der Angehöriger des Siegerstandes ist. Doch ist Taja keineswegs herablassend. Ihre Bescheidenheit erklärt sich wohl aus der Unsicherheit von Menschen, die aus kleinen Verhältnissen stammen.

Heute gab sie mir ein von ihrem Chef handgeschriebenes Blatt, das ich an unserer Wohnungstür angeschlagen habe. Es bringt zum Ausdruck, daß die Angestellte der Abteilung 32750 hier einquartiert ist und daß auf Wunsch des Hauptmanns die Räume nicht berührt werden sollen. Das russische Blatt Papier sieht an der Wohnungstür, an der ich es fest aufgeklebt habe, sehr dekorativ aus und bietet, wie wir uns einbilden möchten, vielleicht einen kleinen Schutz gegen unerwünschte Besucher. Denn man hört von andern Häusern, daß Soldaten unter irgendeinem Vorwand noch immer in die Wohnungen einzudringen suchen und den Anordnungen der Kommandantur zum Trotz willkürliche Requirierungen und Bedrängungen vornehmen. Leider trägt das Blatt keinen amtlichen Stempel, auch fehlt uns noch immer der vorgeschriebene Einweisungsschein durch die Kommandantur. Wenn wir auch den Eindruck haben, daß Taja selbst gutwillig ist und keine bösen Nebenabsichten hegt, veranlaßt uns der viele wechselnde Besuch, den sie mitbringt, die eigenen Mäntel und Sachen von der Flurgarderobe in unsere Zimmer mitzunehmen und die übrigen Zimmer und Kammern abzuschließen. Die Unruhe, von der wir so gern freikämen, will nicht weichen, und das Mißtrauen, das jedem von uns immer fern lag und fern liegt, muß ständig wachgehalten werden. Ungesichertheit und Ungeschütztheit sind die Kennzeichen dieser Stunden.

Am zweiten Tag ihrer Einquartierung hatte Taja zu Höpfners übersiedeln wollen, weil ihr das Zimmer im Obergeschoß, das größer und luftiger ist, mehr zusagte und sie wichtigtuerisch davon sprach, daß sie noch einen weiteren Büroraum für »Vernehmungen« benötige. Schon meinten wir, daß dies nur ein Schritt auf dem Wege sei, um sich der Höpfnerschen Wohnung ganz zu bemächtigen, schon war das Bettzeug hinaufgeschafft, als sie einige Stunden später Maria erklärte, sie wolle lieber bei uns bleiben und nicht zu den »reichen Leuten« nach oben ziehen, »wo die Frau so unfreundlich« zu ihr gewesen sei. Die Vorstellung von reichen Leuten bezieht sich wohl darauf, daß oben die Zimmer noch im kleinbürgerlichen Sinne ordentlich ausschauen, mit Teppichen auf dem Boden, mit Spitzendeckchen auf allen verzierbaren Möbeln, mit Nippes und Fotografien auf Vertiko und Tisch. Wir selbst haben die Mehrzahl unserer Zimmer zwar wieder aufgeräumt, aber keinen der verschmutzten Teppiche aufgelegt, im unbenutzbaren Eßzimmer stehen noch Reste der zerschlagenen Stühle herum, Tische und Schreibtisch sind nur oberflächlich geordnet. »Ich bleibe lieber bei Ihnen«, sagte Taja lachend zu Maria, »Sie sind so nett.« So haben wir den Wirbel, den die dralle Person verursacht, weiter um uns.

Inzwischen habe ich ihr einen Hausschlüssel ausgehändigt, um ein wenig an Lauferei zu sparen und vor allem des Nachts nicht so sklavisch an ihre Rückkehr gebunden zu sein. Da sie jedoch schon nach wenigen Stunden den Schlüssel verlegt hatte und auch sonst oft genug auf der Straße nach Maria oder mir ruft, um sich dies oder jenes abnehmen oder aus dem Fenster werfen zu lassen, werde ich meiner Pflichten als Geist des Hauspförtners immer eingedenk halten. »Schmeißen Sie mir bitte«, ruft sie mir in ihrem burschikosen Deutsch von der Straße aus zu, »meine Uhr herunter, ich habe sie auf dem Nachttisch liegenlassen.« Eine Stunde später wünscht sie ihre Aktentasche »heruntergeschmissen« – eine herrliche Ledertasche, die ihr aus dem Nachlaß eines höheren Parteibonzen der ehemaligen hiesigen Kreisleitung zugekommen ist, der beim Russeneinmarsch durch Selbstmord endete. Störungen aller Art, zu denen sich alarmierende Nachrichten genug gesellen, bewirken, daß man nicht nur aus inneren Gründen, sondern auch aus äußeren Anlässen zunächst zu keiner rechten sammelnden Arbeit gelangt.

Wieder bummert es unten gegen die Tür: Diesmal sind es Bekannte der Bauernfamilie, die zu viert im Erdgeschoß in einem der beiden Zimmer der bisher Oelkersschen Wohnung haust. Sie kamen mit einem der zahlreichen Trecks hierher, wo sie nun vom Schicksal eingeholt wurden wie die meisten der dreißig- bis vierzigtausend Flüchtlinge vom Osten, die auf der Flucht vor den Russen seinerzeit nach Potsdam eingelotst worden waren. Ich höre, daß die Bauern beabsichtigen, in den nächsten Tagen wieder in ihre Heimat zurückzukehren, die in der Gegend von Guben/ Sommerfeld liegt.

*

Die Ausgehzeit für die Bevölkerung ist von der russischen Kommandantur auf die Stunden von acht Uhr morgens bis zweiundzwanzig Uhr abends festgesetzt. Es ist also Zeit genug, um sich Wasser von einem der Brunnen in den umliegenden Häusern zu holen, nach amtlichen Anschlägen auf den Straßen zu sehen und sich um Brot zu kümmern, dessen Verkauf von einigen Bäckereien mit ziemlicher Umständlichkeit eingerichtet ist. In vielen Angelegenheiten des täglichen Lebens ist durchaus die Loyalität spürbar, mit der die höheren Stellen der russischen Militärbehörden ihres Amtes walten. Man hat den Eindruck, daß sie die Zügel keineswegs fest anspannen, sondern eher lokker halten. Sie scheinen mit einer gewissen Lässigkeit abzuwarten, wie sich die Bevölkerung beträgt und ob sie imstande ist, ihr Leben auf gewohnten oder neuen Gleisen allmählich in Gang zu bringen. Die Bevölkerung freilich weiß mit dem Zustand, sich selbst überlassen zu sein, nur wenig Gutes anzufangen. Eine provisorische Stadtverwaltung, die sich unter Leitung des bisherigen Dezernenten für Ernährung, Doktor Bestehorn, in der Allee nach Sanssouci zusammengefunden hat, gibt weder Anweisungen noch Bekanntmachungen heraus und schaut ohne sonderliche Initiative den Dingen zu. So verstreichen wertvolle Tage, an denen schon Aufbauarbeit für das Gemeinwohl hätte geleistet werden können. Statt dessen nehmen Plünderungen von Lebensmittelgeschäften und Warenvorräten überhand. Während die Beraubung von Privatwohnungen durch russische Marodeure nur vereinzelte Aktionen darstellen, die ebenso wie die Belästigung von Frauen mehr und mehr durch Offiziere und eingesetzte Streifen der Militärpolizei unterbunden werden, nimmt das disziplinlose Verhalten breiter Schichten der deutschen Bevölkerung erschreckende Ausmaße an. Die Pöbelinstinkte greifen, und das ist das Überraschende, weit auf den kleinbürgerlichen Mittelstand über. Es ist nicht nur die Gier der Besitzlosen nach irgendwelchem Besitz, die in Erscheinung tritt, sondern das Ansichraffen von allem vorhandenen Gut, gleichgültig ob es im Augenblick gebraucht wird oder nicht. Gewiß mag im einzelnen die lange Entbehrung fast aller Bedarfsartikel, die durch die Rationierung hervorgerufen ist, wie auch die augenblickliche Not derer, die bei den letzten Fliegerangriffen ihre Habe verloren, der Anlaß gewesen sein, sich bedenkenlos das Fehlende anzueignen. Gewiß auch mag die Vorstellung einer zu erwartenden Hungersnot, einer zusammenbrechenden Wirtschaft zu einer Panikstimmung führen, die einen Übergriff auf fremde Vorräte zu rechtfertigen scheinen. Aber alle diese Beweggründe, zu denen sich die heuchlerische Ausrede gesellt, daß alles, was man nicht selber rasch sich aneignet, von Russen oder Ostarbeitern, Polen und Tschechen zumal, oder von irgend jemandem sonst angeblich weggenommen werden würde, entschuldigen in keiner Weise die Vorgänge, die sich in größerer Allgemeinheit in unserer Stadt abgespielt haben. Es wurde wahllos geplündert und in jeder nur greifbaren Menge weggeschleppt, was zu plündern und wegzuschleppen war. Frauen und Männer holten sich, während oft russische Soldaten ohne einzugreifen dem beschämenden Schauspiel zusahen, zentnerweise Zukker und Marmelade aus Geschäften, Magazinen, Ladekähnen, heimsten Türme von Konserven ein, trugen große Klumpen Butter und Fett davon, auf die sich dann wieder Umstehende stürzten, um sich mit bloßen Händen das ihre zu greifen. Aus Warenhäusern wurde alles Vorhandene entwendet, die Leute zogen mit Ballen von Stoff nach Hause, sie luden auf Handwagen Wäsche und Eimer mit Seifenpulver auf, sie kamen zwei-, dreimal hintereinander mit neuer Beute heim. Viele Näh- und Strickwarengeschäfte, Kaufmannsläden und Drogerien wurden bis in den Keller durchstöbert.

Als sich nichts mehr auf Anhieb zu rauben fand, stürzte sich der Mob auf öffentliche Gebäude, wie die Napola, um von dort, wie aus zahlreichen leerstehenden Wohnungen, Möbel und Geschirr und Kleidung für sich aufzuladen. Andere wühlten im Schutt ausgebrannter Läden und Fabriken, legten die Keller frei, gruben Schnaps- und Weinflaschen aus und was an Ware noch erhalten war. Die Gier nach immer Mehr, nach immer Besserem griff um sich – man warf achtlos Marmeladengläser fort, um Zuckersäcke zu ergattern, von denen bald die Hälfte verschüttet wurde, man trampelte in Marmeladenfässern herum, verstreute Mehl und Hülsenfrüchte und klaubte beim nächsten Mal sinnlos jeden Dreck auf. Erst zwei Wochen nach diesen Vorgängen veröffentlichte die inzwischen neugebildete Stadtverwaltung einen Aufruf, der zur Rückgabe aller entwendeten Bestände aufforderte, die sich, wie es hieß, einzelne in einem Umfang angeeignet hätten, daß zahlreiche Familien davon auf Wochen zu ernähren seien. Es wird berichtet, daß größere Mengen wieder zurückgebracht worden seien, vermutlich aus Angst vor Denunziation durch die Nachbarn. Allerdings scheint es zweifelhaft, ob den gleichen Erfolg das Plakat eines Seifen- und Kaufmannsgeschäfts haben wird, in dem »die werte Kundschaft gebeten« wird, die »entwendeten Vorräte wieder zurückzubringen«. Ein von dem Stadtkommandanten Oberst Werin gezeichneter Anschlag forderte später ebenfalls unter schweren Strafandrohungen auf, die aus Schlössern und Privathäusern geraubten Kunstgegenstände binnen achtundvierzig Stunden abzuliefern - ein Zeichen, in einem wie großen Umkreis die Plünderungen sich abgespielt haben.

Nun wird gesagt, daß sich an derartigen Vorgängen weniger die alte Potsdamer Bevölkerung beteiligt habe, die sich vorwiegend aus dem Mittelstand zusammensetzt, sondern daß die vielen Flüchtlinge, die aus Schlesien, Oberschlesien und aus dem Wartheland mit ehemaligen Weißrussen und Schwarzmeerdeutschen hergekommen sind, die Ausschreitungen vorgenommen hätten. Mag sein, daß Elemente ausschlaggebend waren, die wochenlang hier eine ziellose, unbeschäftigte Existenz führten. Eher aber ist anzunehmen, daß sich vor allem jene Kreise zusammenfanden, die es schon in den Kriegsjahren verstanden hatten, sich Kleidung, Wäsche, Essen und alles, was dem materiell gesättigten Leben entspricht, zusätzlich zu verschaffen. Sah man nicht Frauen aller Stände plötzlich in kostbaren Pelzen einherlaufen, die aus eroberten Ländern, Norwegen, Polen, Rußland, dem Balkan »mitgebracht« waren. Hörte man nicht gerade aus Kreisen der einfachen Bevölkerung prahlerisch reden von seidenen Stoffen und Strümpfen, von Seife und französischem Parfum, von holländischer Butter und Kaffee aus Belgien, den unerrreichbaren Sachen, die von Bekannten über den Grenzverkehr »organisiert« waren. Die Demoralisierung, die sich jetzt so offen und so konzentriert zeigt, ist nicht aus dem Chaos dieses Augenblicks erwachsen. Sie war seit langem und seit je vorhanden. Sie wurde als Korruption auf fast allen Gebieten von den Organen der Nazipartei mehr oder minder gedeckt. Es bedurfte nur des Anlasses einer Katastrophe, um sie offen zutage treten zu lassen. Schon nach Bombenangriffen in größeren Orten ist häufig beobachtet worden, daß die Zivilisation, selbst die Humanität, nur als eine dünne Hautschicht das Wesen des Menschen überzieht. Ein kleiner Einriß genügt, um die roheren Instinkte bloßzulegen. Für den Nachsinnenden ist es kein Geheimnis, daß jeder Staat, selbst jede Kameradschaft schon, eine Notgemeinschaft ist. Setzt die Autorität aus, zumal bei einer Volksmasse, die seit einer Reihe von Generationen durch Preußen- und Behördentum, durch die Anbetung der Uniform sich nur in Unfreiheit lebensfähig erhält und in einer Art von Sklavenform sich wohlfühlt; setzt die Befehlsgewalt aus, so weiß die Masse, nur Allotria zu treiben, und ist jeder Gemeinheit und jeden Verbrechens fähig. Für den Kenner bieten die letzten zwölf Jahre, in denen sich die Macht einer einzigen Partei in Deutschland entfesselte, das umfassendste Beispiel dieser Art. Aber wie gering ist der Nutzen aus derartigen Kenntnissen für den menschlichen Allgemeinzustand, wie gering der Nutzen von Erfahrungen überhaupt. Niemand lernt aus Katastrophen. Sie werden nur erlitten.

Das Leben baut sich nicht auf Gründen auf, die der Verstand legt, es trägt sein Gesetz in sich, das sich uns, sind wir nur lebendig genug geöffnet, durch immer neue Überraschungen, durch Unvorhergesehenes kundtut. Das Leben des einzelnen wie das der Völker gleicht einem unaufhörlichen Fließen, einem Fließen um seiner selbst willen. Nicht immer freilich ist der Strom, ist der Prozeß des Strömens, dem wir als Menschen ausgesetzt sind, so über Rand und Inseln schlagend wie in bewegten Augenblicken der Zeit. Gerät man wie wir inmitten und zwischen so bewegte Augenblicke, die, von einer späteren Warte aus gesehen, geschlossen als Epoche »historisch großer Ereignisse« empfunden werden, macht man die Entdeckung, daß die Beteiligten nicht die Akteure, sondern die überlebenden Opfer ihrer Zeit sind. Nicht anders stellten sich mir auch die Handlungen der Menschengruppen in meiner »Stadt hinter dem Strom« dar. Die realen Vorgänge, bei denen hier die Menschen um des Plünderns willen in böser Naivität geplündert haben, entsprechen völlig den Szenen in der »Stadt hinter dem Strom«, dem Totenland, in denen die Menschen nur noch die Gesten ihres Tuns zeigen. Wie dort der Leerlauf als das Fazit des Lebens ad absurdum geführt wird, so hebt alles, was gegenwärtig vor meinen Augen geschieht, die Fortsetzung meiner Erzählung eigentlich auf. Denn es kommt mir vor, als ob das Zwielicht, in das alle realen Ereignisse dieser Tage rücken, die Bilder meiner Phantasie entzaubert hätte. Da aber das Leben, um Sinn und Dauer zu erhalten, der Darstellung bedarf, läßt sich alles, was vor meinen Augen geschieht, als Bestätigung meiner vorgeahnten Geschichte auffassen und könnte mir für meine Arbeit einmal wieder Kraft geben, sobald der Geist die Distanz zu den Dingen gewonnen hat. Vorerst treibe ich wie wir alle noch mitten im Strudel.

*

Ohne es einander einzugestehen, denkt jeder mit unbehaglichem Gefühl an die kommenden Stunden des Abends und der Nacht. Sie sind nicht einfach da wie etwas Natürliches, sondern scheinen sich mit einem anderen Maß als dem des Uhrzeigers zu nähern. Man treibt ihnen entgegen, und die Erwartung nimmt die Wirkung vorweg. Wie bei Kranken die Fieberkurve gegen sechs Uhr am Spätnachmittag ihren empfindlichsten Grad erreicht, so zeigt auch diese Stunde für unsere Nerven einen kritischen

Punkt an. Es ist nicht die Lichtlosigkeit allein, die man fürchtet, obwohl sie das Unwohnliche fühlbarer macht. Es ist auch nicht nur die Angst vor irgendwelchen Störungen und unmittelbaren Zwischenfällen, denen man sich ständig ausgeliefert sieht, sondern die Fremdheit von allem, das um einen vorgeht; es ist die Angst vor dem Unbekannten. Das Schlimme, von dem man raunen hört, wie es bald da, bald dort Bekannten widerfahren ist, lenkt die Gedanken auf die Möglichkeiten des eigenen Geschicks, und man lebt wie unter dem bannenden Blick der Gorgo und meint, der Vielfalt, der Wiederholung des Schrecklichen oder auch nur des Schreckens bald nicht mehr gewachsen zu sein.

»Was wird nur, was kommt nur noch?« ist die immer wiederkehrende Frage, selten ausgesprochen, die das Herz bewegt. Ich weiß, daß man sich hüten soll, die Gefahr durch intensive Vorstellungen heraufzubeschwören. Man kann durch allzu nachgiebiges Spiel mit Gedanken Situationen anziehen, die man zu vermeiden wünscht. Dennoch läßt sich nicht leugnen, daß ich in einen Zustand der Überempfindlichkeit gerate, der harmlosen Zeichen übertriebene Bedeutung zuerkennt. Nicht mir allein geht es so. Doch steht jeder immer wieder mit genügender Selbstkontrolle sich gegenüber, um eine offene Hysterie zu vermeiden. Im übrigen habe ich die Erfahrung gemacht, daß es nicht der Ernst großer Dinge ist, der einen Menschen kopflos macht, sondern daß es vielmehr Winzigkeiten, Nuancen sind, die ihn außer Fassüng bringen können. Die Schwierigkeit besteht nicht darin, wie man sich in der Gefahr, sondern wie man sich vor Eintritt der Gefahr verhält. Nachträglich gewinnt man jenen Stunden gegenüber wieder die Distanz, in denen man sich durch die Phantasie so exponiert sah.

Vor einigen Nächten trat insofern eine Beunruhigung ein, als von Mitternacht bis zum Morgengrauen irgend jemand immer wieder versuchte, die verschlossene Haustür vorsichtig zu öffnen. Man vernahm deutlich die tastenden Tritte auf den Stufen der eisernen Treppe, die zum Hauseingang führen, und die schlurfenden Schritte entlang dem Gitter des Vorgartens. In unregelmäßigen Abständen wiederholten sich die Geräusche, doch war es zu dunkel, um vom Fenster aus etwas zu erkennen. Was die Mitbewohner, die in den Vorderzimmern nächtigten, in den Phasen des Halbschlafes wahrnahmen, hat sich nie feststellen lassen, doch hatte jeder unabhängig voneinander später den Eindruck, als ob ein Angetrunkener sich auf der Suche nach seinem Quartier verirrt habe und, ohne Böses im Schilde zu führen, unser Haus für das seine hielt. Mit der Ernüchterung am Morgen zog er wohl von dannen, und mit der gleichen Ernüchterung am Morgen bekam der Vorfall für die Beteiligten sogar etwas Belustigendes. Hat man zu einzelnen Vorgängen nachträglich den Abstand gewonnen, so stellt sich wieder das normale Empfinden ein. Man hat, über der Situation stehend, durchaus die Fähigkeit, sein Verhalten bei derartigen Vorkommnissen zu ironisieren, ohne daß sie dadurch für das seelische Erlebnis bagatellisiert würden. Es erweist sich erneut, daß es niemals auf die objektive Wichtigkeit des konkreten Geschehens ankommt, sondern darauf, was es subjektiv für den einzelnen bedeutet. Was bleibt, sind nicht die Fakten, sondern die Gefühlsmomente.

Eine Weile nach dem Abendbrot hält das Tageslicht noch an. Wir essen vorerst am niedrigen Rundtisch in meinem Arbeitszimmer. Der eine und andere versucht dann wohl noch etwas zu lesen, aber die Kraft zur Konzentration fehlt ebenso wie die Fähigkeit, sich durch eine unverpflichtende Lektüre entspannen zu lassen. Auf dem Glasbalkon bleibt es länger hell als in den Zimmern. Da die anstelle der wenigen zersplitterten Scheiben behelfsmäßig angebrachten Pappen auch gegen die Sicht von der Straße her schützen, halten wir uns zuweilen noch dort auf. Auch empfinden wir die Wärme, die die Sonne angespeichert hat, dort noch wohltuend, während man bei den wieder kühl gewordenen Maitagen sich in den Zimmern nur fröstelnd bewegt.

Manchmal sitze ich allein am Schreibtisch. Statt aber das langsam schwindende Tageslicht zum Schreiben oder zum Lesen zu nutzen, starre ich leer vor mich hin. Müdigkeit und Gleichgültigkeit überkommen mich. Das Provisorische der Lebensform, das sich gegenwärtig in allem zeigt, auch darin, nicht mehr Herr in den eigenen Räumen sein zu können und alles einen lässigen und fremden Gang gehen zu lassen, dieses Gefühl eines Provisoriums erweckt in mir von neuem die Vorstellung, auf einer Reise zu sein. Ich sehe das Grün der Bäume, das sich in den letzten vierzehn Tagen so stark entwickelt hat, ich sehe die frühlingskräftige Bläue des Himmels, als träte sie mir wie aus einem anderen Land entgegen. Oft bin ich an Italien erinnert, und wenn ich von der Straße her die fremdsprachigen Laute höre, erhöht es nur die Illusion, aus allem bisher Gewohnten fort zu sein. Auch das ständige Rüsten des Rucksacks, das Zurechtstellen der gepackten Koffer und Lebensmitteltaschen, um für einen plötzlichen Aufbruch bereit zu sein, tragen dazu bei. Das eigene Haus wird zum Hotel, und man hält sich darin wie in neutralen Gastzimmern auf. - Die Vorstellung, verreist zu sein, bringt etwas Angenehmes, fast Tröstliches mit sich. Ich fühle mich von aller Alltagsumgebung, wie auf einem

Urlaub, losgelöst. Das Erschrecken setzt erst ein, wenn mir zu Bewußtsein kommt, daß wir alle niemals mehr in unser altes Haus und in die alte Lebensform zurückkehren werden. Dann weiß ich auch, daß es keine Reise ist, auf der ich mich für Augenblicke zu befinden glaube. Wir werden durch die Gewalt eines Schicksals, das von außen kommt, von uns selbst und aus unserm alten Leben vertrieben. Wir beginnen, bitterer vielleicht als die Menschen, die von hier von den zu erwartenden Ereignissen in andere Gebiete geflohen sind, zu begreifen, daß wir in unserer vertrauten Welt heimatlos geworden sind.

Schon lange vor der Stunde, mit der die Erlaubnis für die deutsche Bevölkerung endet, die Straßen zu betreten, wird es draußen menschenleer. Nur Soldaten und Ausländer hört man laut in Gruppen reden. Mißtrauisch lauschen wir auf jedes Geräusch, erschrecken, sobald Schritte vor unseren Fenstern stehen bleiben oder eines der zahlreichen vorbeifahrenden Autos vor unserem Haus hält. Mit einem raschen Blick verständigen wir uns, leise zu sprechen und alles zu vermeiden, das unser Vorhandensein in Erscheinung treten lassen könnte. Die Vorstellung, daß Russen oder Fremdarbeiter in Haus und Wohnung dringen könnten, nimmt alle Unbefangenheit. Oft in diesen Stunden hat man das Gefühl, eng zusammenrücken zu müssen. Wir sitzen, wenn die Dämmerung überhand nimmt, zu mehreren in meinem Zimmer. Bisweilen kommt sogar eine Unterhaltung auf, die sich von den Ereignissen der Tage, der Sorge über die Ungewißheit, frei hält. Die Verdunkelung ist für die Zivilbevölkerung noch nicht aufgehoben, aber wir machen selten von den Kerzen Gebrauch, die wir uns gerettet haben. Man fürchtet, daß ein Lichtstrahl die Aufmerksamkeit der auf den Straßen lärmenden Soldaten und

Ausländer erregen könnte. - Tabak und Alkohol, von dem ich nur wenig Flaschen des kleinen Vorrats im Versteck bewahrt habe, gehen auf die Neige.

Meine Schwägerin Johanna ist aus der Parterre-Wohnung zu uns übersiedelt, und Anne ist, wie wir es schon früher verabredet hatten, mit dem Beginn der auf uns übergreifenden Kriegshandlungen aus Zehlendorf zu uns gekommen, um bei uns zu wohnen und mit uns zu leben. Einmal, als wir zu viert gemeinsam in meinem Zimmer aufsaßen, weil die Nacht sich auf den Straßen unruhig anließ, gesellte sich auch Fräulein Kauffeldt zu uns. Wir ließen das Glas mit Kakaolikör kreisen, den uns die erste Einquartierung der Russen hiergelassen hatte, entzündeten auch eine Kerze und hörten zu, was Fräulein Kauffeldt von ihren Erlebnissen aus der Zeit der Besetzung Rigas erzählte. Kaum aber hat man für eine kurze Spanne die unmittelbare Gegenwart ein wenig vergessen, wird man jäh in sie zurückgerissen: Heftige Streitreden dringen von der dunklen Straße an unser Ohr, Schüsse aus Maschinenpistolen zerreißen mit bösem Geknalle die Luft. Ängstlich löschen wir die Kerze, verstecken Flasche und Glas und sitzen gespannt in fieberhafter Erwartung. Man hört den Aufschrei eines Menschen, der getroffen ist, Flüche und unverständliche Worte in fremder Sprache. Neue Schüsse, forteilende Schritte und das laute Stöhnen des Verwundeten. Spielt sich die unheimliche Szene unmittelbar vor dem Hause ab oder auf der gegenüberliegenden Straßenseite jenseits der Rasenfläche? Das Stöhnen wird leiser. Vorsichtig rücken wir den Verdunklungsvorhang beiseite und versuchen aus dem Fenster etwas zu erspähen. Nichts Verdächtiges mehr - nur die Stille hält an. Wie oft hat man schon davon gehört, daß nach irgendeiner wilden Schießerei plötzlich die Häuser durchsucht und willkürlich irgendwelche Personen abgeführt worden sind. Wir warten noch eine Weile, bevor wir uns entschließen, die Betten aufzusuchen. Anne und Johanna, die in der Regel sonst schon in meinem und im Balkonzimmer zu schlafen pflegen, gehen in dieser Nacht wieder mit in unser Schlafzimmer, das nach dem Hinterhof zu liegt, wie in den ersten Tagen nach der Eroberung der Stadt. Rasch sind die Matratzen auf dem Fußboden ausgebreitet. Zu entkleiden wagt sich niemand, um bei irgendwelchen Störungen sofort bereit zu sein. Man achtet der Unbequemlichkeit nicht, empfindet es dankbar, ausgestreckt zu liegen, und ist am Morgen verwundert, daß man hat schlafen und ohne Zwischenfall hat schlafen können.

Ich bin so ausgehöhlt, daß es immer wieder einer großen Anstrengung bedarf, die Eindrücke dieser Tage zu binden und aufzuzeichnen. Alles ist aufgestört. Einen Gedanken zu fassen, eine Stunde der Ruhe zu finden, scheint noch unmöglich. Es liegt ein Widersinn darin, in der unsteten Folge von Tagen und Nächten etwas Besinnliches retten zu wollen.

*

Wie kühl die Morgen in diesen Maitagen sind! Zum Frühstück, das ich nach meiner Gewohnheit allein nehme, suche ich mir auf dem Balkon möglichst eine Stelle, die in den Strahlen der Sonne liegt.

Ich blicke über die Straße. An jeder Seite der Häuserfronten zieht sich neben dem Bürgersteig je ein Fahrdamm entlang. Die Mitte wird von einer weiträumig angelegten Grünfläche erfüllt, die von Bäumen flankiert ist. Ihr Laub hängt so dicht, daß es den Blick auf die andere Straßenseite fast verstellt; es wirkt wie ein grüner Vorhang, der nur in Ausschnitten die Sicht auf die Rasenfläche freigibt. Hier stand vor etwa hundertdreißig Jahren die alte Stadtmauer, von der auf der nahen Straßenkreuzung noch das alte Jägertor erhalten ist. Die Straße ist heute und an allen diesen Tagen so menschenbelebt wie sonst nur sonntäglich, aber es sind keine Spaziergänger, die nach den Sehenswürdigkeiten im Park von Sanssouci fahnden, es sind eifrige Fußgänger. Viele ziehen Handwagen mit Resten von Hausrat auf dem Damm. Sie gehören zu jenen, die sich aus ihren zerstörten oder geräumten Wohnungen noch etwas retten konnten. Andere schleppen Radiogeräte vorbei, die auf der Kommandantur abzugeben sind. Es ist die Nähe der Kommandantur, die den ganzen Tag über das Wogen und Treiben der Menschen durch unsere Straße hervorruft. Der gedämpfte Lärm von Schritten und Gesprächen dringt in regelmäßigen Wellen ans Ohr. Einander Bekannte treffen sich, bleiben stehen.

Die Rasenfläche, früher achtsam gehütet, wird willkürlich betreten und überquert. An einem senkrecht laufenden Gebüsch entlang bildet sich eine Reihe von Gräbern. Da die Verbindung zum Stadtfriedhof infolge der Brückensprengungen unterbrochen ist, werden die Toten in Gärten oder auf Rasenplätzen beigesetzt.

Die Beerdigungen vollziehen sich in kärglicher Sachlichkeit. Ein, zwei Leute aus dem Haus des Gestorbenen stechen die Rasenfläche ab und graben die nicht allzu tiefe Grube. Auf einem Handkarren oder auf zusammengefügten Brettern wird die Leiche herangeschafft, selten in einem Sarg, zuweilen in weiße Tücher eingenäht, oft auch nur in eine Decke gehüllt. Ein paar Angehörige stehen dabei, wenn der Tote eingesenkt wird. Kein Geistlicher, keine Ansprache, kein Gebet, keine drei Handvoll Erde. Man schaufelt zu, errichtet einen Hügel, der mit den ausgestochenen Grasstücken abgestützt wird. Es sind auch wahllos über die Rasenbreite etliche Gräber verteilt. Hierbei hat man sich einiger der Gruben bedient, die schon in der Stunde der Eroberung unseres Stadtteils durch die Russen ausgeworfen worden waren. Die meisten Hügel sind blumengeschmückt, und selbstgezimmerte Holzkreuze verzeichnen Namen und Daten. Bei einer größeren Grabstätte lautet die Inschrift: »Hier ruht Familie P.« – Sie hat sich vermutlich gemeinsam das Leben genommen. In den Gräbern liegen meist Männer und Frauen, die in unserer oder einer der Nebenstraßen gewohnt haben. Auch ein Soldat, der kurz vor dem Einmarsch der Russen tot auf der Straße lag, ist in einem der namenlosen Gräber eingescharrt worden. Auf einem andern primitiv zusammengenagelten Kreuz, das unserer Straßenseite am nächsten liegt, stehen nur die mit Bleistift ungelenk geschriebenen Worte: »Ruhe sanft.« An diesem Grab sehe ich oft einen einfachen Mann, der mit einem Besen das niedergetretene Gras um den Sandhügel sauber fegt. Im übrigen entspricht die Betreuung, die sich ähnlich wie die Gräberpflege auf den Friedhöfen zeigt, der gleichen sorgfältigen Betulichkeit, mit der Schrebergärten besorgt werden.

Soweit die von den Russen seinerzeit ausgeworfenen Gräber unbenutzt geblieben sind, werden sie allmählich von der Bevölkerung der näheren Umgebung dazu verwendet, die angesammelten Abfälle aufzunehmen. Da nicht damit zu rechnen ist, daß die Städtische Müllabfuhr einstweilen wieder eingerichtet wird, ist jedes Haus darauf angewiesen, sich selbst zu helfen. So werden Flaschen und Scherben, leere Konservenbüchsen und Küchenabfälle vergraben. Graue Sandstellen verschmutzen das spärliche Rasengrün. Der eine und andere Grabhügel verweht immer mehr, so daß er sich kaum noch von den Stellen unterscheidet, wo die Hausabfälle versenkt wurden. Jenseits des Jägertores, wo die Anlagen schon während des Krieges zu mäanderförmig angelegten Splittergräbern verunstaltet wurden, türmt sich offen der Müll. Auf einem Rondell, das früher in jedem Jahr mit Stauden bepflanzt wurde, liegt eine Anzahl russischer Soldaten begraben. Die flach gehaltene Erdsohle, die sich anstelle der Hügel erhebt, ist mit leuchtend rotem Stoff verkleidet. Kleine sorgfältig beschriftete Tafeln geben die Namen der Soldaten der Roten Armee an. Zu Häupten der Grabstätte eines höheren Offiziers oder Kommissars erhebt sich in etwa anderthalb Meter Höhe ein minarettförmig aufsteigender Pylon, der ebenfalls mit rotem Stoff überzogen ist. Auf seiner Spitze steht der Sowjetstern. Die Neugier lockt viele Vorübergehenden an. Auch die deutschen Gräber, die sich vor unserem Haus befinden, üben eine Anziehungskraft aus, der sich nur wenige Passanten entziehen können.

Unter den Müßiggängern und denen, die irgendwelchen Erledigungen nachgehen, fällt die hohe Zahl von jungen Männern auf. Es mögen nicht nur Soldaten sein, die sich rasch Zivilkleidung verschafft haben und sich jetzt wie alle Angehörigen der ehemaligen deutschen Wehrmacht bei der Kommandantur zur Registrierung melden müssen. Es sind gewiß auch viele ausländische Arbeiter, deren zwangsläufige Beschäftigung hinfällig geworden ist. Fast alle Männer lassen sich einen Bart stehen, laufen mit offenem Kragen und ohne Kopfbedeckung einher. Die deutschen Frauen jedoch, besonders die jungen, haben sich über die Haare ein dunkles Kopftuch bäurisch geschlungen, das tief in die

Stirn reicht. Ich habe den Eindruck, daß sie möglichst schlechtes Zeug anziehen, um nicht aufzufallen.

An das schwelende monotone Sprechgeräusch auf der Straße hat man sich so gewöhnt, daß einen die Augenblicke einer Stille besorgt aufhorchen lassen. Bisweilen preschen Soldaten mit hohen Pelzmützen, die der Feldgendarmerie angehören, auf galoppierenden Pferden vorüber, bisweilen hört man das aufdringliche Brummen von Flugzeugmotoren, das einen ausgeprägt bösen Klang hat. Aber die Leute auf der Straße heben kaum den Kopf.

Der Strom reißt nicht ab. Einzelne Ziehwagen sind mit französischer oder belgischer Flagge gekennzeichnet. Es sind die ersten, die, wohl von Berlin kommend, den Rückmarsch in die Heimat antreten. Unablässig werden von der Stadtbevölkerung auf kleinen Wägelchen und Rollern die Radioapparate herangeschafft, die bei der Kommandantur abzuliefern sind. Auch wir bringen die Geräte unseres Hauses zu dem für die Abgabe hergerichteten Werner-Alfred-Bad. Das Publikum benimmt sich recht undiszipliniert. Statt sich von selbst in Reihen zu ordnen, drängt sich alles auf der breiten Freitreppe durcheinander, und jeder möchte sich als erster durch die schmale Tür in das Gebäude schieben. Es dauert über zwei Stunden, bis wir in die Vorhalle gelangen, wo ein freundlich und friedlich lachender Soldat mit einem ausgezeichnet geschnittenen Mongolengesicht an einem Tisch sitzt und die Namen der Besitzer mit russischer Schrift in ein Heft einträgt.

Die ihm sonderbar klingenden Familiennamen, die er oft wiederholt, bevor er sie versteht, machen ihm sichtliches Vergnügen. Als ich an der Reihe war, schien ihm mein russisch wirkender Name zu gefallen. Er lachte mich mit blitzenden Augen an. Das Rundfunkgerät schleppte ich dann durch Gänge in einen Baderaum, wo ich es abstellte. Zuweilen sucht der Blick in meinem Zimmer unwillkürlich den Platz, wo der Apparat zwischen Büchern im Regal so lange Jahre stand. Wie oft hat er uns Schallplatten durch seinen Lautsprecher übertragen, wie heimlich hat man die Nachrichten der fremden Sender abgehört, und nun leben wir seit einer Reihe von Tagen, deren Zahl sich angeben ließe, die aber ihrem Wesen nach nicht meßbar sind, ohne Nachrichten und ohne Musik. Wir leben ohne Musik wie die Menschen in meiner Stadt hinter dem Strom.

*

Da man von allen Nachrichten abgeschnitten ist, haben Mutmaßungen und Gerüchte ihre fruchtbaren Stunden. Es lohnt nicht, sie aufzuzeichnen, denn es wird später niemanden interessieren, wie hilflos wir alle durch mangelnde Unterrichtung den allgemeinen Ereignissen der einzelnen Tage gegenüberstanden. Es gibt weder Zeitung noch Radio. Wer viel auf den Straßen weilt, lebt vom Hörensagen der Leute. Ich ziehe es noch immer vor, nur selten außer Haus zu gehen, obwohl in unserem Stadtteil das Straßenbild allmählich dem einer locker besetzten Ortschaft gleicht. In den ersten Tagen nach dem Einmarsch der erobernden Truppen wagte man sich nur zu mehreren gemeinsam auf die Straßen und mied weite Wege.

Es vergeht kein Vor- und Nachmittag, ohne daß sich Freunde und Bekannte einfinden. Ich empfinde das unangemeldete Kommen nicht mehr störend wie in früherer Zeit, man freut sich über jeden Besuch. Es ist die einfache Freude über menschliche Nähe und menschliche Gegenwart. Die Schicksale von denen, die berichten, ergänzen das Bild von unser aller Schicksal, während die Neuigkeiten, die der einzelne bringt, um so rascher veralten, als sie sensationell wirken. Im Grunde weiß niemand, was um uns geschieht und wohin die Entwicklung mit uns zielt. Man gewöhnt sich daran, an Tatsachen nur das zu glauben, was mit eigenen Augen gesehen ist.

An Tatsachen ist aus unserm Haus nur zu berichten, daß die Bauernfamilie aus der Parterre-Wohnung ausgezogen ist und sich auf den Heimweg nach Osten begeben hat. Schon wenige Stunden, nachdem die Bauern am Morgen ihren Fußmarsch mit einem über- und überladenen schwankenden Karren angetreten hatten, stellten sich Bewerber für die frei gewordene Wohnung ein. Obwohl es bekannt ist, daß die Eigentümerin der Wohnung, Frau Oelkers, nur vorübergehend zu ihren Verwandten in einen nicht allzuweit entfernten Ort der Altmark ausgewichen ist und jeden Tag zurückkehren kann, wurde einer dreiköpfigen Familie, deren Wohnung beim letzten Bombenangriff zerstört worden war, ein Einweisungsschein vom Wohnungsamt gegeben. Wie es heißt, können Wohnungen, deren Inhaber nicht bis zum 15. Mai zurückgekehrt sind, mit allem vorhandenen Mobiliar obdachlosen Familien amtlich zugewiesen werden. Ich habe um so weniger Veranlassung mich dieser Notstandsmaßnahme zu widersetzen, als die einziehende Familie Garber einen freundlichen und bescheidenen Eindruck macht.

So hält die Unbeständigkeit an. Am gleichen Tage waren wir dadurch in Aufregung versetzt, weil in den Vormittagsstunden eine lange Kolonne von leeren Lastwagen auf unserer Straßenseite stehen blieb. Welchen Zweck mochten sie verfolgen? Wir erfuhren, daß die Häuser jenseits der nahen Jägerallee von Soldaten umstellt seien, die auch in die Vorgärten und Keller eingedrungen waren. Schon vorher war uns aufgefallen, daß im Landgericht, in dem sich vorübergehend die Registratur für die Angehörigen der ehemaligen deutschen Wehrmacht befunden hatte, neue Truppen eingezogen waren. Der Vorplatz glich einem kleinen Heerlager. Da uns wiederholt berichtet worden war, daß aus einzelnen Häusern immer wieder Möbel requiriert würden, glaubten wir nichts anderes, als daß die Lastwagen dem gleichen Abtransport dienten. Stunde um Stunde verging, die Wagen hielten noch immer. Zur gleichen Zeit machten wir die Entdeckung, daß die bei uns wohnende Dolmetscherin Taja sich heimlich mit allen ihren Sachen aus dem Staub gemacht hatte. Am Tage zuvor hatte sie schon durchblicken lassen, daß ihr Chef von hier fortkäme, daß sie aber hoffe, weiterhin hierzubleiben. Inzwischen stellten wir von unserem Garten aus fest, daß der angrenzende Hof ihrer Dienststelle leer und verlassen lag. Wir verstrickten uns in den Gedanken, daß eine Verbindung zwischen Tajas plötzlichem Verschwinden, der Auflösung ihrer Dienststelle und der wartenden Lastwagenkolonne mit den Kellervisitationen bestünde, ohne uns aber den Sinn der Vorgänge zusammenreimen zu können. Zu einem Bekannten vorzudringen, der in einem dieser Häuser wohnt, war unmöglich, denn die Straße wimmelte von Soldaten. So blieb uns nur übrig, in geduckter Passivität abzuwarten - ein Zustand, den wir in verschiedenen Variationen schon so oft durchgemacht hatten.

Erst am frühen Nachmittag setzte sich der Wagenzug in Richtung auf Berlin in Bewegung. So war konkret nichts geschehen, das auf uns einen Bezug gehabt hatte, und lediglich die Eventualität hatte uns im Bann gehalten. Zwar bestätigte sich, daß die Kellerräume in der weiteren Nachbarschaft willkürlich durchsucht und ausgeräumt worden waren - aber keineswegs in Verbindung mit der Transportkolonne, sondern von Teilen der in der Nähe neu einquartierten Truppen. Als übrigens die russisch sprechende Frau eines dort wohnenden Bekannten Offiziere über den Vorfall interpellierte, bedauerten diese auf das höflichste, meinten jedoch, die Deutschen müßten sich gegen solche Übergriffe selber wehren.

Taja ist nicht mehr zurückgekehrt. Noch am Morgen hatte sie unbefangen mit mir gesprochen und mir Hoffnung auf eine frische Schachtel Zigaretten gemacht. Ihr Verschwinden in aller Heimlichkeit erklärte sich daraus, daß sie Kopfkissen und Federbett mitgenommen hatte. Das Quartier bei uns war wohl nur eine Privataktion ihres Chefs und keine amtliche Einweisung durch die Kommandantur gewesen. Da das Fahrrad des Kapitäns in unserem Flur stehengeblieben ist, nehmen wir es als eine stillschweigende Geste des Tauschs mit dem Bettzeug an. Das Schild an der Wohnungstür lassen wir einstweilen noch aushängen, um die Fiktion ihres Quartiers zu halten.

Der mühseligen Arbeit, Brunnenwasser herbeizuholen, sind die Frauen enthoben. Die Versorgung durch das Leitungssystem ist in unserem wie in den übrigen heil gebliebenen Stadtbezirken wieder in Gang gebracht. Das bedeutet für das tägliche Leben eine Erleichterung und Ersparnis an Zeit.

Da unsere Straße keine ins Auge fallenden Zerstörungen zeigt, kann man sich zuweilen einreden, als sei das Bild der Stadt noch das gleiche wie früher. Geht man ein paar Nebenstraßen zur Stadtmitte hin, liegt das weite Feld von Häuserruinen vor einem. Es ist kein Traum gewesen, aus dem man zu einem Morgen erwacht, der so ist, wie jeder andere Morgen war. Es ist auch nicht die Erinnerung an die Stunde des Schreckens allein, die die Vorgänge wieder wachruft: Es ist das konkrete, bleibende Bild der Zerstörtheit, es ist das unmittelbare Zeichen der Leblosigkeit. Potsdam ist in wesentlichen Teilen seiner alten Straßen und Plätze eine gewesene Stadt.

*

Als am Abend jenes 14. April die Sirenen ertönten, die uns seit Beginn dieses Jahres fast allnächtlich in den Keller riefen, hielten wir es für eine vorsorgliche Warnung. In allen Fällen war bisher Berlin das Ziel derartiger Einflüge gewesen. Erst die Durchsage, daß stärkere Kampfverbände sich auf das südwestliche Vorfeld der Reichshauptstadt konzentrierten, ließ uns aufhorchen: das war unser Gebiet. Dann hörten wir die erste Bombe rauschen, die wir aber für einen zufälligen Einzelwurf nahmen. Als sich unmittelbar darauf das Sausen und Zischen verstärkte, wußten wir, daß zum ersten Mal unserer eigenen Stadt ein Großangriff galt. Schon schwankte das elektrische Licht, schon begann der Keller leicht zu schwanken, schon pfiff und barst und heulte es herüber und heran, der Luftdruck legte sich schmerzhaft auf die Ohren, und in jeder Sekunde meinten wir, das Haus über uns getroffen und einstürzen zu fühlen.

Die Hausbewohner hatten mit den einquartierten Flüchtlingsfamilien in den beiden Luftschutzkellern die gewohnten Plätze eingenommen. Niemand sagte ein Wort. Wir setzten die Schutzbrillen auf, hielten Mundtücher gegen Rauch und Staub in der Hand und saßen in angespannter Bereitschaft. Die Erschütterungen der Einschläge,

30

Es war am Sonnabend, den 14. April. Vier Wochen sind erst vergangen, und im Gefühl ists eine Ewigkeit her: so als könnte es ebenso gut gestern sich ereignet haben oder vor urdenklichen Zeiten und seit je. Als an jenem Abend die Sirenen ertönten, nahmen wir es für das übliche Zeichen, das uns seit Beginn dieses Jahres allnächtlich in die Keller rief, und wir meinten, nichts anderes als der gewohnte Einflug eines schwachen Verbandes schneller Kampfflugzeuge sei mit dem Richtziel Berlin unterwegs. In diesen Fällen war unser Stadtgebiet meist ungestört überflogen worden, erst in den letzten Wochen waren hin und wieder vereinzelte Abwürfe erfolgt. Die Rundfunkansagen, die allerdings wegen der nähergerückten Westfront erst spät und nicht mehr so zuverlässig wie früher einsetzten, meldeten zunächst nichts von starken [redacted]verbänden. Als [redacted] Die Durchsage [redacted], dass Kampfverbände neu erfasst seien, deren Angriffsrichtung sich auf das südwestliche Vorfeld erstrecke, horchten wir im Keller erstaunt auf, denn dies betraf unser Gebiet. Dann hörten wir die erste Bombe rauschen, nahmen sie aber noch für einen Einzelwurf. Als [redacted] unmittelbar darauf das Sausen und Zischen [redacted] verstärkte, wussten wir, dass zum ersten Mal unserer eigenen Stadt ein Grossangriff galt. Schon schwankte das elektrische Licht, schon begann der Keller zu wanken, schon schlug es und barst und pfiff und heutte herüber und heran, der Luftdruck legte sich schmerzhaft auf die Ohren und in jeder Sekunde meinten wir das Haus über uns getroffen und stürzen zu fühlen.

Mit Ausnahme der Bauernfamilie, die wie stets einen öffentlichen Luftschutzraum aufgesucht hatte, und meiner Schwägerin J[redacted]a, die das ineinander übergehende Jaulen und Orgeln und Rauschen vollzogen sich pausenlos mit seltenen Unterbrechungen von wenigen Sekunden. Zuweilen suchte meine Frau meine Hand, und wir sahen uns schweigend in die Augen. Während einer kurzen Stille sagte einer der Flüchtlinge: »Verstehen Sie das? Es nimmt überhaupt kein Ende.« Wieder begann das Pfeifen und Toben, dem wir in einer Elementargewalt ausgeliefert waren.

Wiederholt hatte ich die Empfindung, mich auf einem auf hoher See treibenden Schiff zu befinden. Die Phantasie gab sich dieser Ablenkung hin: Das Sausen der Bomben schien dem Sausen des Sturms durch die Takelage zu gleichen, die rollenden Einschläge dem Maschinenstampfen, das Schwanken des Kellers war dem Vibrieren einer Schiffskoje ähnlich. Türen und Fenster wurden aufgeschleudert, das Licht flackerte, erlosch, wurde wieder hell, ein Zeichen, daß die Kabel in unmittelbarer Nähe nicht getroffen waren. Zuweilen dachte ich mit konzentriertem Willen: es geht vorüber; ich will, daß es vorübergeht. Wir sahen nach der Uhr, stellten fest, ohne es aber zu begreifen, daß fast eine halbe Stunde seit Beginn des Trommelns und Lärmens vergangen war, eine halbe Stunde, die aus Bruchteilen von Minuten, aus einer Kette von Augenblicken bestand. Nach dieser Zeit schwoll der höllische Orkan ab, die schweren Erschütterungen wurden allmählich von leichteren Detonationen abgelöst.

Wie unter einem Alpdruck erhoben wir uns, stiegen die dreizehn Kellerstufen hinauf, traten auf den Hof: Das Haus stand, nur ein paar Fensterscheiben waren zerklirrt, in den Wohnungen einige Türen aus dem Futter gerissen, ein paar Gläser aus dem Schrank gefallen. Kein Schaden, kein Brand in unmittelbarer Nähe. Nördlich und nordöstlich vor dem Hause lohte der Himmel metallen-weiß. Garben von Explosionen schossen hoch, Rauchschwaden ballten sich über der dunkleren Glut von Bränden. Erst nachträglich haben wir erfahren, daß ein im Bahnhof stehender Munitionsszug Wagen um Wagen in die Luft flog. Das fauchende Geknatter währte bis gegen drei Uhr früh.

Wir gingen benommen ein Stück durch die Straßen, ohne einen Überblick über das Ausmaß der Zerstörungen gewinnen zu können. Viele Menschen irrten herum, verstörte Gesichter, neugierige, apathische. Wir kamen nicht weit. Ein neuer Einflug, so hieß es, sei gemeldet. Warnsirenen waren nicht mehr in Betrieb zu setzen. In den nächsten Tagen zeichnete sich das Bild der Zerstörung ab: die gesamte Altstadt war in ein Trümmerfeld verwandelt worden. Das historische Stadtschloß, der Palast Barberini, das Rathaus, viele Straßenzüge waren Haus um Haus vernichtet. Der Turm der Garnisonkirche ist am nächsten Tag eingestürzt. Die grünen Kupferplatten der Kuppel von der Nikolaikirche haben sich zunächst nach außen ausgebeult, bevor sie nach einer Reihe von Tagen nach innen abgesunken sind.

Der Angriff galt offensichtlich dem Bahnhofsgelände, das in kilometerweitem Umkreis durchpflügt worden war. Etwa zwei Querstraßen von uns entfernt zur Innenstadt hin, schien die Grenze der völlig zerstörten Bezirke. Die drei Häuser, die mit meiner Familie verknüpft sind, gibt es nicht mehr. Mein Geburtshaus an den »Acht Ecken« in der Hohenwegstraße, das alte Huguenelsche Familienhaus von 1780 in der Humboldtstraße und das Haus neben der Hauptpost am Kanal, in dem meine Eltern von 1900 bis Anfang der dreißiger Jahre in jener Wohnung lebten, die zur Zeit Friedrichs des Großen von dem Flötenspielmeister Quantz bewohnt war. Aus den Trümmern des Hauses, in dem die Eltern meiner Mutter gewohnt hatten, haben wir später Balken und Brennholz gesammelt.

Viele Gassen und Straßen waren tagelang kaum passierbar, es schwelte und brannte allenthalben. In unserer Straße ist nur am äußersten Ende ein Haus zerstört, im näheren Umkreis vereinzelte Trichter.

Ferngerückt und für das innere Auge wie in Staubnebel gehüllt sind die Vorgänge jener Nacht. Unbarmherzig teilt die Zeit ihre Schläge aus, und das Los des einzelnen bleibt ohne Beachtung. Kaum ein teilnehmendes Ach entringt sich dem Herzen, wenn es von diesem und jenem hört, den das Schicksal getroffen hat. Die Fülle des Vergänglichen ist zu dicht gehäuft, die Eindrücke der Grausamkeit folgen zu rasch, um das Maß zu fassen, das jedem zugeteilt wird. Man nimmt nicht mehr auf, man registriert nur.

Jeder Gang in die Stadt rief die untergegangenen Bilder wach. Immer wieder wird die Auswirkung der Zerstörung nahegebracht, wenn der Blick die Kuppeln und Türme der Kirchen sucht, die als leere Stümpfe aufragen, oder wenn einer der vielen Obdachlosen, achtundzwanzigtausend, nach einer Unterkunft, einer Schlafstätte fragt. Die siebentausend Toten der Stadt fragen nicht mehr.

Seit jener Nacht haben sich die Gespenster leibhaftig in unserer Stadt eingenistet. Der Ungeist des Schreckens und der Ruhelosigkeit ist über jeden gekommen.

*

Auf die Benutzung des elektrischen Lichts zu verzichten, fällt mir immer von neuem schwer. Durch die Art meines Lebens und meiner Arbeit bin ich seit Jahren und Jahrzehnten daran gewöhnt, die Nachtstunden als die ergiebigsten für mich am Schreibtisch zu verbringen. Der Vorhang, der die Fenster dicht abschließt, bildet gleichsam einen Schutz gegen alles Fremde der Welt und gibt dem Gefühl die Sicherheit, auf einer ungestörten Insel zu existieren. Die Bilder der Gedanken sind keiner Ablenkung von außen ausgesetzt, wie es am Tag nur allzuleicht geschehen kann. Auf diese Nachtstunden bei künstlichem Licht, das die Schreibtischfläche erhellt, war immer der Sinn meines Lebens gerichtet. Sie waren wie ein Hafen, in den man einkehrt. Sie riefen für das Gefühl ein absolutes Reich der eigenen Freiheit hervor. Ich versuche, Geist und Körper umzustellen, stehe früh am Morgen auf, um die Stundenspanne des natürlichen Lichts auszunutzen, es will nicht recht gelingen. Die erzwungene Lichtlosigkeit am Abend stiehlt mir die reifen Augenblicke des täglichen Lebens. Für die Mehrzahl der Menschen wird es wohl nur eine Frage der Einteilung sein, den Tag früher beginnen und früher enden zu lassen. Für mich bedeutet es mehr als eine äußere Umgewöhnung. Es bedingt eine Änderung des inneren Lebensrhythmus. Auf Reisen freilich habe ich den Nachtmenschen in mir immer verleugnen können: Ich stand früh auf und ging mit dem Ende des natürlichen Lichts ins Bett. Aber in jenen Zeiten habe ich wenig aufgeschrieben und alle Intensität (die das Kennzeichen meiner eigenen Arbeit ist) auf die geöffnete Bereitschaft konzentriert, das Sichtbare, Fühlbare und Schmeckbare der Erde aufzunehmen und einzusammeln. Auch dieser Umstand mag dazu beitragen, meine Existenz in diesen Tagen so aufzufassen, als ob ich mich, wie ich schon schrieb, auf einer Reise befinde. Da ich indessen beginne, die persönlichen Eindrücke und die einzelnen Bilder meiner Stunden zu einem Vorhandensein zu ordnen, wie es sich mit der Niederschrift dieser Tages-

und Nachtblätter herausbildet, quält mich der Mangel an Licht mehr und mehr, das ungezwungen und leicht die Arbeit auch zur nächtlichen Stunde ermöglicht.

Ein Besuch von Herrn Herrmann, dem Herstellungsleiter unseres Verlages (Suhrkamp Verlag), regte in mir Überlegungen über die Art von Aufzeichnungen an, wie ich sie in diesen Blättern zu geben versuche. Herr Herrmann war übrigens der erste Bote, der aus dem westlichen Randgebiet Berlins seit der Eroberung durch die Rote Armee zu uns drang. Daß er mit seinem Haus in Klein-Machnow einigermaßen über die Kampftage hingekommen ist, hatte uns schon ein Brief berichtet, den kurz zuvor jemand aus Zehlendorf nach Potsdam mitgenommen und freundlicherweise bei uns abgegeben hatte. Herr Herrmann war dreieinhalb Stunden zu Fuß marschiert und unbehelligt durchgekommen. Es wird nämlich erzählt, daß Personen unterwegs häufig zu dringenden Aufräumungsarbeiten für viele Stunden festgehalten werden.

Als er verstaubt und angestrengt ins Zimmer trat und uns sah, schlug er uns warm auf die Schulter und umarmte uns vor Freude und Rührung, daß wir am Leben waren. Er erzählte von den Ereignissen, die ihn und die Gegend am Teltowkanal betroffen hatten. In den Tagen vom 23. bis 26. April hatte die dortige Gegend unter schwerer Artillerie-, Werfer-, Tieffliegerbeschießung und Bomben viel auszuhalten. Schon am 24. drangen die ersten Truppen der Roten Armee ein und setzten sich für etwa vierzehn Tage dort fest.

Er gab diesen Bericht an Hand von kurzen stichwortartigen Notizen, die er sich regelmäßig nach dem Stundenverlauf während der kritischen Tage gemacht hatte. Der Vorteil, den derartige kurze Notizen aus dem Augenblick heraus bieten, ist einleuchtend. Sie dienen zur Unterstützung des Gedächtnisses, das zwar die einzelnen Punkte wohl behält, die Reihenfolge jedoch sonst leicht verschiebt. Sie bilden das Skelett für die chronologische Folge von Eindrücken, Vorgängen, Stimmungen. Die Art hat etwas Bestechendes, insofern sich das Interesse des Hörers oder Lesers für das Privatschicksal des Berichtenden voraussetzen läßt. Die objektiv richtige Aneinanderreihung der Ereignisse bringt es mit sich, daß alles wahllos, was den Erlebenden im Augenblick unmittelbar betrifft, festgehalten bleibt, so daß ein Loch im Zaun, das am Dienstag durch eine Granate gerissen und das, nehmen wir an, am Mittwoch wieder ausgeflickt wurde, während am Donnerstag die Stelle erneut beschädigt wird, den gleichen Wert erhält wie der Tod eines Nachbarn, die Zerstörung oder Bewahrung der Habe im Ganzen.

Mir scheint, daß es für einen späteren Leser gleichgültig sein wird, an welchem Wochentag sich dies oder jenes abgespielt, ja, ob es sich überhaupt ereignet hat. Alle derartigen Aufzeichnungen geben ohnehin nur den kleinen Ausschnitt wieder, der jeweils das private Leben eines einzelnen und seiner Familie spiegelt. Die Genauigkeit in Kleinigkeiten veranschaulicht für einen Dritten nur dann das Bild auf entscheidende Weise, wenn darin Wirkungen auf Empfindungen allgemeiner Natur deutlich werden. Wer sich ernsthaft mit dem Niederschreiben derartiger Aufzeichnungen beschäftigt, muß sich von vornherein über den grundsätzlichen Unterschied im klaren sein, der zwischen dem Bezirk des privaten Lebens und dem Bezirk des persönlichen Lebens besteht. Im privaten Leben hat jede Minute der vierundzwanzig Tagesstunden das gleiche Gewicht und die gleiche Dauer von sechzig Sekunden, ob sie nun angefüllt ist mit Gespräch oder Nachdenken, mit Stumpfsinn oder Schlafen, mit Treppensteigen, Essen oder Schrecksekunden, während für das persönliche Leben nur die Minuten zählen, die von etwas Besonderem, Ungewöhnlichem erfüllt werden. Der Bezirk des persönlichen Lebens konzentriert sich auf die Brennpunkte von Augenblicken, kümmert sich aber nicht um den mechanischen Ablauf. So wie das Wort als Mittel dienen kann für eine einfache Mitteilung oder für eine Unterhaltung oder für ein gehobenes Gespräch, für eine leere Phrase oder eine dichterische Formulierung, wird es entsprechend seiner Verwendung entweder Ausdruck des Privaten oder Persönlichen. Das private Leben verhält sich zum persönlichen wie Dilettantismus zum Laientum. In der privaten Sphäre bekommen die Vorgänge ein verkehrtes Gewicht - und zeigen meistens sogar keines. Die Dinge das rechte Eigengewicht gewinnen zu lassen, die Selektion also des Lebens zum Erleben, ist die Aufgabe dessen, der es unternimmt, Vorgänge seiner unmittelbaren Umwelt, seiner Mit-Zeit aufzuschreiben. Daß gleiche Ereignisse verschiedenes Gewicht erhalten, ergibt sich aus der persönlichen Note des Schreibenden.

Es ist bekannt, daß in Zeiten, die den einzelnen in den Zustand von Erregung versetzen, jedermann seine seelische Bedrängtheit gern durch das geschriebene Wort erleichtert. Daraus erklärt sich das lyrische Reimen der jugendlichen Herzen, der pathetische Briefwechsel aller Liebenden. Daraus erklärt sich auch gegenwärtig das zunehmende Bedürfnis von jedermann, Tagebuch zu führen (wie jeder zweite Soldat durch den Eintritt in das ungewöhnliche Leben des Krieges Tagebuch zu schreiben begann). Sobald dies für sich selbst oder für den engeren Familienkreis geschieht, ist nichts dafür oder dagegen zu sagen.

Sobald der Anspruch erhoben wird, eine weitere Allgemeinheit für derartige Aufzeichnungen zu interessieren – und dies gilt auch für die Veröffentlichung von Briefen –, besteht die Voraussetzung dafür, daß der Betreffende imstande ist zu schreiben. Nicht jeder, der die Buchstabenschrift erlernt hat, kann deshalb schon schreiben. Die künstlerische Fähigkeit liegt weniger darin, »den passenden Ausdruck« zu finden, als in der Möglichkeit, alles, was vor sich geht, von vornherein erlebnishaft in sich aufzunehmen. Die Niederschrift, genauer gesagt die Dichtung, ist nur der handwerkliche Vollzug der erlebten Vision. Da in Zeiten, in denen das Gemüt unmittelbar durch äußere Erlebnisse angesprochen und in Erregung versetzt wird, der Typus des Dilettanten gern und laut seine Stimme erhebt, wird es daran angesichts der Kriegsereignisse, die uns hier Haus bei Haus überschwemmt haben, nicht mangeln.

»Anch'io sono pittore« – »auch ich einmal in Arkadien« – auch ich war bei dem russischen Einmarsch dabei, und niemand hat so vieles und so Schweres durchgemacht – das wird der Leitspruch mancher Aufzeichnungen sein, die nichts anderes als Stammtischreden sind.

Zwei Tage nach dem Angriff der 700 Bomber begann an der Oder der lange erwartete Großangriff der Roten Armee auf Berlin. Er machte in wenigen Tagen erhebliche Fortschritte. Damals meinten viele, daß der Einmarsch paritätisch erfolgen werde. Wir verfolgten das Vorrücken von Osten und Westen wie einen Wettlauf, und viele glaubten, daß sich Amerikaner und Russen, vielleicht auch englische Verbände, gleichzeitig um und in Berlin vereinigen würden. Bald aber war deutlich geworden, daß die Verbände der Amerikaner und Engländer an der Elbe verhielten, während die Russen Berlin und Potsdam im weiten Umkreis von Süden und anscheinend auch von Norden umgingen. Vom 21. an, eine Woche nach dem Luftangriff, bestand kein Zweifel mehr, daß Berlin von der Roten Armee umzingelt wurde, Tag für Tag sahen wir ein Auto nach dem anderen Potsdam in westlicher Richtung durchqueren. Es waren die Berliner Bonzen der Partei, die sich in Sicherheit zu bringen hofften. Kleinere und größere Trecks, die sich aus der Gegend östlich von Berlin aufgemacht hatten, zogen Tag und Nacht auf der Flucht mit kümmerlichen Pferdegespannen, oft auch nur mit überladenen Handwagen und vollgepackten Fahrrädern an unserem Haus vorbei.

Wir wußten, daß wir mitten in der Falle saßen, aber wir wußten nicht, wann sie zuklappen würde. Niemand rechnete mit einem ernsthaften militärischen Widerstand Potsdams, aber es bestand die Gefahr, daß wir in den Verteidigungsgürtel von Groß-Berlin einbezogen würden und in diesem Fall mit Häuserkämpfen innerhalb der Stadt zu rechnen hatten.

Vielleicht hätte ich von diesem Zeitpunkt an beginnen sollen, den Ablauf der Ereignisse in kurzen Aufzeichnungen regelmäßig festzuhalten. Ich war indessen zu gelähmt und zu gleichgültig. Dies mochte sich aus den Nachwirkungen des Luftangriffs erklären. Auch mochte die Ungewißheit, was das Schicksal mit jedem von uns in den kommenden Tagen oder schon in der nächsten Stunde vorhatte, dazu beitragen, sich allem fernzuhalten, was auch nur den leisesten Zug von Bewahren- und Hinüberretten-Wollen trug. Schon damals begann man den Zusammenhang des Lebens zu verlieren und nur noch in aufgespaltenen Stunden, in der nervösen Bereitschaft von Minute zu Minute zu existieren. Wir trieben freilich ohne besondere Erregtheit, ohne Fluchtgedanken, in einem Gemisch von aktiver Anpassungsfähigkeit an die Gegebenheiten des Augenblicks und einer fatalistischen Passivität, sich von dem Kommenden überraschen zu lassen.

Auf eine ähnliche Weise war ich auch außerstande, in den Tagen nach der endgültigen Eroberung unserer Stadt Tagebuch zu führen oder auch nur das Abspiel der Stimmungen und Vorgänge stichwortartig zu notieren. Auch als sich das Bedürfnis dazu nach einer Reihe von Tagen stärker meldete, zögerte ich mit dem endgültigen Beginn. Erst am 9.Mai nahm ich den ersten Anlauf, die Begebenheiten dieser Lebenstage aufzuschreiben. Ich war mir von vornherein darüber im klaren, daß eine nachträgliche Konstruktion des chronologischen Ablaufs unmöglich war, weil ich dazu den Anschluß versäumt hatte. Ich wäre immer um Tage und Wochen den Ereignissen nachgehinkt und hätte niemals Bilder aus dem unmittelbaren Erleben einfangen können. So sprang ich mitten in die Situation der Tage hinein, mit denen diese Blätter anfangen und versuche, in entsprechenden Partien auf Grundvorgänge zurückzublenden, deren Wirkungen sich jeweils aus der Haltung zu späteren Ereignissen schon gespiegelt haben. Alles, was ich bisher aufgezeichnet habe, dient nur als Vorstufe, um endlich zu schildern, wie sich jene ersten 36 Stunden nach dem Eindringen der Russen in unser Haus vollzogen. Denn in dieser Spanne von einem Tage, einer Nacht und dem folgenden Tage, liegt der Grund für das veränderte Leben von uns allen. Die nachträgliche Sicht erlaubt, durch Vergleich mit Erlebnissen und Schicksalen anderer Häuser und Menschen und durch abstrahierende Betrachtung ähnlich gelagerter Vorgänge ein Bild zu geben, das die Dinge, die der einzelne mehr oder minder durchgemacht und erfahren hat, auf einen gemeinsamen Generalnenner gelangen läßt. Da sie zugleich aus Augenblicken niedergeschrieben werden, die von derselben Spannung noch getragen sind, müßte sich die Intensität des unmittelbaren Eindrucks mit der Intensität der reflektierenden Beschreibung die Waage halten. Inwieweit es gelingt, die Verve des gefühlten Augenblicks mit der Willenssteuerung durch den Verstand in Einklang zu bringen, sie gleichsam in einem Zustand gegenseitigen Schwebens zu halten, hängt von der Kraft der Inspiration ab, die in verschiedenen Stunden glückt, in anderen Stunden mißglückt. Darin beruht ohnehin die Eigentümlichkeit derartiger Tagebuchaufzeichnungen, die ihrem Charakter nach künstlerisch eine Zwitterbildung darstellen. Aber ich fasse hier schon Überlegungen zusammen, die sich im Verlauf des Schreibens allmählich ergeben. Zunächst absorbierte der Gärungsprozeß der nackten Realität alles Gedankliche. Die Brücken zum Gestern sind abgebrochen, so wie im unübertragenen Sinne sämtliche Brükken um Potsdam vor den andringenden Russen zerstört wurden.

Nachdem es nur noch eine Frage von Tagen und Stunden geworden war, daß es die Russen (und nicht die Amerikaner) sein würden, die unsere Stadt besetzen sollten, erinnerte ich mich einer Vision, die ich zweimal im Herbst 1944 deutlich gesehen hatte. Ich habe davon früher auch im engeren Kreis erzählt: Damals sah ich Soldaten in fremder Felduniform auf dem Damm und der Rasenfläche unserer Straße marschieren, sah einzelne Gruppen hin- und herlaufen und hatte das unbestechliche Wissen, daß es sich um Russen handelte. Ich sah sie auch nicht nur für diesen Augenblick, sondern sie kontrollierten tagaus, tagein die Straßen. Da ich sonst keinerlei Anzeichen bei mir kenne, mit hellseherischen Fähigkeiten begabt zu sein, sondern lediglich zuweilen eine Kassandra-Witterung für den instinktiv logischen Verlauf von Ereignissen habe - also gleichsam aus einer beginnenden Kurve den noch unsichtbaren Ablauf der Entwicklung einigermaßen genau zu fixieren vermag, habe ich dieser zweifach erlebten Vision auch keine prophetische Bedeutung beigemessen. Nachträglich überrascht es mich indessen, daß die Wirklichkeit die Phantasie eingeholt hat. Es handelt sich um den gleichen Vorgang, von dem ich schon einmal anläßlich der Szenen sprach, die meine Phantasie der »Stadt hinter dem Strom« vorwegnahm. Nun wurde es in diesem Falle mir noch drastischer vor Augen geführt. Jedenfalls war das Erscheinen der Russen für mich im Grunde nichts Neues. Es war vorausgewußt. Nicht vorausgewußt war die Art, in der sich die persönliche Berührung vollzog.

*

In der letzten Nacht brachten mehrere Gewitter in der näheren Umgebung ein wenig des ersehnten Regens. Die fast tropische Temperatur der letzten Tage hat sich abgekühlt. Seit langer Zeit ist der Himmel zum ersten Mal bedeckt. Die staubige Luft hat sich gereinigt, der brandige Geruch, der wochenlang die Räume durchdrang, ist verflogen.

Es ist Freitag vor Pfingsten, der 18. Mai. Diese Feststellung klingt so einfach; aber als wir gestern abend über die Straße gingen, sprachen uns zwei Damen an, um sich zu erkundigen, ob Mittwoch oder Donnerstag sei, so wie man früher jemand fragte, wie spät es wäre. Wir mußten selbst ein Weilchen überlegen, bevor wir mit Sicherheit erklären konnten, daß Donnerstag wäre. So außerhalb lebt man von der gewohnten Zeiteinteilung. Aber jeder Freitag trägt für uns das Mal einer besonderen Erinnerung: Heute auf den Tag sind drei Wochen vergangen, seit die Rote Armee Potsdam eroberte. Es war am 27. April, dreizehn Tage nach dem Luftangriff der Engländer auf die Stadt und dreizehn Tage vor dem Waffenstillstand, der in der Nacht vom 8. zum 9. Mai abgeschlossen wurde.

Die Rundfunknachrichten gaben seit Beginn der kritischen Woche nur ein spärliches Bild über die Entwicklung der Lage. Allmählich schien sich zu bestätigen, daß russische Truppen südlich von Potsdam vorbeistießen, man hörte, daß in Berlin gekämpft würde und daß einige Panzerspitzen auf der Michendorfer Chaussee und auch von Babelsberg her sich bis an den Stadtrand vorgetastet hätten. Einige dumpfe Detonationen kündigten die seit langem vorbereitete Sprengung der Langen Brücke in der Nähe des Bahnhofs an. Da die Sirenen seit dem großen Luftangriff nicht mehr in Gang waren, auch jegliche sonstige Warnung an die Zivilbevölkerung wie Panzeralarm usw. unterblieb, war man auf eigene Entscheidung angewiesen, wann man jeweils vorübergehend im Keller Schutz suchte. Störungen durch rasch anbrausende Flugzeuge wurden häufiger. Aus der Ferne vernahmen wir allmählich das dumpfe Rollen des Geschützfeuers aus verschiedener Richtung. Langsam schob sich die Geräuschkulisse näher. Bald konnten wir die harten Stöße der abfeuernden deutschen Batterien wahrnehmen, die sich deutlich von den gedämpfter antwortenden russischen Feuerstellungen unterschieden.

Am Dienstag abend wurden wir Ohrenzeuge eines lebhaften Artillerieduells, in das sich näherkommendes

MG-Feuer und verschiedene Detonationen mischten. Mit beginnender Dunkelheit leuchtete der Himmel in Richtung Nedlitz auf. Der Gefechtslärm ebbte nach etwa zwei Stunden wieder ab. Wir erlebten die Kämpfe dieser Tage, die sich im nördlichen Vorgelände der Stadt abspielten und sich langsam von Marquardt aus zum Bornstedter Feld vorschoben, lediglich akustisch. Da wir in Hinsicht auf Frontgeräusche ohne jede Erfahrung waren, erschreckte uns der Lärm der näher stehenden abfeuernden Batterien mehr als die sanfteren weicher kommenden Granaten, die über uns hinweg zogen. Das zirpende Pfeifen der Geschosse, die hoch über die Häuser sausten, hatte im Vergleich zu dem vom letzten Luftangriff her bekannten Explosionsdonner der Fliegerbomben wenig Beunruhigendes für uns, so daß wir den Keller während der begrenzten Zeit der Artilleriebeschießung selten aufsuchten. Immer häufiger überfiel ein Schwarm von russischen Fliegern den einen oder anderen Stadtteil.

Schlugen Bomben, die übrigens leichterer Art waren als die der Engländer und Amerikaner, in der Nähe ein, eilte alles nach unten. Die Mehrzahl der Stunden jedoch blieben sowohl wir wie auch die übrigen Hausinsassen in den Wohnungen. Die Frauen waren viel unterwegs, standen vor Geschäften an, um noch in aller Eile die aufgerufenen Lebensmittel zu besorgen. Mit Brot waren wir selbst einigermaßen eingedeckt, erhielten auch auf bestimmte Sonderabschnitte der Lebensmittelkarten etliche Fleischkonserven, eine zusätzliche Zuckerration und was dergleichen rasch und mit mancher Willkür von den einzelnen Ladengeschäften zur Verteilung gelangte. Bei einsetzendem Artillerie- oder plötzlichem Fliegerbeschuß trat man schnell in einen Hausflur. Natürlich gab es Verwundete und Tote auf den Straßen. Suhrkamp besuchte uns noch hin und wieder und gab uns Verhaltensmaßregeln für den Fall, daß es zu Häuserkämpfen innerhalb der Stadt käme. Die Rucksäcke, das einzige Gepäck, das man im Notfall wohl mitnehmen konnte, wurden wiederholt umgepackt, die übrigen Koffer standen im Luftschutzkeller griffbereit.

Wir hatten uns die Waschküche mit Stühlen und einem kleinen Tisch eingerichtet, um die Mahlzeiten einigermaßen ungestört einnehmen zu können. Die Waschküche befand sich in dem einen Seitenflügel unseres Hauses, während die beiden Luftschutzkeller im gegenüberliegenden Flügel lagen. Zu dem dazwischenliegenden kleinen Hof, auf den der Treppenflur des Vorderhauses mündet, führt vom Luftschutzkeller aus über ein Treppe ein weiterer Zugang. Der Luftschutzkeller ist von unserer Wohnung aus unmittelbar über eine Hintertreppe zu erreichen, die in Verbindung mit der Küche und der Parterre-Wohnung meiner Mutter steht, während die übrigen Hauskeller getrennt und nur vom Vorderflur aus erreichbar liegen. Im Garten, der unmittelbar an das kleine Hofgeviert grenzt, hatte ich stundenweise in den letzten Tagen noch gearbeitet, den Boden umgegraben und Saatkartoffeln gelegt. Pfiffen die Granaten allzu arg über den Kopf, ging ich für ein Weile in die Waschküche. Hin und wieder klirrten Sprengstücke auf den Hof. Da in unmittelbarer Nähe keine Einschläge wahrnehmbar wurden, sahen wir die Vorgänge ohne größere Aufregung an. Man wartete. Herz, Nerven, Sinne warteten hilflos. Die Spannung wuchs.

In der Nacht vom 24. zum 25. April, also von Dienstag auf Mittwoch, schliefen wir im hinteren Kellerraum, indem wir zu je zweit in den beiden Feldbetten lagen. Außer Maria, Anne und meiner Schwägerin Johanna verbrachte nur ein Teil der Hausbewohner diese Nacht im Keller, die anderen kamen lediglich für die eine und andere Stunde hinunter, wenn sich das Schießen verstärkte oder undefinierbare Detonationen einen nach dem anderen veranlaßten, automatisch die Nähe der übrigen im Keller zu suchen.

Tagsüber wurde deutlich, wie der allgemeine Gang des Lebens sich immer regelloser abspielte. Die in Berlin Tätigen hatten keine Möglichkeit mehr, an ihren Arbeitsplatz zu gelangen. Da seit dem großen Luftangriff das Telefon nicht mehr funktionierte, war man außerhalb jeder Verbindung. Welche Erleichterung wäre in jenen Augenblicken ein Anruf von Freunden in Berlin oder auch nur innerhalb der Stadt gewesen! Die Patientinnen von Maria kamen kaum noch. Die Schulen waren schon seit Januar geschlossen. Man erfuhr, daß noch vierzehn- und fünfzehnjährige Jungen und alte Männer in letzter Minute einberufen und notdürftig ausgerüstet wurden - als ob damit noch etwas aufzuhalten gewesen wäre! Da außer der Panzersperre, die sich an der Langen Brücke befand, keine weiteren Barrikaden in der Stadt errichtet wurden, verstärkte sich in der Bevölkerung die Auffassung, daß nur außerhalb von Potsdam Widerstand versucht werde und der Ort selbst zur offenen Stadt erklärt sei. - Von der Morgendämmerung bis in die späten Nachtstunden sah man Flüchtlinge, die auf Kinderwagen Gepäck und Betten mit sich führten, in westlicher Richtung die Stadt verlassen. Sie kümmerten sich kaum um den Artilleriebeschuß und suchten höchstens in der kurzen Zeitspanne eines Tieffliegerangriffs flüchtig Deckung. Sie zogen wie stumme Gespenster, mit übernächtigten grauen Lehmgesichtern, nur von dem Gedanken zu fliehen besessen. Es fiel auf, daß sich oft Soldaten in Uniform, wie Statisten des Krieges, unter die einzelnen Flüchtlingsgruppen mischten, wobei sie sich den Anschein gaben, beim Schieben der Karren oder beim Geleit von älteren Personen behilflich zu sein. Die überall in der Stadt verteilt liegenden Notlazarette wurden rasch aufgelöst. Verwundete mit großen Verbänden, Humpelnde und Beinamputiere bewegten sich in zerlumpten Uniformen oder halber Zivilkleidung in Richtung auf die Chausseen, die nach Werder und Nauen führten. Die Grausamkeit, die in diesen trostlosen Eindrücken lag, setzte sich mehr und mehr im Gemüt der Zurückbleibenden fest. Apathie auf der einen Seite, panikartige Fluchtgedanken auf der anderen.

Durch die allgemeine Stimmung und die sich im Laufe des Mittwoch steigernde Angriffstätigkeit war von den Mitbewohnern unseres Hauses Frau Gösch so kopflos geworden, daß sie ihren Mann dazu brachte, mit ihr und dem sechsjährigen Manfred das Weite zu suchen. Ohne besondere Vorbereitungen, mit Rucksäcken, Decken und überschweren Koffern beladen, zogen sie am späten Abend davon. Sie wollten versuchen, sich über Wildpark nach Nauen durchzuschlagen und von dort aus weiter nach Mecklenburg. Einen Teil ihrer Habe ließen sie bei uns in ihrem Zimmer zurück. Beim Abschied versicherte Herr Gösch, daß er sich wieder zurückmelden wollte, sobald er seine Familie bei Bekannten untergebracht hätte. Seitdem haben wir von ihnen nichts mehr gehört: schon am nächsten Morgen erfuhren wir, daß Nauen inzwischen von der Roten Armee besetzt worden war. In welches Landstraßen-Elend mit verstopften Chausseen, überfüllten Dörfern und empfindlich kühlen Nächten mögen sie geraten sein!

Am frühen Nachmittag des gleichen Tages wurden wir durch einen heftigen Tieffliegerangriff erschreckt. Das böse Brummen der Motoren mit ihrem jaulenden Nachklang war schon über uns und das Geknatter der Schüsse hallte aus nächster Nähe, als wir mit allen Hausgenossen in den Keller stürzten. Wir hatten das Gefühl, daß die Maschinen unablässig in geringer Höhe über unserem Haus kreisten und immer von neuem unsere Straßengegend beschossen. Der Schall, der sich im Hof besonders fing, flutete jäh an, ebbte ab, und dieses Auf und Ab währte fast eine Stunde lang. Als wir uns nach oben wagen konnten, entdeckten wir, daß mehrere Fenster unseres Balkons vier genaue Treffer hatten. Es waren waagerechte Einschüsse nur wenig oberhalb der Tischhöhe, ein Zeichen dafür, daß einzelne Flieger zwischen den Häusern unserer breiten Straße einhergerast waren. Bei einem späteren Tieffliegerangriff erhielt übrigens das Glasdach auch einen Durchschuß.

Maria war währenddessen nicht im Haus. Sie hatte sich nach dem Mittagessen mit dem Rad auf den Weg nach Bornim gemacht, um für uns bei einem befreundeten Bauernhof Spargel zu holen. Hätte sie mich vorher verständigt, hätte ich sie gebeten, davon abzusehen, weil ich kurz zuvor erfahren hatte, daß russische Truppen sich bereits von Marquardt aus Bornim und Bornstedt näherten. Als sie zurückkehrte - und sich unsere Angst und Nervosität über ihr Ausbleiben beruhigt hatten -, berichtete sie, daß sie den Bauernhof verschlossen vorgefunden und von den umherstehenden ausländischen Landarbeitern erfahren hatte, daß sich die Bauernfamilie im tiefergelagerten Gartengelände aufhalte. Sie war ein Stück in den Garten vorgedrungen, aber plötzlich, durch die leere Stille erschreckt oder von irgendeinem Instinkt bewogen, umgekehrt, und da sich auch dort ein Fliegerschwarm näherte, rasch zu Bekannten nach Bornstedt gefahren, wo sie den Tieffliegerangriff abwartete. Erst zehn Tage später erfuhren wir, daß bei diesem

Angriff der alte Bauer ums Leben gekommen war. Er hatte in einem Geräteschuppen Zuflucht gesucht, dem gleichen, vor dem Maria kurz zuvor umgekehrt war. Und nur eine dreiviertel Stunde später, nachdem sie den Bauernhof in Bornim verlassen hatte, waren mit den Panzern die ersten russischen Infanteristen in das Gehöft eingedrungen.

An diesem Mittwochabend legte ich mich allein im Luftschutzkeller zum Schlafen nieder, obgleich nur wenig an Kampflärm zu hören war. Die übrigen kamen erst mit der frühen Morgendämmerung herunter, als das Schießen wieder näher rückte und lebhafter geworden war. Inzwischen war die Kriegsschule am Rande des Bornstedter Feldes, ohne daß wir es damals schon wußten, erobert worden - ein Gelände, das etwa zwei Kilometer von uns entfernt lag. Tagsüber eilten noch immer einzelne Flüchtlingsgruppen zu Fuß am Haus vorüber. Andere durchirrten in entgegengesetzter Richtung die Stadt. Sie riefen in mir die Vorstellung von gefangenen Tieren hervor, die planlos in einem großen Käfig hin und her liefen, dessen Stangen sie nicht sehen konnten. Meine Mutter klopfte sorgsam Vorleger und kleine Teppiche aus, sie stäubte die Stuben sauber, als sei ein Tag wie jeder andere. An Banken und Sparkassen drängten sich noch Menschen, um bares Geld von ihren Konten abzuheben, doch wurden nicht mehr als 500,- Mark an jeden ausgezahlt.

Wir rechneten stündlich mit dem Einmarsch der Russen. Jeder trug doppelt und dreifach Wäsche am Leibe; die Frauen hatten sich mehrere Kleider übereinander angezogen, und alle saßen auch in der Wohnung in Mänteln und mit umgehängten Taschen. Was es an wichtigsten Kleinigkeiten gab, hatte man in die Mäntel gesteckt, Mullbinden, Zigaretten, Streichhölzer, Medikamente, eine Kerze, Knäkkebrot, Bindfaden. Geld war im Brustbeutel und anderen Verstecken verteilt. Ich hatte über die Hose eine Trainingshose gezogen und trug ständig zwei Pullover. So lief man ausgestopft einher, räumte sinnlos Kleinigkeiten auf, öffnete die noch heilen Fenster, um sie am Zerspringen durch Erschütterungen zu sichern, griff zu einem Buch, legte es beiseite. Man nahm frühzeitig die Mahlzeiten ein, die unter Verwendung von Vorräten kräftiger als sonst zubereitet waren, weil man mit der Möglichkeit rechnete, in den nächsten Tagen zu keinem warmen Essen zu kommen. Man teilte erneut die nötigsten Lebensmittel ein, ließ einiges in der Waschküche, anderes im Luftschutzkeller, schob die Brote, die man in Tücher eingewickelt hatte, unter die Feldbetten. Aus dem fast leeren Weinkeller nahm ich die letzten Flaschen, versteckte sie im Garten und zwischen dem Sammelsurium von Koffern, Pappkartons und Decken, die in den Schutzräumen angehäuft waren.

Nach dem Fliegerangriff vom 14. hatte das Elektrizitätswerk davon abgesehen, die eingerichteten Sperrstunden für die Stromversorgung durchzuführen. Ein Drittel der Stadt lag ohnehin in Trümmern, es gab weitere Bezirke, zu denen die Kabel unterbrochen waren, und so mochte man den vernünftigen Entschluß gefaßt haben, den übrigen verschonten Stadtteilen in alter Regelmäßigkeit Strom zu liefern. Vom 25. April ab, als die Russen bereits von allen Seiten vor Potsdam standen, leistete sich der verantwortliche Bürodirektor den Schildbürgerstreich, die Sperrstunden, die nach bisherigem Schema innerhalb der einzelnen Stadtteile täglich wechselten, wieder einzuführen. Da die Bevölkerung von diesem Zeitpunkt an vielfach am Tage die Keller aufsuchen mußte, die durch den vorgebauten Splitterschutz im Dunkeln lagen, saß man in den auf die Minute eingehaltenen Sperrstunden ohne jedes Licht und hatte keine Möglichkeit, Rundfunknachrichten zu hören. Der Amtsschimmel wieherte lauter als Fliegerbomben, Artillerie und Panzerlärm.

Jedesmal, wenn Schüsse und Gefechtslärm aufflackerten, glaubten wir die Geräusche näher zu hören. Der Artilleriebeschuß hatte aufgehört. Wir konnten uns nur nach den akustischen Eindrücken orientieren und vermochten nicht zu übersehen, ob inzwischen russische Truppen sich anderen Stadtteilen, etwa der Berliner Vorstadt von Wannsee her oder der Brandenburger Vorstadt von Werder-Wildpark aus, genähert hatten. Daß in der Richtung des Ruinenberges und des Bornstedter Feldes gekämpft wurde, stand außer Zweifel. Der Abend kam, die Stunden zerbröckelten in leerem Warten. Wir wußten, daß das Schicksal unaufhaltsam auf uns zukam - aber wir sprachen kein Wort darüber, wir redeten von praktischen Aufgaben des Augenblicks und wünschten nur, daß die enervierende Spannung, die über allen lag, ein Ende nähme, je eher um so erlösender. Wir hätten uns auch nicht von den Gerüchten, die in diesen Stunden von deutscher Seite immer wieder in Umlauf gebracht wurden, beirren lassen, wonach nämlich eine sagenhafte Armee vom Westen her zum Entsatz Berlins auf dem Anmarsch sei. Der Krieg war seit langem als verloren anzusehen, aber es blieb den parteihörigen Militärs vorbehalten, die Zivilbevölkerung allerorts zu zwingen, das Ende dieser Zeit bis auf die Neige erleben zu lassen.

In der Ungewißheit dessen, was dem einzelnen selbst bevorstand, hatte ich in der ersten Aprilhälfte eine unserem Haus befreundete Ärztin gebeten, mir für alle Fälle eine Dosis Gift auszuhändigen. Durch den Luftangriff war die Apotheke zerstört worden, die es beschaffen sollte.

Dennoch hätte ich das versprochene Gift erhalten, wenn die Ärztin nicht in den allerletzten Tagen, von einer jähen Panik ergriffen, plötzlich Potsdam verlassen hätte und im Auto über Mecklenburg hinaus geflüchtet wäre. Der Besitz von einem rasch wirkenden Gift hätte mir und uns ein Gefühl von Sicherheit gegeben, und ich glaube sagen zu können, daß ich auch keinen Mißbrauch aus irgendeinem Affekt heraus damit getrieben hätte. Aber vielleicht wäre man nicht Herr genug einer Entscheidung gewesen, ob und wann der unwiderrufliche Augenblick da ist, sich seiner zu bedienen.

Wir schliefen in der Nacht zum 27. April, natürlich in Kleidern, im Keller, wir schliefen wirklich einige Stunden. in der Frühe wurden wir durch knatternde Salven von Geschossen geweckt, die, wie uns schien, in unmittelbarer Nähe abgefeuert wurden.

*

So war es kein Gefühl der Überraschung, sondern eher das einer erwarteten Bestätigung, das uns überkam, als wir am 27. April morgens kurz nach acht Uhr erfuhren, daß drei russische Panzer in der Kaiser Wilhelmstraße, in der Nähe des Jägertores aufgefahren waren. Von den Hausbewohnern waren Herr Höpfner und Fräulein Kauffeldt noch unterwegs, um aufgerufene Lebensmittel einzukaufen. Als sie nach einer Weile zurückkehrten, erzählten sie, daß die Besatzungen der drei Panzer auf der Straße stünden, daß man sie beide aber habe passieren lassen. Zunächst blieb alles ruhig, hin und wieder klangen Geschoßexplosionen auf. Vermutlich rührten sie von einzelnen Kämpfern her, die mit der Panzerfaust vorgingen. Zum Glück ist in unserer Umgebung aus Häusern nicht geschossen worden, wie überhaupt in Potsdam zunächst keine nennenswerten Straßenkämpfe stattfanden. Die Rote Armee drang vom Norden her in das Stadtgebiet ein. Ein Teil war von Nedlitz kommend durch den Neuen Garten in die Alleestraße vorgestoßen. Davon wußten wir im Augenblick noch nichts, ebensowenig wußten wir, daß von den Russen eine Aufforderung ergangen war, zum Zeichen der Kapitulation an den einzelnen Häusern weiße Fahnen zu hissen. In der Augustastraße, die parallel zu der unsrigen läuft, waren die Bewohner dieser Aufforderung nachgekommen, obwohl Parteifunktionäre es zu verhindern gesucht hatten. Die Augustastraße ist auch vom Panzerbeschuß frei geblieben. Ebenfalls haben wir erst nachträglich erfahren, daß vor den Kasernen in der Jägerallee, die auf die Kaiser Wilhelmstraße mündet, lokale Kampfhandlungen stattfanden.

Abgeschlossen in Hof und Keller blieben wir für die Entwicklung der Ereignisse auf Mutmaßungen und Kombinationen angewiesen. Wir verbrachten die Zeit im Luftschutzkeller und in der oberhalb gelegenen Küche der Erdgeschoßwohnung meiner Mutter. Die vorderen Zimmer der Wohnung zu betreten oder uns darin länger aufzuhalten, war nicht geraten. Gekocht wurde auf dem Herd meiner Mutter. Da wir in aller Frühe aufgestanden waren, aßen wir die Mittagsmahlzeit schon am Vormittag. Die Stunden vergingen, ohne daß eine Änderung in der Situation eintrat. Einzelschüsse und laute Detonationen klangen ständig nahe auf. An den beiden letzten Tagen hatte ich mich nicht mehr rasiert und beschloß, es nachzuholen. Ich hatte mein Rasierzeug, das ich stets in der Aktenmappe bei mir trug, nach oben ins Badezimmer genommen, ging aber, da sich plötzlich ein heftiges Geknatter näherte, wieder in die

Küche meiner Mutter zurück und wollte gerade, nachdem ich mir ein wenig warmes Wasser besorgt hatte, beginnen, mich einzuseifen, als ein tosendes Geschieße losbrach. Es waren aus allen Rohren feuernde Panzer, die die Jägerallee heraufkamen und die Kaiser Wilhelmstraße entlangfächerten. Wir waren rasch in den Keller geeilt, lauschten angespannt und suchten den Lärm zu deuten. Es prasselte ohne Unterbrechung. Nachdem die Sperrstunde der elektrischen Stromversorgung mittags zwölf Uhr aufgehört hatte und wir noch ein paar Radionachrichten um halb ein Uhr erhaschten, die aber kein rechtes Bild vermittelten, setzten Licht und Strom aus. Der wütende Ansturm des Geschießes hatte sich allmählich verloren und schien mehr aus dem Stadtinneren zu uns zu klingen. Auch das rasselnde Geräusch der vorbeirollenden Panzer entfernte sich.

Einige Hausbewohner waren zu meiner Mutter in die Küche heraufgegangen. Da wurde uns zugerufen, daß die ersten Russen im Hof stünden. Die Infanterie, die den Panzern unmittelbar gefolgt war, drang schwarmartig in die Häuser und Höfe ein. Genauer gesagt, drangen sie nicht ein, sondern sie waren einfach da. Sie standen staunend, gingen neugierig herum, und die einzelnen dieser Kampftruppe sahen gar nicht so kriegerisch aus. Der erste der jungen Soldaten hatte Herrn Höpfner, der an der Hoftür im Flur stand, eine Flasche Schnaps zugeworfen - die übrigens aus einem nahe gelegenen Geschäft stammte -, andere hatten nach Zigaretten gefragt, indessen ihnen angebotene Zigarren abgelehnt. Sie standen schnuppernd, witternd, fast ein wenig verlegen, sich nicht mit uns in unserer Sprache verständigen zu können. Viele verlangten nach einem Schluck Wasser. Wir holten es in Tassen aus unseren Behältern, mußten oft erst selbst probieren, ehe die Soldaten zu trinken wagten. Ich lächelte über ihr Mißtrauen, sah ihnen gut in die Augen, und mancher nahm später auch das Wasser, ohne daß ich vorab einen Schluck trinken mußte, um ihm zu versichern, daß kein Gift darin war. Unser aller Nerven waren bis zum äußersten gespannt. Der eine und andere sagte: »Ruussischer Soldatt gutt«, schlug uns auch auf die Schulter und sagte: »Kammerad!« Einer fragte mich: »Welche Stadt das?« Als ich ihm den Namen nannte, wiederholte er lachend in ungeschickter Aussprache »Poodsdam bei Beerlin«. Alles schien umgekehrt, als es uns die Nazipropaganda hatte weismachen wollen.

Einige, die zuerst gekommen waren, blieben im Hof, andere fluteten durch den Hausflur herein und hinaus, niemand drang zunächst in eine Wohnung, niemand bedrohte einen von uns mit dem Gewehr oder der Pistole. Es waren in der Mehrzahl junge Leute, kräftig, gesund und freundlich dreinschauend, wenn die Züge auch deutliche Spuren von Anstrengung und Übermüdung zeigten. Unter den Soldaten fiel ein älterer Mann durch die Natürlichkeit seiner vornehmen Haltung auf. Er war groß, schlank, hatte schwarzes Haar, weiße Schläfen, das Gesicht war sonnengebräunt. Seine Bewegungen - oder war es sein Wesen? - strömten Stärke und Ruhe aus. Ich hatte ein unmittelbares Vertrauen zu ihm und bedauerte, mich ihm nicht verständlich machen zu können. Ich weiß auch nicht, ob es ein Vorgesetzter oder ein einfacher Soldat war, da ich mich in den Rangabzeichen nicht auskannte. Jedenfalls glich er einer jener russischen Soldatenfiguren, wie man ihnen in Romanen von Lew Tolstoi, etwa im »Chadschi-Murat«, schon begegnet zu sein glaubt.

Alle diese Umstände, die sich aus der ersten Berührung mit den russischen Soldaten ergaben, trugen dazu bei, daß die Benommenheit und Befangenheit nachließen. Es war nicht das Gefühl der Sicherheit, das uns ergriff, wohl aber die Überzeugung, allem Kommenden gewachsen zu sein. Indessen standen wir noch in einer hilflos zusammengedrängten Gruppe auf den Treppenstufen des Hinterflurs, und jeder war sich selbst ein wenig im Wege.

Da verständigte mich Anne, daß unten im Keller dumpfe Schläge zu hören seien, die anscheinend durch die Mauer des Nachbarhauses herüberdrangen. Dort befand sich bekanntlich das Bürohaus einer SS-Stelle. Sollten sie etwa die Absicht haben, das Haus im letzten Augenblick in die Luft zu sprengen? Ich machte den älteren Soldaten durch Worte und entsprechende Gesten auf diese Gefahr und die Möglichkeit eines Hinterhalts aufmerksam. Er schien zu begreifen, schickte zwei seiner Leute über die Straße nach nebenan, ging selbst lässig durch unseren Garten und warf eine Handgranate über die Mauer auf den angrenzenden Hof. Dies schien ihm vorerst zu genügen. Dazwischen vernahmen wir aus unserem Keller das Poltern von herabfallenden Steinen und weibliche Stimmen. Ich machte die Entdeckung, daß die Stelle, die bei Zerstörungen der Häuser für einen Mauerdurchbruch vorgesehen war, hastig von der Drübenseite durchschlagen worden war und daß drei Frauen mit zwei Kindern in unseren Luftschutzkeller hereinkletterten. Im Schein der Kerze erkannte ich in einer die Frau des SS-Chauffeurs, der das Weite gesucht hatte. Eine andere, der Aufregung und Lüge im Gesicht geschrieben standen, erklärte, es sei drüben im Keller so staubig geworden, daß man den Kindern den Aufenthalt dort nicht länger habe zumuten können. Ich begriff sofort die Gefahr für uns, die aus dieser unbesonnenen und völlig ungerechtfertigten Handlung entstehen konnte. Natürlich hatte sie nur die nackte Angst aus dem Haus zu uns herübergetrieben, das durch die ehemalige SS-Dienststelle ihnen jetzt zu gefährlich wurde. Daß durch die Öffnung ein kalter Luftzug strömte, der den weiteren Aufenthalt im vorderen Kellerraum in Frage stellte, war eine geringere Sorge. Ärger war, daß eine nicht wieder zu schließende Verbindung mit dem Nebenhaus bestand, durch die jeder ungehindert einsteigen konnte. Diese Befürchtung hat sich bei den späteren Hausdurchsuchungen auch bestätigt. Am schlimmsten aber war, daß wir in den Verdacht geraten konnten, mit der SS in Zusammenhang gebracht zu werden. Trotz meiner Vorhaltungen, unseren Schutzraum zu verlassen, weigerten sich die Frauen und nisteten sich, zudringlich genug, im hinteren Kellerraum ein.

Als ich wieder nach oben kam, standen noch alle anderen wie vordem in dem kleinen Flur der Hintertreppe in der Küche meiner Mutter und auf den Stufen zum Hof. Es mochte eine gute Stunde vergangen sein, seitdem die Russen gekommen waren. Wie es auf der Straße aussah, wußte niemand. Wir hörten zuweilen Schüsse, achteten aber kaum darauf. Das Wetter war recht kühl, trotz des Wintermantels fröstelte mich.

Meine Gedanken beschäftigten sich noch mit den Möglichkeiten, die durch die gewaltsame Öffnung im Luftschutzraum entstehen konnten und es notwendig machten, daß künftig stets einer von uns unten anwesend sein mußte, weil sich unsere wichtigsten Sachen dort befanden. So hatte ich auch nicht gemerkt, daß zwei Soldaten auf den Hof kamen, nach dem Hausherrn und nach der »Wirtin« fragten. Wir gaben uns zu erkennen und wurden mit einigen Hausbewohnern aufgefordert, auf die Straße zu gehen. »Komm mit! Komm mit!« sagten sie. Betroffen und etwas verwirrt fragte ich, was damit gemeint sei, erhielt aber keine Antwort. Wer denn das Haus verlassen solle und herauskommen, erkundigten wir uns, ob nur meine Frau und ich oder alle. »Alle« hieß es und »Komm mit!« Maria und meine Schwägerin waren ein paar Schritte voraus, Herr und Frau Höpfner folgten unsicher. Niemand drängte uns zur Eile. Auf der Treppe zum Hof zögerte ich und bat, meine Aktentasche in die Küche zurückbringen zu dürfen - es wurde ohne weiteres gestattet. Dann folgte ich den anderen und Anne schloß sich mir an. Else hatte sich hinter einer Tür in der Wohnung meiner Mutter versteckt, und als Fräulein Kauffeldt mit den übrigen sich dem Zuge anschließen wollte, winkte der alte Soldat kurz ab und bedeutete ihnen, im Haus zu bleiben. Anne hatte ihn gefragt, was das Ganze auf sich habe und was mit uns geschähe, er drehte den Kopf zur Seite und sah betreten zu Boden. Aber vielleicht hatte er die Frage gar nicht verstanden.

Als wir durch den Vorderflur des Hauses gingen, lungerten überall Soldaten herum. Dann traten wir durch die Haustür und sahen in dem kleinen Zugang zwischen den Vorgärten ein Maschinengewehr aufgestellt, mit der Mündung auf die Breitseite der leeren Straße. Die Bedienungsmannschaft hockte auf den Treppenstufen. Auf die Frage, wohin wir gehen sollten, hieß es: »Auf den Rasen.«

Es war offensichtlich, daß wir erschossen werden sollten. Ich begriff zwar nicht den Sinn, mich überraschte das Mißverständnis, daß ausgerechnet wir, die niemals mit den Nazis etwas zu tun gehabt hatten, dem Zufall einer Verwechslung zum Opfer fallen sollten - aber ich war keineswegs böse und verzweifelt. »Nun ist es also aus«, sagte ich mir, während wir langsam den Fahrdamm überquerten, das

Maschinengewehr im Rücken. Auf dem Sandsteig vor der Rasenfläche umarmte mich Maria noch einmal, und ich küßte sie. »Es ist aus«, sagte ich. »Ja«, sagte sie. Herr Höpfner hatte alle Farbe aus dem Gesicht verloren, Frau Höpfner zitterte. Sie waren beide eifrige Parteimitglieder gewesen, wir anderen hatten ein reines Gewissen und waren ganz ruhig. Anne fragte mit großen Augen: »Werden wir jetzt erschossen?« - »Ja«, sagte ich. Auf der Rasenfläche waren kreuz und quer ein halbes Dutzend Gräber ausgehoben. Wie rasch so etwas geht. Nun ja. Wir stellten uns in einer Reihe nebeneinander in der Mitte der Rasenfläche auf, die Gesichter unserem Haus zugewandt. So ist das also, dachte ich, wenn die Zeit stillsteht.

Endlich wurde uns bedeutet, uns auf die gegenüberliegende Straßenseite zu begeben, »zum Offizier«. Als wir drüben ankamen, ging ein Offizier, wie es schien, absichtlich fort. Nun sollten wir in dem Haus, das unserem gegenüber lag, in den Keller gehen. Ich stieg als letzter die Treppe hinab und glaubte einen Augenblick an den Genickschuß. Doch kamen wir unten an, wo zwei Deutsche am Kellereingang standen. Wir warteten, wir rätselten über die Vorgänge und sannen schweigend, was man nun wohl mit uns vorhabe.

Nach einer zeitlosen, aber wohl kurzen Wartespanne, kam ein Soldat herunter, der mir winkte, hinaufzukommen. »Allein«, sagte er und: »Nur ein wenik sprechen.« Ich war völlig ruhig, denn im Grunde war der Tod schon in mir und uns vollzogen gewesen. Auf der Straße vor dem Hause stand ein junger Kommissar, aus wäßrigen Augen blickend, der seine Ungeduld nur mühsam verbarg und mich durch den Dolmetscher einiges ausfragte, wieviel Eisenbahnbrükken es gäbe, wo sie lägen, ob sie gesprengt seien. Ich gab

Auskunft, so gut ich es wußte. Endlich wurde ich gefragt, ob ich einen Plan von Potsdam besäße. Ich bejahte - er sei in meiner Wohnung. Ich solle ihn sofort holen. Der Dolmetscher begleitete mich. So ging ich wieder über die Straße, über den Rasen, auf dem wir noch eben gestanden hatten und am immer noch aufgepflanzten Maschinengewehr vorbei in unser Haus. Auf den Stufen der Haustreppe saßen Soldaten, die den Inhalt von Fleischbüchsen vertilgten. Andere lagen kreuz und quer im Hausflur - man mußte über Schlafende hinübersteigen.

Die Tür zu unserer Wohnung war gewaltsam geöffnet worden. Ich holte aus meinem Zimmer einige Landkarten von Potsdam und Umgebung und ging mit dem Dolmetscher wieder hinunter, wo hinten in unserem Hausflur der Kommissar schon wartete. Ich erläuterte ihm, wo nahe unserem Hause das Jägertor sei, er orientierte sich rasch; er stellte noch ein Reihe von Fragen, bei denen ich das Gefühl hatte, als wolle er mich prüfen. So ging es eine Weile. Dann riß er eine der Karten an sich. »Bitte«, sagte ich. Die übrigen Landkarten interessierten ihn nicht. Er war schon fortgeeilt.

Der Dolmetscher trat in die daneben liegende Wohnung meiner Mutter, ich, mir selbst überlassen, folgte ihm. Das Zimmer war voller Soldaten, die auf Stühlen und Betten saßen und auf dem Fußboden hockten. Meine alte Mutter saß auf dem Sofa, während die übrigen Hausbewohner sich auf dem Gang, der zur Küche führt, aufhielten. Das Klavier stand offen, der Dolmetscher spielte mit einem Finger eine Melodie, die aber nicht gelang. Ich wurde aufgefordert, mich ans Klavier zu setzen und etwas zu spielen, wobei man ohne weiteres voraussetzte, daß ich es könnte. Mir schwirrte der Kopf, die Hände waren ungelenk, und im

Grunde saß mir der Tod im Nacken. Seit Jahren hatte ich keine Taste mehr angerührt und griff oft daneben. Die Soldaten wollten das Wolga-Lied hören, einige summten die Melodie mit. Dann baten sie um ein deutsches Volkslied; mir fiel im Augenblick nichts anderes ein als »Sah ein Knab ein Röslein stehn«, die Soldaten bekamen glückliche Gesichter, als sie Musik hörten. Zuweilen kamen andere ins Zimmer, die um Trinkwasser baten. »Spielen Sie eine Polka«, sagte der Dolmetscher. Als ich ihm erklärte, daß ich kaum nach Noten und nur nach dem Gehör spielen könne, übersetzte er es seinen Kameraden. »Spielen Sie«, sagte er, »irgendetwas, spielen Sie, was Sie wollen.« Ich ging von einem Strauß-Walzer in freie Phantasien über. Sobald ich aufhören wollte, hieß es immer wieder: »Spielen Sie weiter, spielen Sie.« Wiederholt hatte ich den Dolmetscher gefragt, ob ich nicht die anderen Hausbewohner wieder herüberholen dürfe, die zweifellos durch mein längeres Fortbleiben in große Bestürzung versetzt waren. Er zuckte die Achseln und sagte: »Warten Sie.« Ich hatte indessen den Eindruck, als ob er nicht zuständig sei und vielleicht die Rückkehr des Kommissars oder eines Offiziers abwarten wolle. Als ich nach meinem Beruf gefragt wurde, sagte ich, daß ich Schriftsteller sei, »Poet«, fügte ich hinzu. Die Soldaten sahen einen Augenblick auf und schauten mich an. Während ich mich mit dem Dolmetscher unterhielt, sah ich durch das Fenster, wie zwei Soldaten die Fahrräder von Maria und von mir aus dem Garten holten und wegschafften. Ich muß wohl irgend etwas gesagt haben, ob man uns nicht wenigstens das Rad von Maria, das sie für ihren Beruf braucht, lassen wolle. Aber der Dolmetscher machte nur eine kurze Handbewegung, als wolle er zum Ausdruck bringen: »Nun, wenn es sich um nichts Schlimmeres handelt . . .«

Eine Stunde mochte vergangen sein, als ich die Erlaubnis erhielt, die übrigen wieder ins Haus zu holen, doch wollte mich der Dolmetscher selbst nicht begleiten. »Achten Sie darauf, wenn auf der Straße geschossen wird«, sagte er. Als ich an die Haustür trat, sah ich, daß das Maschinengewehr inzwischen fortgebracht war. Auf der Straße waren Soldaten damit beschäftigt, Kabel zu verlegen. Autos, Radfahrer, Wagen mit Pferden und Ochsengespanne fuhren in allen Richtungen. Um Zivilisten schien sich niemand zu kümmern. Laternen und Bäume lagen umgeknickt, Zäune der Vorgärten waren von Tanks eingefahren, fast alle Häuser wiesen deutliche Spuren der Panzerbeschießung auf. Von alledem habe ich in diesem Augenblick nur wenig wahrgenommen. Ich sah meine Frau mit den anderen auf der gegenüberliegenden Straßenseite vor dem Haus stehen und winkte ihnen, rasch herüberzukommen. Es war nicht die Zeit, viel zu sprechen. Anne sagte nur, daß Maria sie in gewissen Zeitabständen mit den gleichen Worten gefragt hätte: »Glaubst du, daß er wiederkommt?« Von dem Augenblick an, da wir gemeinsam dem Tod gegenüberstanden, war es selbstverständlich, daß wir du zueinander sagten.

So waren wir wieder im Haus. Der Tod hatte uns noch nicht haben wollen, aber wir begriffen nicht den Sinn. Und es gab in den nächsten vierundzwanzig Stunden Augenblicke, in denen ich und wir fast alle aus tiefstem Herzen beklagten, daß man uns nicht gleich und so rasch das Leben genommen hatte.

Ich weiß, daß viele Menschen ähnliche Sekunden durchgemacht haben, mögen sie nun, je nach den Umständen des Kriegsrechtes, grausamer oder spielerischer gewesen sein. Uns ist, dies glaube ich sagen zu dürfen, jene Stunde über das Schreckerlebnis hinaus Gegenwart geblieben; sie ist als Faktum eingekerbt in Herz und Wesen – aber hat sie den einzelnen verändert? Ging das Leben für jeden von uns so weiter, als sei nichts geschehen? Oder ist, was weiter geschah und geschieht, nur ein geborgtes, ein zusätzlich geliehenes Leben?

Drei Wochen sind seitdem vergangen. Ich sitze an meinem Schreibtisch. Was meßbar an der Zeit ist, läuft automatisch weiter. Aber die Zeit in mir scheint noch stille zu stehen. Und der Schauder weicht nicht.

*

So waren wir wieder im Haus und gesellten uns in den Hinterräumen der Parterrewohnung zu den übrigen. Sie standen, aufgescheucht von dem Schwarm der Soldaten, die das Haus belegten, herum und waren von der Unheimlichkeit der eigenen Situation so erfüllt, daß sie die Bedeutung unserer Abwesenheit und Wiederkehr kaum aufnahmen. Meine Mutter, eine Frau von über siebzig Jahren, erklärte verstört, daß man ihr das Betreten der Vorderzimmer ihrer Wohnung verboten habe. »Ich kann nicht einmal mehr in meine Stube«, klagte sie. Niemand durfte mehr in seine Wohnung, denn das Haus war mit einem größeren Stab besetzt. Als Aufenthaltsraum wurden uns allen schließlich die schmale Küche meiner Mutter und die beiden Luftschutzräume zugewiesen.

Es war spät am Nachmittag, und wir begriffen allmählich, daß sich die Truppe – etwa sechzig bis siebzig Mann, wie wir später feststellten – überall im Haus einquartierte. Wir hörten sie treppauf treppab steigen und durch unsere Wohnung im ersten Stock hin und her laufen. Der Kommandant, der sich mit einigen Offizieren und dem Kommissar, übrigens einem anderen als dem, der beim Einmarsch mit mir gesprochen hatte, ließ uns ausdrücklich sagen, wir brauchten keine Angst zu haben. »Keine Angst«, sagte der Bote auf deutsch. Als wir alle zusammengedrängt auf dem kleinen Küchenraum standen, »auch die Frauen keine Angst«. Mir selbst besagten diese Worte nichts, da ich allem Vorgefallenem zum Trotz gar nicht darauf kam, daß man Angst haben müsse. Es war mit Unbequemlichkeiten zu rechnen, die sich indessen in Kauf nehmen ließen. An ernste Beunruhigungen dachte ich nicht.

Während Fräulein Kauffeldt zunächst nicht zu erkennen gab, daß sie russisch verstand, verhandelte die bei meiner Mutter einwohnende Frau Hunecker, eine ältere einfache Person vom Schwarzen Meer, vielfach in russischer Sprache mit den Soldaten und verdolmetschte deren Begehren. Sie hatte auch erreicht, daß sich meine Mutter wenigstens ihr Bettzeug in die Küche holen konnte. Dort wollten die beiden Frauen gemeinsam mit der alten Frau Kauffeldt die Nacht verbringen, während wir mit den anderen Hausbewohnern später den Keller aufzusuchen beabsichtigten. Sorge machte mir die Bresche in der Kellermauer, die wir mit einer Holzwand zu verstellen hofften. Dieses Unterfangen war freilich höchst provisorisch, weil die schlauchartige Höhlung, die sich zwischen den beiden Häuserwänden befand, von der Nachbarseite her offen blieb.

Mit Anne ging ich in den Keller, um die Eindringlinge von nebenan, die drei Frauen mit den beiden kleinen Kindern, zu veranlassen, wieder in den Keller ihres Hauses zurückzukehren und uns Platz zu machen. Sie weigerten sich, über die Straße zu gehen, entschlossen sich aber, durch den Mauerdurchbruch zurückzukehren. In diesem Augenblick tauchte in dem Mauerloch ein wildes Gesicht auf, äugte mißtrauisch zu uns herein und verbreitete eine

Dunstwolke von Alkohol. Zweifellos lag der Kerl in dem schmalen Durchlaß der Länge nach auf dem Bauch und steckte aus dieser nicht allzu bequemen Lage seinen Kopf zu uns herein. In dem unsicheren Kerzenlicht blitzten aus einem unrasierten vollen Gesicht zwei schlaue Äuglein auf, die gierig von einem zum anderen Gegenstand glitten. Ich hoffte, daß er es mit dieser Visitation bewenden ließe, zumal da er sich willig zurückzog, als sich die Frauen anschickten durch die Öffnung ins Nachbarhaus zurückzuklettern. Die jüngeren waren schon hinübergelangt, ich war beim Zureichen der Kinder behilflich gewesen und mußte zuletzt die ältere Frau, die, ein wenig unförmig, in dem engen Durchschlupf stecken geblieben war, mit aller Kraft von hinten nachschieben.

In der Erwartung, daß nach dieser Prozedur der Soldat fortbliebe, sahen wir uns getäuscht. Sein gerötetes Falstaff-Gesicht erschien wieder in dem Loch, der Scheinwerfer seiner Taschenlampe leuchtete uns an. »Uhri, Uhri!« rief er. Ich nahm ihn und sein Begehren nicht ernst. Als er sich schließlich hindurchzwängte und zu uns in den Keller sprang, schickte ich Anne nach oben und blieb mit dem kleinen beleibten Kerl allein. Er holte seinen Revolver hervor, den er umständlich entsicherte und, leicht schwankend, mir ständig vor den Bauch hielt. »Uhri, Uhri!« verlangte er grinsend, und als ich lächelnd die Achseln zuckte, »Schnaps!« Sein Blick fiel auf den Stapel der Koffer, er kauderwelschte, ob sich darin nicht Uhr und Schnaps befänden, und ich tat so, als ob ich ihn nicht verstünde. Ich nahm die Kerze zur Hand und zeigte ihm den Nebenraum. Hierbei stellte ich fest, daß er während unserer Abwesenheit schon durchsucht worden war. Neben meiner offenen Aktenmappe lag zum Beispiel die lederne Zigarrentasche, die noch von meinem verstorbenen Schwiegervater stammte; die Zigarren waren sorgfältig herausgenommen. Der Betrunkene fing an, die Aktenmappe zu durchstöbern, warf die Gegenstände heraus, es gefiel ihm aber nichts. Als sein Blick auf die gepackten Rucksäcke fiel, sah ich unbeteiligt beiseite. Ich hatte nämlich in dem Augenblick, als die ersten Russen kamen, rasch meine Taschenuhr, die ich einst als Patengeschenk von einem blinden Onkel erhalten hatte, in einer der Außentaschen versteckt, und trug statt dessen meine alte silberne Uhr aus der Schülerzeit bei mir. Immerhin hielt ich den Zeitpunkt für zu früh, sie dranzugeben. Nachdem er einen kleinen Schrank durchsucht und sich in Ermangelung eines Besseren eine Kerze eingesteckt hatte, hoffte ich, ihn endlich loszuwerden. Wütend fingerte er am Revolver herum und bestand auf seinem Verlangen nach einer Uhr. Die Lage wurde allmählich ungemütlich, und ich bedeutete ihm, mit nach oben zu kommen. Insgeheim hoffte ich, ihn dort unter den zahlreichen anderen Soldaten und im allgemeinen Gedränge abschütteln zu können. Mißtrauisch und immer mit vorgehaltenem Revolver ließ er mich vor sich die Kellertreppe hinaufsteigen. Ich war mir der Gefahr gar nicht recht bewußt, in die ich mich selbst durch das lässige Hinhalten des Betrunkenen gebracht hatte.

Noch bevor die Russen in die Stadt kamen, hatten wir uns geeinigt, Uhren und Schmuck keineswegs dem ersten Besten auszuliefern - nicht weil wir am Besitz hingen und etwas retten wollten, sondern in der einfachen Überlegung, die wenigen Wertstücke für einen kritischen Moment aufzusparen. Wir hatten in unserer Naivität geglaubt, ein Tauschmittel in der Hand zu haben, das uns in einem besonderen Fall einen Vorteil bot, vielleicht sogar einmal das Leben zu retten vermöchte. Nun, daß wir am Leben geblieben waren, schien ohnehin wie ein Wunder, und so schüchterten mich die grimmigen Verwünschungen des Soldaten nicht ein. Erst als Frau Hunecker mich über den Sinn seiner Reden aufklärte, die nichts weniger besagten, als daß er mich umlegen werde, wenn ich ihm nicht sofort eine Uhr verschaffte, nahm ich ihn beiseite und löste die Spannung, indem ich ihm die alte silberne Taschenuhr aushändigte. Gierig griff er nach ihr, hielt sie ans Ohr und sagte böse: »Kaputt!« Ich wußte wohl, daß sie nicht ging, schüttelte sie kräftig hin und her, so daß sie ein paar Schläge lang tickte. »Gutt«, sagte er selig, ließ sie zu einer bereits vorhandenen in seine Blusentasche gleiten, die er mir triumphierend zeigte. Dann steckte er seinen Revolver umständlich weg, schüttelte mir zum Dank kräftig die Hand und trollte sich wie ein Kind, das nun doch erreicht hatte, was es wollte, davon. Ich lächelte.

In der Küche meiner Mutter wurde für den Kommandanten Essen gekocht, sein Bursche hielt die Frauen zum Kartoffelschälen an. Die übrige Mannschaft wurde durch die Feldküche verpflegt. Auf dem Hof war ein ständiges Kommen und Gehen, doch schienen keine anderen Soldaten einzudringen als die, die im Hause einquartiert lagen. Als wir selbst im Luftschutzkeller das Abendbrot verzehrten (und wir mußten uns zwingen, etwas zu essen), empfanden wir die Stille und Abgeschlossenheit dort unten als wohltuend. Was oben in unserer Wohnung vorging, kümmerte uns in diesem Augenblick nicht mehr, wir waren darauf gefaßt, die nächste Zeit uns hier unten mit den andern Hausbewohnern einrichten zu müssen. Wir wollten von all dem Treiben nichts mehr wissen und waren harmlos genug zu glauben, das Schlimmste sei überstanden, zumal der

Kommandant erneut hatte versichern lassen, daß niemand, auch die Frauen nicht, Angst zu haben brauchten. Auch das wiederholte Ableuchten der Räume und Fragen nach versteckten deutschen Soldaten hatten nachgelassen. Bei Beginn der Dunkelheit waren die drei Frauen mit den beiden Kindern wieder in unseren Keller herübergekrochen und durch nichts zu bewegen, ihn zu verlassen. Sie saßen im vorderen Raum, in dem sich auch Höpfners und Fräulein Kauffeldt befanden. Die Bauernfamilie war irgendwo außer Hauses. Wir selbst waren zu fünft im hinteren Raum und erwarteten die Nachtstunden; wir sprachen wenig miteinander, achteten auch kaum auf das Geschieße und Lärmen, das von der Straße her zuzeiten herüberdrang. Was sich in der unmittelbaren Umgebung abspielte, lag weit entfernt - die Realität war fremd geworden und schien keinen Bezug zu uns zu haben.

Die schweren Schritte auf den Holztreppen und in der Küche meiner Mutter, die unmittelbar über uns lag, mahnten, daß alles kein Traum war, daß die Russen wirklich da waren und Gegenwart. Zuweilen kamen die Schritte langsam die Kellertreppe zu uns herunter, das scharfe Licht der Taschenlaternen strahlte die Gesichter einzeln an, vor allem die der Frauen. Als ich einmal nach oben in die Küche gegangen war, fiel mir die bekümmerte Miene von Frau Hunecker auf. »Die Russen sind gute Leute, ja, ja«, sagte sie in ihrem bäurisch singenden Dialekt, wobei sie den A-Laut wie ein dumpfes O sprach und das Eu nach dem Ei hin zog, »aber wenn sie Schnaps getrunken haben, ist's arg. Es wird noch arg kommen, das ist gewiß.« Auch schwäbische Töne ihrer Vorfahren klangen in der Sprechweise auf. »Es wäre gut«, fuhr sie fort, »wenn sich die jungen Frauen etwas zurückhalten täten.«

Vielleicht wäre es besser gewesen, wenn sich Anne ein Kopftuch umgeschlungen und »auf alt« zurechtgemacht hätte, wie es manche zu ihrem Nutzen in anderen Häusern getan hatten. Andere haben sich auch, wie man später hörte, in Bodenverschlägen versteckt gehalten. Wir waren gutgläubig und wußten noch nicht, daß die Jagd auf Frauen ein allgemeiner Kriegsbrauch war. Außerdem bestand für uns, die wir unten wie in einer Falle saßen, keine Versteckmöglichkeit mehr. Und wen hätte man verbergen sollen? Ganz junge Mädchen waren nicht im Hause und dem Aussehen nach wären außer Anne auch Else, Fräulein Kauffeldt und Maria bedroht gewesen. Als ich nach unten kam, hatten sich Anne und Maria auf dem hinteren Bett hingelegt, Else und Johanna saßen auf dem vorderen. Einen Augenblick erwog ich, ob es nicht ratsam sei, die Bettgestelle rasch auseinanderzunehmen und auf Stühlen zu kampieren. Ich sah aber die Nutzlosigkeit ein, weil man die Absicht ohne weiteres erkennen und die Frauen irgendwo nach oben holen würde. Man konnte nichts anderes tun als abwarten. Ich behielt meine Gedanken für mich, zog nur stillschweigend den Türschlüssel ab und setzte mich zu Maria auf das Bett, so daß der Durchgang dorthin versperrt war. Die Kerze wurde gelöscht. Bald hörten wir nebenan zwei Russen sprechen und laut lachen. Nach einer Weile tat sich die Tür auf, die sich der Enge des Raumes wegen nur halb öffnen ließ. Die beiden Eintretenden ließen ihre Taschenlampen aufblitzen, leuchteten stumm ein Gesicht nach dem anderen ab, bei einigen verweilten ihre Blicke und sie brachen in ein sattes Lachen aus. Ein Alkoholgeruch teilte sich im Nu dem kleinen Raum mit. Sie setzten sich eine Weile zu Johanna und Else und versuchten, in gebrochenem Deutsch eine Unterhaltung in Gang zu bringen. Wir schwiegen betreten, nur Else ging auf den schäkernden Ton des einen ein. Ich hatte die Kerze wieder entzündet. Der andere, ein großgewachsener Mann, erhob sich bald wieder, überprüfte, unsicher auf den Beinen stehend, noch einmal die einzelnen Gesichter und verließ mit einem gutturalen Gelächter den Raum.

Wir hörten ihn nebenan sprechen. Erst später erfuhr ich, daß er dort mit den Kindern gespielt und von seiner Frau erzählt habe, die in Hamburg, wohin sie von Rußland aus verschleppt worden war, in einer Fabrik bei einem Luftangriff ums Leben gekommen sei. Der Klang seiner Stimme war zärtlich und weich. Währenddessen hatte der andere, der auf seine in der Schule erworbenen deutschen Sprachkenntnisse stolz war, in jungenhafter Weise mit Else gescherzt. Als sie auf seine Anspielungen nicht einging, zog er plötzlich einen goldenen Ring aus der Tasche, den er zornig auf den Boden warf. Er erhob sich und ging hinaus.

Aber wir atmeten zu früh auf. Wir hatten uns darüber verständigt – wenigstens hatte ich in diesem Sinne kurz mit Maria und Anne gesprochen –, daß man sich in die Situation schicken müsse, wenn sie unabänderlich wäre; daß in diesem Fall Widerstand nicht nur vergeblich, sondern auch gefährlich sei. Anne, die im entferntesten Winkel an der Wand lag, hatte ihr Gesicht in die Kissen vergraben, um so zu tun, als ob sie schliefe. Nach einer Weile sagte Maria: »Gut, daß Renate nicht hier ist.« Ich nickte. »Wenn es nun«, sagte Maria, »die ganze Nacht so weiter geht, und einer nach dem anderen kommt.« – »Ich weiß es nicht«, sagte ich, härter als ich es meinte, »man muß es abwarten.«

Was sollte, was konnte man auch tun?

Schon öffnete sich wieder die Tür, und der erste der beiden kam wieder herein. Er setzte sich zu Else und Johanna aufs vordere Bettgestell, redete mit leiser Stimme und unterbrach das Selbstgespräch mit glucksenden Lauten. Als er sich burschikos zudringlich meiner Schwägerin zuwandte, benutzte Else die Gelegenheit, um nach nebenan zu fliehen. Er ließ bald ab, summte ein Lied vor sich hin und sang immer wieder eine Zeile: »Tawarisch, Tawarisch.« Sollte ich mich auf ein Gespräch mit ihm einlassen, der vom Alkohol erregt und selbstselig war? Wiederholt blickte er an mir vorbei, wo Maria und Anne lagen. Er sprach auf mich ein, nicht drohend, aber fordernd, ihm Platz zu machen. Ich tat, als ob ich nicht begriffe, und sah mit abwesendem Lächeln vor mich hin. Er stand mit einem Ruck auf, trat über meine Beine hinweg, wobei der Sporn seines Stiefels sich unterhalb des Knies in meiner Trainingshose verfing und ein Dreieck riß, beugte sich über Maria zu Anne. Sie wahrte den Scheinschlaf, und er kehrte auf seinen alten Platz zurück. Johanna hatte diesen Augenblick benutzt, um ebenfalls aus dem Raum zu verschwinden. »Tawarisch, Tawarisch«, sang er vor sich hin. Die Luft siedete. Wieder forderte er mich auf, den Raum zu verlassen, und ich mußte mich schließlich seiner herrischen Handbewegung fügen. Ich warf noch einen Blick auf die beiden Frauen. Maria beschwor mich, Frau Hunecker herunterzurufen, die auch kam und eine Weile mit ihm im Beisein von Anne und Maria verhandelte. Als sie herauskam, sagte sie mir, er wolle eine Frau haben, es sei nichts zu machen, man dürfe nichts unternehmen, er sei angetrunken und jeder Widerstand zwecklos. Es war, wie wir hörten, der Oberleutnant des Stabes. Die alte Frau zuckte süßlich mit den Achseln und ging in die Küche nach oben zurück.

Nun waren Anne und Maria mit dem Offizier allein. Ich saß mit den übrigen im vorderen Kellerraum auf einem

Stuhl unmittelbar an der Tür, den mir Herr Höpfner frei gemacht hatte. Jeder hockte irgendwo und sah betreten vor sich hin. Oben auf dem Bord brannte eine kleine Kerze. Alle schwiegen. Eine Ewigkeit fing an und brauste in meinem Ohr. Zuweilen hörte man Maria leise sprechen. Sie redete in einem gleichförmig ruhigen Tonfall, wie man einem Kranken zuspricht. Ich wußte nicht, was nebenan geschah. Ich wußte nur, daß sie versuchen würde, die Situation ins Harmlose zu wenden. Ich kannte das beruhigende Fluidum, das von ihr ausgeht. Aber ob es gelang? Dann wurde es sehr still nebenan, dann wieder kurzes Sprechen. Niemand wagte sich zu rühren. Auch von oben drang kein Lärmgeräusch zu uns. Die Unbarmherzigkeit der Stille war kaum zu ertragen. Wie armselig ist die Kreatur.

Vorsichtige Schritte tasteten sich die Kellertreppe herab. Meine Mutter kam mit einem Teller, auf dem sie geröstetes Brot mit Heringen zurechtgemacht hatte, die sie Maria bringen wollte. »Du kannst jetzt nicht hinein«, sagte ich, als sie schon die Klinke niederdrücken wollte. »Der Koch hat uns Heringe gebracht«, sagte sie stolz, »ich habe Brot geröstet, es schmeckt sehr gut.« – »Gewiß«, sagte ich, »aber nicht jetzt; es ist jemand drin, einer von den Russen, es geht jetzt nicht, begreifst du nicht?« Meine Mutter sagte: »Aber das Brot muß bald gegessen werden, sonst wird es hart, es wäre schade drum.« – »Geh nur«, sagte ich zu ihr, »es ist schlimm.« – »So, so«, erwiderte sie, schon im Abgehen. »Ich habe es ja nur gut gemeint.« – »Vielen Dank«, sagte ich, und ich schob den Teller mit dem Heringsbrot unter meinen Stuhl.

Niemand hatte auf den Zwischenfall reagiert. Ich saß und lauschte. Nach einer Weile stand ich auf und ging wie ein Tier im Käfig hin und her, zwei Schritte geradeaus, zwei Schritte zurück, hin und her, immer zwei Schritte. Eine von den fremden Frauen fragte: »Wer ist denn darin?« Niemand antwortete. Nach einer langen Zeit kam Frau Hunecker zu uns herunter. »Was!« rief sie, »ist er noch immer herin? Ja, so etwas, braucht der aber lang! Vielleicht ist er auch eingeschlafen. Er hat ja viel getrunken gehabt.« Ich hinderte sie nicht, an der Tür anzuklopfen, und hörte, wie Maria mit ruhiger Stimme von innen her antwortete, man möge nicht hereinkommen, es ginge jetzt nicht. – »Man darf nicht hinein«, sagte Frau Hunecker mehr zu sich als zu mir, und sie ging wieder nach oben. Einen Augenblick lang glaubte ich sogar daran, daß er wirklich eingeschlafen sein könnte. Aber was geschah weiter?

Mitten in die lastende Stille hinein begann eines der fremden Kinder zu weinen, es wollte etwas zu trinken haben. Jeder Beruhigungsversuch machte es nur wacher und lauter. Jemand holte warmes Wasser von oben aus der Küche, das er in die Milchflasche füllte und mit törichtem Zureden dem Kind zu trinken gab. Das Plärren ließ nach. Für mich stand nun fest, daß der Oberleutnant nebenan von dem Lärm bestimmt wach geworden sein müßte, falls er überhaupt eingeschlafen war, und daß alle etwaigen Ablenkungsversuche nun fehlgeschlagen seien. Ich saß wie ein vor die Stirn geschlagenes Opfertier; welche Ohnmacht! Gewiß, es hing nicht das Leben davon ab, und eben darüber hatten wir uns vorher auch verständigt. Aber ich konnte in diesem Augenblick nichts denken als das Universelle: das Leid der Erde! Das Leid! Ich dachte an das Chinesische Bilderbuch, ich spürte den Riß, der mitten durch unsere Welt geht. Ich sah starr vor mich hin, ohne Hader. Etwas von Versteinerung ging in mir vor. So also war es, gestorben zu sein, ohne daß sich der Tod vollzogen hatte.

Dann dachte ich nichts mehr. Ich saß und litt. Die Zeit stand still, während die Stunden vergingen.

Alle saßen auf den Stühlen, steif und unbeweglich, wie bei einer nächtlichen Eisenbahnfahrt. Jeder dachte an niemand und nichts in der Welt, jeder war ganz allein. Würde der Zug einmal halten? Würde er einmal ankommen, und wo würde das sein?

Man hörte sprechen nebenan, unterschied die drei Stimmen. Man hörte Schritte und merkte, daß sich jemand zum Gehen anschickte. Als sich die Tür öffnete und der Oberleutnant an uns vorbei ging, um die Treppe nach oben zu steigen, sahen die Reisenden in unserem Raum ihm nach, rückten mit den Stühlen und setzten sich neu zurecht. Die Station war erreicht. Kurz danach öffnete Maria die Verbindungstür und verständigte mich mit einigen Gesten. Später sagte sie mir, daß der Oberleutnant sie anfangs habe hinausschicken wollen, daß sie aber geblieben sei, um Anne nicht allein zu lassen. Als ich den kleinen Raum betrat, schlug mir ein wilder Geruch von Alkohol entgegen, wie in einem Weinkeller. Anne, die mit Maria auf dem Bettrand saß, lachte forciert auf und bot uns immer wieder Kolabonbons an, die in einer Unzahl von Tüten herumlagen. Wir wickelten sie aus und das Papier knisterte. Er hatte auch einen Ring zurückgelassen, den er umständlich aus seiner Brieftasche herausgesucht hatte. Es war ein glatter, goldener Reif, der innen russische Schriftzeichen trug, und er war von gleicher Art, wie jener, den vorher sein Kamerad Else vor die Füße geworfen hatte. War es, aus einem sentimentalen Bekenntnis heraus, der eigene Ehering gewesen oder gehörte er zu einem Tauschartikel, den man für passende Gelegenheiten vorrätig hielt?

Als Johanna später zu uns kam, legten wir uns alle für den Rest der Nacht hin. Ich lag lange wach. Nachdem die Starre in mir gewichen war, meldeten sich bohrend die Gedanken. Hatte ich Anne nicht in unser Haus geholt, um die bedrohten Augenblicke zu verhüten, denen sie allein in Zehlendorf ausgesetzt schien? Wäre sie dort geblieben, hätte sich vielleicht alles besser gewendet? Hatte sie, durch ihre Anwesenheit, nicht das Los auf sich gezogen und sich nun als einzige für alle andern geopfert? Wäre nicht sonst Maria an der Reihe gewesen?

Alle diese Fragen sind müßig, wenn sie sich nachträglich auch immer wieder einstellen. Sie weichen dem einfachen Vollzug des Lebens aus und dramatisieren mit zu hohen Worten den gegebenen Lauf der Dinge.

Einige Male schreckten wir bis ins Mark auf, als wir Schritte die Treppe herabsteigen hörten. Jedesmal wurde allen ins Gesicht geleuchtet. Jedesmal ging der Soldat wieder hinauf. Es handelte sich wohl um Kontrollgänge der Wachen, weil oben in den Wohnungen der Stab untergebracht war. Gegen Morgen habe ich kurz geschlafen. Es war kein Schlaf, es war ein Wandern in Bildern.

*

Am Sonnabend früh, dem 28. April, waren wir mit der Tagesdämmerung aufgestanden. Ich hatte die unliebsamen Fraueneindringlinge des Nachbarhauses gezwungen, unsern Keller zu verlassen. Wir selbst drückten uns in Enge und Dunkelheit herum. Es bestand keine Möglichkeit, sich zu waschen, weil die Wasservorräte fast aufgebraucht waren und man nicht wagen konnte, über die Straße zu gehen, um sich von einem Brunnen Wasser zu holen. Auf dem

Hof tummelten sich viele Soldaten. Einige wuschen sich in einem großen Zuber, andre heizten die Waschküche, schlossen sich dort ein, um zu baden. Auf dem Hof standen Stühle und Tische herum, eine Kommode aus der Parterre-Wohnung lag mit herausgerissenen Schubfächern in einer Ecke. Mit Maria machte ich den Versuch, in unsere Wohnung zu gelangen. In der Hinterkammer und der Küche lagen auf den Tischen und auf dem Boden Soldaten, an der Tür zum Eßzimmer stand ein Posten mit aufgepflanztem Bajonett, der uns den weiteren Einlaß verwehrte. Von der Straße hörte man Autohupen, ein seit so vielen Jahren ungekanntes Geräusch - Lärmen, Rufe und vereinzelte Schüsse.

Der Oberleutnant war mehrfach in den Keller gekommen mit Brot, einer Büchse Ölsardinen, Bonbontüten und, nicht zu vergessen, gebratenen Fischchen, die er in einen weißen Kopfkissenbezug eingeschlagen hatte. Jedesmal leuchtete er alle Gesichter ab, bis er Anne, die gehofft hatte, daß er sie nicht wiedererkennen würde, entdeckte, um ihr mit einem tolpatschigen Lachen und einem Schwall unverständlicher Worte unter einladenden Gesten die einzelnen Sachen zu überreichen. Er gebärdete sich wie ein Kavalier, eilig, und schien über seine praktische Fürsorglichkeit selbst gerührt zu sein. Von anderen Kellerbesuchern blieben wir verschont.

Durch die Küche meiner Mutter ging oft der eine und andere Soldat. Ein junger Bursche, der Koch des Kommandanten, stellte die Frauen wieder zum Kartoffelschälen an und führte sich wichtig mit deutschen Redensarten auf. Mich sah er einmal scharf an und rief: »Du Hitlermann! Du auch Hitlermann!« Ich lachte auf. »Cha, cha«, ahmte er nach, »du doch Hitlermann.« Ich konnte es nur komisch nehmen.

Den Frauen gab er von einem großen Fettklumpen, der für die Bratkartoffeln des Kommandanten bestimmt war, ein Stück ab. »Ruck, zuck!« war sein zweites Wort, mit dem er zur Arbeit anspornte. Frau Hunecker fand, daß er weitaus zu viel Butter in die Pfanne für die Bartkartoffeln getan hätte, womit sie nicht einmal unrecht hatte. Sie nahm sich dann, um das gute Gelingen der Mahlzeit nicht zu gefährden, davon erneut einen Teil für sich. Meine Mutter geisterte umher, selig über jeden Bissen, den ihr die Russen gaben (Hühnerbrühe, Heringe, was auch immer), eine hilflose alte Frau mit dünnem weißem Haar.

Wir schlichen umher, übernächtigte Gespenster, die nirgendwo eine Bleibe hatten. Um den geringen Vorrat an Lichtern zu sparen, saßen wir in den Kellern im Dunkel. Wenn wir uns in der Küche aufhielten, fehlte es an Platz für Stühle, so daß wir armselig herumstanden. Die Nüchternheit und die innere Leere nahmen an diesem Vormittag von Stunde zu Stunde zu.

Gegen elf Uhr winkte mich Frau Hunecker beiseite. Sie tuschelte mir zu, daß der Kommissar ihr den Auftrag gegeben habe, eine junge Frau zum Mittagessen einzuladen. Der Tisch sei schon gedeckt, es gäbe viel zu essen, gut zu essen, es gäbe Schnaps. Ich begriff, was es mit dieser Einladung, die an Anne gerichtet war, auf sich hatte, und bat sie, dem Abgesandten des Kommissars zu sagen, daß die junge Frau sich nicht wohl fühle und der Einladung nicht Folge leisten könne. Nach einigem Hin und Her kehrte Frau Hunecker zurück mit der Nachricht, daß der Kommissar auf die Einladung bestünde und nochmals auf die Genüsse der vollgedeckten Tafel aufmerksam mache. Er wolle durchaus die Formen der Höflichkeit wahren und habe betont nur von der Einladung zum Essen gesprochen, doch könne man sich den wahren Beweggrund schon erklären und, fügte sie hinzu, es sei immerhin der Kommissar selbst, der diesen Wunsch äußere. Er habe von ihr verlangt, daß Anne zur Mahlzeit erschiene.

Sie ging in den Luftschutzkeller, wo Anne im vorderen Raum gemeinsam mit Höpfners saß, um sich mit Anne zu besprechen. Ich war ihr gefolgt und merkte, daß Anne das Drohende der Situation nicht begriff. Als ich ihr zu verstehen gab, daß es sich um sie handele, fuhr sie auf und starrte uns mit aufgerissenen Augen an, in denen sich für mein Gefühl alles an Not, Entsetzen und Angst ausdrückte, dessen ein Mensch zu empfinden fähig ist. Ehe wir uns beraten konnten, was zu tun sei, erschien ein Mann von kleiner gedrungener Gestalt, der in gespielt lässiger Art den Antrag des Kommissars vorbrachte und durch Frau Hunekker übersetzen ließ. Als wir ihm erklären ließen, daß die junge Frau keinen Hunger habe und sich krank fühle, verzog der Abgesandte ungläubig den Mund und redete erneut auf Anne und Frau Hunecker ein. Anne beharrte auf ihrer Weigerung und setzte den böse zusammengekniffenen Blicken ein starres Nein entgegen. Nach einigem Hin und Her verließ der Mann wieder den Keller.

Ich war nach oben in die Küche gegangen, um Maria von dem Vorgefallenen in Kenntnis zu setzen und mich mit ihr zu besprechen. Da sah ich, daß Höpfners nacheinander mit betretenen Gesichtern heraufkamen und erfuhr, daß inzwischen sowohl der gedrungene Mann wie auch der Oberleutnant zu Anne in den Keller gegangen waren. Maria, die mich verzweifelt ansah, sagte: »Man kann doch Anne nicht allein lassen!« Aber Frau Hunecker bedeutete uns, daß es unmöglich wäre, sich weiter einzumischen. Man mußte den Dingen ihren Lauf lassen. Wir sahen uns gequält in der kleinen Küche stehen, nicht wissend, was sich unter uns abspielte, und von Bildern und Vorstellungen gepeinigt. Ich konnte den stummen Aufschrei aus Annes aufgerissenen Augen nicht vergessen und sprach mit Maria von der Untreue der Ärztin, die uns mit der Aushändigung des Giftes durch ihre Flucht aus Potsdam im Stich gelassen hatte. Wir überlegten, welche Möglichkeit für uns bestünde, um gemeinsam freiwillig aus dem Leben zu gehen. Ich verfügte über eine Dosis von Veronal, die aber nur für einen einzigen ausreichte. Es blieb der Strick. Geeignete Schnur war genügend vorhanden, auch feste Haken in der rechten Höhe. Zur Not war auch der Knauf am Fensterkreuz zu benutzen. Eine Schlinge zu knüpfen, mußte sich lernen lassen. Wir wollten nicht im Augenblick darangehen, sondern nur die Sicherheit haben, das Leben beenden zu können, wenn ihm die Nerven nicht mehr gewachsen waren. »Wieviel einfacher wäre es gewesen«, sagten wir, »wenn uns die Russen gleich auf dem Rasen erschossen hätten.«

Vom Küchenfenster aus sahen wir, wie die Soldaten über den Hof strichen, wir hörten auch weibliche russische Stimmen aus dem Zimmer, wo die Tafel für den Kommissar gedeckt war. Das Leben setzte sich lärmend und ohne Unterbrechung um uns fort, aber für uns vollzog sich alles hinter Schleiern. Irgend jemand hatte beobachtet, daß der Mann, den wir für den Abgesandten des Kommissars hielten, wieder nach oben gekommen war, und nun der Oberleutnant allein bei Anne war. Noch einmal drängte Maria, in den Keller zu gehen. Nicht zu wissen, was in unmittelbarer Umgebung vor sich geht, untätig abzuwarten, war beschämend und furchtbar zugleich. Ich hatte diesen Zustand in den Stunden der letzten Nacht in allen seinen

Stadien durchlebt, nun ging er in der Wiederholung ins nicht mehr Faßbare über. Wäre es einfacher für uns gewesen, wenn wir gewußt hätten (was wir später erfuhren), daß sich die beiden Männer unten in steigender Erregung unterhalten und gestritten hatten, sich in lange Debatten miteinander verstrickten, wie man sie aus russischen Romanen kennt? Daß sie Anne immer wieder aufgefordert hatten, »nach Hause« mitzukommen, ohne daß sie verstand, daß damit gemeint war, ins Haus nach oben zu gehen, und daß anschließend der Oberleutnant über den Wunsch des Kommissars Sieger blieb, von dem er Anne später mitteilte, »Kommissar nicht gutt«. Denn Anne, die nicht aufgenommen hatte, daß es der Kommissar persönlich gewesen sei, von dem die erste Aufforderung ergangen war, glaubte, dort Schutz zu finden, und hatte den Oberleutnant bestimmen wollen, sie zum Kommissar zu führen. Statt dessen hatte der Oberleutnant nun ein Mittagsmahl von rohen Heringen und Brot mit einer Flasche Cinzano geholt – und bei aller sentimentalen Besorgtheit ihrer Tränen nicht geachtet. Vielleicht wäre es für unser Gefühl, das sich lediglich von Vorstellungen nährte, einfacher gewesen, wenn wir von den Vorgängen in aller Nüchternheit Kenntnis gehabt hätten. In dieser Hinsicht ist der mittelbar Beteiligte ärger dran als der andere, der einer Situation unmittelbar ausgesetzt ist. Fast immer sind die Wirkungen in der Phantasie schlimmer als in der Realität. Der Wahrheitsgehalt der Wirklichkeit ist nämlich gering.

Das Essen des Kommandanten brutzelte noch auf dem Küchenherd. Alle Hausbewohner hielten sich in dem kleinen Raum auf, in dem nur drei Stühle Platz hatten. Wir wechselten uns beim Sitzen ab. Als Anne in die Küche trat, hielt das betretene Schweigen an. Man machte ihr einen

Stuhl frei und während sie noch ablehnte, sich zu setzen, ermunterte Frau Höpfner sie: »Doch, doch, Sie haben es nötiger.« Alle beobachteten sie verstohlen, und in den Blikken der älteren Frauen mischte sich in das Staunen und die Fürsorge etwas von verdeckter Genugtuung. Es war ein Anflug von Neid. Wie er sich unwillkürlich einstellt, wenn jemand etwas erlebt hat. Während ihr plötzlich Tränen in den Augen standen, machte sich die Spannung in einem zornigen Ausbruch Luft. Jeder mochte nun eine Klagerede erwartet haben, statt dessen schleuderte sie eine Anklage in den Raum, die mit den Worten begann: »Dieser beschissene Hitler! Der an allem schuld ist.« Die langsam gesprochenen Worte, die bei aller Aufgewühltheit des Tons in die sachliche Feststellung mündeten, daß diejenigen, die nie etwas mit diesem Wahnsinnigen zu tun hatten, anscheinend alles ausbaden müßten, waren von einer Wirkung, der sich niemand entziehen konnte. Unwillkürlich lenkten sich die Blicke auf die kleinlauten Parteigenossen, die sich unter den Versammelten befanden. Wenn es im Augenblick auch ungefährlich schien, seiner Überzeugung im öffentlichen Kreise Ausdruck zu geben, war es zumindest ungewohnt. Man konnte übrigens noch in den nächsten Wochen feststellen, daß sich Kritik und Verwünschungen des Naziregimes nur zaghaft in der Öffentlichkeit regten.

Maria hatte uns aus dem Büchsenvorrat ein Mittagessen gekocht, wir haben auch gegessen. Als wir mit Anne allein waren, wurde uns die Trostlosigkeit unserer Lage mehr und mehr klar. Es fehlte auch jede Distanz zu den Ereignissen, die uns schutzlos in ihren Wirbel rissen; wir waren übernächtigt, und die Nerven hatten den Schlag nicht verwunden, den sie kaum vierundzwanzig Stunden zuvor auszuhalten hatten, als wir auf den Rasen geführt wurden. Anne erklärte, daß sie keinesfalls länger im Hause bleiben werde, sondern fortgehen würde, irgendwohin. Von überall her aus den Wohnungen drang johlendes Singen. Aus Pistolen wurden Schüsse in die Luft gefeuert. Das Toben in den Zimmern nahm zu, man hörte wildes Stampfen und Klirren. Und jetzt war Mittag. Wie würde sich die alkoholisierte Stimmung erst am Abend und zur Nacht auswirken! Aus dem Raum, wo der Kommissar mit den Offizieren und den russischen Frauen getafelt hatte, wurde ein scharfer Wortwechsel hörbar. Wir blickten zu Fräulein Kauffeldt hinüber, ob sie etwas verstünde. Aber sie sah nur besorgt zu Boden, ohne etwas zu sagen. Die Männer brüllten sich an, und es schien zu Tätlichkeiten zu kommen. Schon in der Nacht zuvor war im Hausflur ein Russe erstochen worden. Der heftige Wortstreit beruhigte sich nach einer Weile, aber das Lärmen, das rohe Gelächter, das Trampeln und Johlen aus dem übrigen Hause, vor allem aus den Räumen unserer Wohnung war mehr und mehr angeschwollen und nahm kein Ende. Aber unsere Verzweiflung würde ein Ende nehmen, denn wir waren nicht gewillt, uns der unaufhörlichen Wiederholung seelischer Zerstörung auszusetzen. »Die Nacht wird entsetzlich«, sagte ich und sprach damit die Gedanken eines jeden von uns aus, »dies alles ist nicht länger auszuhalten.« Ich setzte hinzu, daß man bis zum Abend abwarten müsse und nicht voreilig handeln wolle. Meine Schwägerin sagte: »Ihr dürft mich aber nicht allein zurücklassen . . .«, wenn sie vielleicht auch alles, was geschah, nicht so unmittelbar anging wie uns. Wir waren trotz aller Erregtheit klar genug, um zu überlegen, ob man nicht der Kinder wegen, die fern weilten, die Verpflichtung hätte, weiterzuleben und alles Leid auszuhalten. Ein anderer wird sich kaum diese letzte Einsamkeit vorstellen können, in die man in solchem Augenblick gerät und aus der heraus einem das Leben ohne Sinn und Liebe erscheint.

Diese letzte Einsamkeit beruht auf der Vorstellung, daß man der einzige auf der ganzen Welt ist, dem es in diesem Augenblick so unerträglich ergeht. Auch wir meinten, daß uns und unserm Haus so böse mitgespielt werde wie nirgends sonst. Wir hielten den Stab mit seiner Truppe, der sich bei uns eingenistet hatte, für den einzigen im weiten Umkreis und bildeten uns ein, daß in den übrigen Häusern das Leben normal verliefe. Und so werden viele gedacht haben. Die Abgeschlossenheit, die Unmöglichkeit, Erfahrungen auszutauschen und mit Freunden sich zu verständigen, erhöhen immer das Gefühl der eigenen Exponiertheit. Wer beten kann, wird in solcher Lage gebetet haben, wer über ein rasch wirkendes Gift verfügte, es genommen haben. Einige haben auf diese Weise die Hilflosigkeit überwunden, andere sind ihr erlegen. Wir selbst konnten weder beten noch hatten wir greifbares Gift. Aber wir waren entschlossen, die Entwürdigung des Daseins nur bis zu einem bestimmten Punkt zu ertragen. Nicht der Tod war zu fürchten, sondern das Weiterleben. Keine Macht der Götter vermag einen Toten zu zwingen, das gleiche Schicksal vom Anfang bis zum Ende ein zweites Mal durchzumachen.

Unsere Gedanken waren indessen kraus und ungeordnet. Wir begegneten uns nur in dem gemeinsamen Grundgefühl, im rechten Zeitpunkt Schluß zu machen. Mitten in diese Überlegungen hinein tauchten in der Küche drei Mongolen auf, die allem Anschein nach nicht zur Hausbesatzung gehörten. Ihr Anführer hielt die Photographie eines jungen Mannes in der Hand, die er aufgeregt hin und her schwenkte. Seine Miene verkündete nichts Gutes. Er wandte sich radebrechend an Herrn Höpfner mit der Frage, ob er den Abgebildeten kenne. Als dieser verneinte, schrie er: »Hut ab!« und hielt ihm den Revolver an die Schläfe, wobei er das Gesicht von Herrn Höpfner mit dem der Photographie verglich. Durch Fräulein Kauffeldt, die dem wilden Reden der drei folgte, erfuhren wir, daß es sich bei dem Gesuchten um einen Angehörigen der SS aus dem Nachbarhaus handelte. Da sich keine Ähnlichkeit mit dem Bild herausstellte, ließen sie schließlich von Herrn Höpfner ab und stürzten fluchend in den Keller. Erregt verkündete uns Fräulein Kauffeldt, daß sie dort Handgranaten werfen wollten, falls sie den Gesuchten nicht fänden. In diesem Augenblick trat der Oberleutnant mit einer Flasche Kakaolikör zu uns in die Küche, die er gönnerhaft Anne überreichte. Schon wollte er rasch wieder gehen, als ihn Anne durch Fräulein Kauffeldt, die damit zum ersten Mal aus ihrer Reserve heraustrat, zurückhalten und über den aufregenden Zwischenfall verständigen ließ. Auf ihr Bitten ging er ein paar Schritte die Kellertreppe hinunter, rief den drei Gestalten einen Befehl zu, und diese verschwanden sofort aus dem Haus.

Die unbehagliche Situation, die nun gebannt war, hatte ein groteskes Nachspiel. Als ich nach einer Weile in die Schutzräume ging, um nachzuschauen, ob alles in Ordnung sei, sah ich auf dem Bett des zweiten Kellers einen spiralförmigen Gegenstand liegen, den ich bei der unsicheren Kerzenbeleuchtung für eine Mine oder Handgranate hielt. Ich wagte nicht, ihn zu berühren. Als ich, oben in der Küche, den übrigen davon berichtete, trat der Abgesandte des Kommissars, der am Vormittag Anne vergeblich zum Mittagessen hatte überreden wollen, in die Küche und sah sich forschend um. Suchte er sie erneut? Anne hielt sich in der entferntesten Ecke auf und versuchte ihr Gesicht zu verbergen. Ich bat Fräulein Kauffeldt, den Mann über den geheimnisvollen Fund im Keller zu orientieren, damit wir nicht in einen falschen Verdacht gerieten. Nachdem sie ihn kurz über die Ereignisse aufgeklärt hatte, ging er etwas verächtlich mit mir in den Keller. Als ich mit ihm die Treppe hinabstieg, griff er plötzlich nach seinem Koppel und entdeckte, daß er seinen Revolver nicht bei sich trug. Er sah mich mißtrauisch an, ob ich ihn nicht in eine Falle hatte locken wollen. Ich tat, als ob ich nichts merkte und ging an ihm vorbei und vor ihm in den Hinterraum. Im Schein seiner scharfen Blendlaterne entpuppte sich die vermeintliche Mine oder Handgranate als Schreibmaschinenspule, von der sich ein Stück des Farbbandes abgerollt hatte. Er tippte mit der Hand dagegen, und während ich nach dieser harmlosen Aufklärung die Spule mit dem Farbband nach oben nahm, war er von Mißtrauen über den Gegenstand erfüllt, dessen Bestimmung er sich nicht erklären konnte.

Lachend über meinen Irrtum und mich für seine Bemühung entschuldigend sprach ich auf ihn ein, und ich wollte ihm verständlich machen, worum es sich handelte. Da er selbst nur gebrochen deutsch sprach und Fräulein Kauffeldt so rasch nicht verdolmetschen konnte, begann ich in meiner Aufregung, zu ihm in gebrochenem Deutsch zu reden in der unbewußten Vorstellung, mich ihm dadurch verständlicher zu machen. »Ist für Schreibmaschine«, stammelte ich und wiederholte dann: »Für Maschine Schreib.« Als er sich seinerseits von der Ungefährlichkeit des Instruments überzeugt hatte, zog über seine abweisenden Züge zum ersten Mal ein kurzes Lächeln.

Inzwischen war das turbulente Treiben in den Wohnungen und auf dem Hof, das vorübergehend nachgelassen hatte, wieder heftiger geworden. Am Fenster der gegenüberliegenden Parterre-Wohnung sahen wir Soldaten in Kästen wühlen, Sachen fortschleppen, am Fenster unseres Schlafzimmers nahmen wir eine der russischen Frauen wahr, die eilig Kleider und Wäsche prüfte. Auch über den Soldaten, die über den Hof und in den Garten liefen, lag deutlich eine Aufgestörtheit. Wieder wurde in die Luft geschossen. »Ich glaube gehört zu haben«, bemerkte Fräulein Kauffeldt, »daß die Truppe abrücken soll. Es wurde so etwas gesagt, wie um zwei Uhr.« Wir sahen nach der Küchenuhr, es fehlte noch eine halbe Minute bis dahin. Ob sich die Nachricht bestätigte? Ob die Truppe abzog, aber der Stab der Offiziere und der Kommissar blieben? Wir rätselten und warteten. Es wurde zwei Uhr und nichts geschah, kein Anzeichen eines Aufbruchs war erkennbar. Immerhin kam uns durch diese Nachricht zum ersten Mal zu Bewußtsein, daß der gegenwärtige Zustand, den wir in unserer Vorstellung als bis ins Unendliche während angesehen hatten, auch aufhören konnte. Es wirkte auf uns so überraschend, als wenn man uns gesagt hätte, daß die Dauer der Ewigkeit ein Ende durch die Zeit finden könnte. Fast schien es, als ob dadurch das Unerträgliche wieder tragbar werde. Gewiß, es konnte anders kommen, es konnten Troß und Besatzung in die Stadt einziehen und sich erneut bei uns breitmachen, aber die Wiederholung des Gleichen, die Stereotypie des Schreckens wäre unterbrochen.

Unsere Blicke kehrten immer zur Küchenuhr zurück, deren Zeiger nicht vorwärts rücken wollten. In der Küche, wo wir uns noch alle befanden, ließ sich keiner der Russen mehr sehen. Unruhe und Hast, ein ständiges Poltern treppauf treppab ließen darauf schließen, daß eine Veränderung vor sich ging. Von der Straße hörten wir Autohupen und

Signale. Wenn der Stab mit der Truppe nicht im Laufe des Nachmittags fortzog, dann, so wußten wir insgeheim immer klarer, würden wir den nächsten Tag nicht mehr erleben, falls es uns nicht gelänge, das Haus zu verlassen und irgendwo anders Zuflucht zu finden.

Am Fenster stehend sahen wir den Oberleutnant mit großen Schritten über den Hof gehen und zu uns in die Küche treten. Er eilte auf Anne zu und gab der Verdutzten drei bunte Tücher, die zusammengeknüllt waren und zweifellos ein letztes Abschiedsgeschenk darstellen sollten. Er überreichte das Tuchbündel mit einer stolzen und großartigen Gebärde und entfernte sich ohne Worte sicher und lächelnd. Die Hausbewohner mochten denken, wie rührend und besorgt er dauernd um Anne gewesen war: Immer wieder hatte er Essen gebracht, den Kakaolikör und nun zuletzt die seidenen Tücher. »Wie reizend«, sagte Maria, »die hat er sich alle oben aus meinem Schrank geholt.«

Als es drei Uhr wurde, hatten wir den Eindruck, als ob das Haus von den Russen geräumt würde. Aber wir wagten es nicht auszusprechen.

*

Während ich die Vorgänge, die sich beim Einzug der Russen in den ersten dreißig Stunden vor uns abspielten, im geschlossenen Zusammenhang aufzeichnete, sind mittlerweile die Pfingsttage vergangen. Mit jedem Tagesabschnitt drängt sich Neues an, das die zurückliegenden Dinge in wechselnder Sicht erscheinen läßt. Der Druck, unter dem die Flut des Geschehens in jedem Augenblick steht, ist so stark, daß das Strömende über die Ränder schlägt, ehe es faßbar wird. Die Forderungen, der täglichen Gegenwart gegenwärtig zu begegnen, sind so anspruchsvoll, daß es kaum möglich ist, die Wegstrecke der letzten Wochen festzuhalten, ja, daß es nicht einmal lohnenswert scheint, sie in allen ihren Bezügen auf unser Leben zu bewahren. Vieles hat sich verflüchtigt, bevor es fixierbar wurde.

Es gibt keine innere Einkehr, kein Retardieren, kein aussinnendes Verweilen. Der Himmel, zu dem ich jetzt aufblicke, wandert über uns. Er wandert still und stetig, in sich selbst. Das blaue Reich des Äthers beginnt dort, wo die Wirksamkeit der Zeit aufhört und sie selbst in das Zeitlose übergeht. Immer kleiner und seltener werden die Stundeninseln, auf die ich mich aus der Zeitlichkeit rette, sei es auch nur in der Losgelöstheit reinen Denkens, im schöpferischen Gespräch, in Niederschrift oder Diktat dieser Blätter. Verse zu schreiben oder gar die regelmäßige Spannung aufrechtzuerhalten, die für die restlichen Kapitel meiner Erzählung von der Totenstadt so notwendig ist, wäre eine Vermessenheit. Und dennoch, worin anders, wenn nicht in dieser Arbeit läge noch die Aufgabe meiner Existenz, und zu welch sonstigem Behuf wäre mir die Frist des Lebens noch einmal verlängert worden?

Oft überkommt mich eine beunruhigende Besorgnis, Zeit und Kraft in einem ungenügenden Maß meiner Arbeit des Schreibens zur Verfügung zu stellen. Seit einigen Tagen habe ich den Versuch gemacht, mit der Morgenfrühe aufzustehen, meist schon vor sechs Uhr. Im Grunde meiner Sinne liebe ich das fahle Licht dieser Stunden, die nach der Naturzeit eine Stunde früher liegen. Trotzdem quält mich an jedem Abend das Gefühl, nicht fertig zu werden, die Vielfalt von Arbeit, Erledigungen, Gängen und Tätigkeit nicht zu bewältigen. Der Zwang, das Erlebte zu verarbeiten, erleidet durch die Bereitschaft, immer wieder Neues aufnehmen zu müssen, bittere Unterbrechungen. Ist es nicht, als habe man die Richtung verloren, als treibe man mehr und mehr vom eigenen Ufer weg? Zwar haben wir die verwüstete Wohnung oberflächlich in Ordnung gebracht, haben Hof und Garten einigermaßen hergerichtet, aber bei allem, was man tut, fragt man sich, wofür man es eigentlich tut. Schon in den letzten Kriegsjahren, als die Luftangriffe sich verstärkten und von Tag zu Tag die Möglichkeit bestand, daß Haus und Habe zerstört würden, tauchte das Gespenst der Zwecklosigkeit aller täglichen Mühen auf. Wenn eine Bombe traf oder Feuer alles vernichtete, so war es gleichgültig, ob man Vorräte an Obst und Gemüse gesammelt hatte, ob die Fenster geputzt waren, ob Staub gewischt und Ordnung im Kleinen gehalten war oder nicht. Dennoch hatte man in dieser Zeit unbewußt den Trieb, das Leben so fortzusetzen wie bisher. Man mußte mit Störungen oder Zerstörungen rechnen, aber sie nicht unbedingt erwarten. Man tat alles, um die wesentliche Substanz der eigenen Umwelt zu retten - über eine Katastrophe hinüberzuretten. Die Lebensform behielt - trotz allem - die einmal eingeschlagene Richtung bei.

Diese Einstellung zum Leben ist jetzt verlorengegangen oder droht verlorenzugehen. Es ist nicht die Ungewißheit allein über die allgemeine Entwicklung, denn jeder, der über den Tag hinaus sich Gedanken macht, weiß, daß sie im Laufe der nächsten Monate in größeres Elend und schlimmeres Chaos führen wird. Es ist nicht nur die Gefährdung des Augenblicks, die einen zwingt, für jede Veränderung der Lage, die die nächste Stunde bringen kann, bereit zu sein. Noch immer gibt es einzelne Verblendete, die sich mit der Niederlage Deutschlands nicht abfinden können und durch sinnlose Sabotageakte das Gut und Leben ihrer unbeteiligten Nachbarschaft aufs Spiel setzen. Immer wieder auch hört man, daß Wohnungen innerhalb weniger Stunden geräumt werden müssen, daß Personen festgenommen werden. Das Unstete der Tage ist es, das die Entschlußkraft, auch die unsere, oft lähmt. Man arbeitet nicht, man tut so, als ob man arbeitet; man lebt nicht, man tut so, als ob man lebt. So geht es nicht nur mir, so geht es vielen. Hat man ein paar Schritte vorwärts getan, so gleitet man wieder zurück und befindet sich nach einer Woche auf demselben Standpunkt wie vorher. Warum sich noch mühen? Warum unter so schwierigen Umständen den Berg der Zukunft erklimmen wollen, von dem man weiß, daß es ein Vulkan ist und daß man, wenn man den Gipfel wirklich erreicht, am Rande eines feuerspeienden Kraters steht? Ob einen der Lavastrom nun dort oben oder auf der Mitte des Weges oder am Fuß des Bergs wegreißt, bleibt eigentlich gleichgültig. So meint man zuweilen.

Es läßt sich nicht leugnen, daß vielfach versucht wird, das Leben wieder halbwegs in einen normaleren Gang zu bringen. Die Straßen werden gesäubert und aufgeräumt, die Bewohner wurden aufgefordert, an jedem Mittwoch und Sonnabend die Straße vor ihrem Haus selbst zu kehren. Fast an jeder Kreuzung sind junge Russinnen in Militäruniform postiert, die mit einer gelben und roten Flagge in strammer Haltung den Verkehr regeln. Sie haben noch nicht allzu viel zu tun, weil außer den Autos der Besatzung kaum Fuhrwerke die Straße passieren. Nur des Morgens sieht man den einen oder anderen Pferdewagen mit Milchkannen. Viele Geschäfte aus dem vom Fliegerangriff heimgesuchten Viertel richten sich anderswo in leerstehenden Läden wieder ein. Sämtliche Schulen haben den Unterricht wieder aufgenommen. Auf den Straßen selbst sieht man keine Müßiggänger mehr und trifft vielfach mehr Russen als Einheimische an. Die Gräber der Toten der Roten Armee, die sich am Jägertor befanden, sind nach dem Bassinplatz verlegt worden, wo um das Tabakhäuschen ein russischer Ehrenfriedhof angelegt ist. Die Freude am Schießen hat nachgelassen, statt dessen werden wir zu Zeiten von Explosionen erschreckt, die von irgendwelchen Sprengungen herrühren. Zuweilen hört man das Pfeifen von Lokomotiven und das Tuten von Schleppdampfern. Auf kurzen Bahnstrecken, die jetzt eingleisig verlaufen, verkehrt hin und wieder ein Zug. Auch die Briefbestellung ist von der Post für den Umkreis der Stadt und die weitere Umgebung mit Ausnahme von Berlin wieder eingerichtet worden.

Man erfährt auch, daß in einzelnen Bezirken von Berlin Kinos spielen, daß sich überall Varietés auftun und sogenannte Kleinkunstbühnen breit machen. Nach Berlin selbst besteht übrigens von hier aus noch immer keine andere Verbindung als zu Fuß. Es liegt für unser Gefühl noch ferner als die übrige Welt. Die Berichte, die man von verschiedenen Personen erhält, sind widerspruchsvoll. Jeder Bezirk, jeder Stadtteil unterliegt lokalen Bestimmungen, die sich im Hinblick auf die Versorgung, auf den Arbeitseinsatz und auf die politischen Maßnahmen gegen die ehemaligen Parteimitglieder verschieden entfalten. Man hat den Eindruck, daß, wie immer in solchen Übergangszeiten, häufig Willkür und Dilettantismus den Wiederaufbau einer allgemeinen Ordnung mehr zu einer Fiktion als zu einem Vollzuge machen. Berlin als Zentralbegriff besteht nicht mehr oder besteht jedenfalls noch nicht wieder. Wie im Kleinen, so gilt auch im Großen: Man tut so, als ob etwas getan wird. Es ist nicht einmal schlechter

Wille dabei, es ist die Ausgestorbenheit der Umwelt, die den Leerlauf des einzelnen hervorruft. Das Gespenst Don Quichottes geht um, der auf seinem Hungerklepper gegen die Windmühlenflügel anrennt, stets von neuem, stets vergeblich.

Je mehr wir selbst uns von dem Schicksalstag des 27. April 1945 entfernen, desto stärker wird das Zwielicht, das auf unser Leben fällt. Die Gleichgültigkeit, die man in den ersten Tagen gegenüber allem empfand, was einen betreffen könnte, ist allmählich von einer Aktivität verdrängt worden, einer Aktivität, die mir ihrer Tendenz nach falsch zu sein scheint. Nachdem sich herausgestellt hat, daß man weiter zu leben hat, schiebt sich die Sorge um die materielle Grundlage des Lebens in den Vordergrund. Die Gedanken werden in einem vordringlichen Maße davon erfüllt, eine Sicherheit im altgewohnten Sinne herbeizuwünschen. War es anfänglich noch so, daß ich es durchaus zufrieden gewesen wäre, wenn man uns den größten Teil unserer Wohnung genommen hätte und mir nur das kleine Badezimmer nach hinten hinaus zum Arbeiten ließe (in dem ich mir schon Tisch und Stuhl am Fenster mit dem Blick auf das Grün der Gartenbäume vorstellte), so würde ich heute, wieder in mein altes Zimmer mit Büchern und Schreibtisch eingewöhnt, dies als eine Vertreibung aus dem Eigensten empfinden. Und so geht es mit allem. Da wir größeren Plünderungen in den kritischen Tagen und Nächten entgangen sind, wünschen wir, das Gerettete nun auch über die weiteren Klippen hinzubringen. Hat man es soweit geschafft, sagt man sich in Gedanken, möchte man nicht im letzten Augenblick einem Zufall zum Opfer fallen. Es verbirgt sich dahinter die irrige Vorstellung, als ob es sich nur um eine vorübergehende Spanne handeln könnte, bis man wieder festen Boden unter den Füßen hat und geordnete Verhältnisse vor sich sieht.

Die Absicht, für die kommende Zeit - und sei es auch nur für die nächsten Tage - vorzusorgen, steht im Widerspruch zu der Tatsache, daß einem nur die Stunde des Augenblicks gehört. Dennoch können wir nicht anders, als immer wieder neue Verstecke für die dringendsten Lebensmittel ausfindig zu machen, gepackte Rucksäcke und Koffer an unauffälligen Stellen in der Wohnung und außerhalb der Wohnung zu verteilen, nichts unbeachtet zu lassen und alles Wichtige greifbar zu halten. Es ist die gleiche Haltung, wie man sie in den Kriegsjahren für die Luftangriffe aufbrachte. Was sich aber damals gleichsam automatisch in den normalen Lebensgang einordnete, steht jetzt außerhalb unser selbst. Die primitiven Voraussetzungen des materiellen Lebens erheischen gegenwärtig einen viel größeren Zoll als früher. Die Bemühungen um das Tägliche fordern einen Aufwand an Kraft, beanspruchen ein Maß an Zeit, daß das eigentliche Leben davon über Gebühr absorbiert wird. Die Täglichkeiten mit ihren Störungen und Ablenkungen lassen sich, so will es zuweilen anmuten, nicht mechanisch in die Norm meines Lebens einordnen. Man glaubt sich vor die Wahl gestellt, entweder sich nur noch den praktischen Bedürfnissen der kreatürlichen und vegetativen Existenz zu unterjochen, oder sie völlig beiseite zu lassen und zu ignorieren, um die Voraussetzung für den geistigen Lebensraum zu schaffen.

Die Schwierigkeit, dem eigenen Leben eine bestimmte Richtung zu geben, besteht nicht nur in der Unvereinbarkeit beider Wege, sie hat ihre Ursache in der grundsätzlichen Entscheidung, welcher Seite unser Leben fortan gehört: der materiellen, die vom Zweck bestimmt, oder der geistigen, die vom Sinn geleitet wird. Bisher unterlag es keinem Zweifel, daß sich der Zweck dem Sinn unterzuordnen habe. Und in der immer wieder neuen Lösung für das praktische Leben bestand die Aufgabe. Ich will auch nicht die Frage berühren, ob in Zukunft die physische Kraft über geistige Arbeit triumphiert. Ich habe für meine Person nicht die geringsten Hemmungen davor, Straßen zu fegen, Holz zu hacken, zu schippen oder welche körperliche Arbeit auch immer auf mich zu nehmen. Es liegt an der Labilität meiner Konstitution, daß mich auch ein geringes Quantum an physischer Tätigkeit aus dem Gleichgewicht hebt. Die Überanstrengung bringt es jedesmal mit sich, daß sich der Ausdruck meines Wesens verfälscht, in dem in solchem Zustand die Menschen meiner näheren Umgebung die Folgen meines Versagens zu büßen haben. Über das Private hinaus läßt sich darin, daß die primitiven Bedürfnisse und Formen des Lebens überhand nehmen, die Gefahr einer zunehmend materiell eingestellten Haltung der Menschen sehen. Wir haben oft davon gesprochen, daß Kunst geistige Nahrung sei. Aber mir ist es gewiß geworden, daß der leibliche Hunger krassere Formen annimmt. Der Satz von Brecht: Erst kommt das Fressen, dann kommt die Moral, ist für die Vitalität des einzelnen wie die der Masse konkret von ausschlaggebender Bedeutung. Dieses hat nichts mit der Überzeugung zu tun, der Loerke einmal Ausdruck gab, daß alle Völker, die untergegangen sind, niemals durch Waffengewalt zugrunde gingen, sondern weil sie vorher den Zusammenhang mit ihrer geistigen Welt aufgegeben hatten. Kunst ist zu allen Zeiten der sichtbare Ausdruck des Geistigen, vielleicht sogar der einzige Ausdruck. Was für die Völker hiernach gilt, mag wiederum für den einzelnen Gültigkeit haben, zumindest für den, dessen Lebenssinn darin besteht, Träger der geistigen Ordnung zu sein.

Damit ist auch die Antwort gegeben, wie sich aus allen Zweifeln mein persönliches Leben einzurichten hat. Der Stillstand des Herzens, den ich so oft verspüre, darf nur ein Intervall sein, eine Pause. Die Lustlosigkeit zu überwinden, ist schwerer denn je. Aber was sollte es für einen Sinn haben zu sagen: Nach uns die Sintflut, da sie uns schon überflutet hat. Man muß den Mut haben zum Untergang, zum Sterben, zur Misere, man muß auf das Schlimmste eingestellt bleiben: um fähig zu werden, so zu tun, als ob es dieses nicht gibt.

*

Objektiv gesehen waren die ersten ein bis zwei Wochen, nachdem die Russen ihre Besatzungsherrschaft angetreten hatten, für uns vielleicht gar nicht so schlimm. Es war wohl mehr die Furcht vor dem Leben, die den Stunden ein so gefährliches Aussehen verlieh. Auch genügte die geringste Einzelheit, um die schwelende Aufgeregtheit der Nerven von neuem zu entfachen.

Wir hatten den Sonnabend nachmittag, nachdem die Truppe endgültig aus unserem Haus abgezogen war, dazu verwendet, um in unserer Küche und im Schlafzimmer die gröbste Unordnung zu beseitigen. Am Samstag abend waren Maria und Anne noch zu Suhrkamps gegangen, wo sie erfuhren, daß sich dort der Einmarsch der Kampftruppe ebenfalls tumultuarisch genug vollzogen hatte, daß aber alle in ihren Zimmern hatten bleiben können. Die Anwesenheit eines Kommissars schien dafür zu bürgen, daß auch die nächsten Tage und Nächte keine Behelligungen gröberer Art für die Bewohner mit sich brächten. Auf die Aufforderung, die kommende Nacht bei ihnen zu verbringen, gingen Maria und Anne nicht ein, weil es das Natürlichere war, im eigenen Haus und gemeinsam mit den nächsten Menschen die weiteren Ereignisse abzuwarten. Wie glücklich dieser Entschluß war, sah man erst später. Diese Nacht verlief bei uns ohne jede Störung; Suhrkamp indes kam am Sonntag zu uns, um für eine der Frauen ein Notquartier zu suchen, an der der Kommissar seines Hauses Gefallen gefunden hatte. Sie hatten eine ähnliche Nacht hinter sich, wie wir vierundzwanzig Stunden zuvor.

Es war nicht die Erschöpfung allein, die uns am Sonntag hinderte, unsere Zimmer in einen wohnlichen Zustand zu bringen. Wir hielten es in Hinsicht auf weitere Plünderungen, die auch durch Elemente der ausländischen Arbeiter stattfanden, für ratsam, die Räume in dem abschreckenden Zustande zu belassen, wie wir sie vorgefunden hatten. Überall war der Inhalt der Schränke und Kommodenfächer auf dem Fußboden verstreut, allenthalben lag zwischen russischen Zeitungen und Feldpostbriefen verdreckte und zerrissene Wäsche umher, Stühle waren zerbrochen, die Lampe im Eßzimmer von der Decke heruntergerissen und zertreten, und man mußte sich zunächst durch Scherben und herumstehendes Geschirr, über leere Flaschen, verstreute Matratzen einen Weg bahnen. Fast unberührt war nur das Zimmer geblieben, in dem Kauffeldts wohnen, und auch in meinem Zimmer war lediglich der Schreibtischinhalt mit den Resten der Mahlzeiten über den Fußboden verstreut. Die Bücher in den Regalen und die Bilder an den Wänden, Radio und Grammophon waren unangetastet geblieben. Bot auch der erste allgemeine Eindruck ein Bild der Verwüstung, so stellte sich allmählich heraus, daß der Schaden nicht allzu groß gewesen war. Gewiß fehlten einige Kleider, andere waren zerrissen, gewiß waren einige Gegenstände unbrauchbar gemacht, aber die Wohnung war nicht bis ins letzte mutwillig zerstört oder ausgeraubt worden. Daß sich Soldaten auf ihrem Vormarsch im Bürgerquartier das nehmen, was sie brauchen, ist allgemein üblich. Einige hatten ihre alte Unterwäsche und ihre Hemden zurückgelassen und sich aus den Koffern, die Freunde bei uns untergestellt hatten, ihren Bedarf geholt. Wurde ein Lappen gebraucht, um Schuhe abzuwischen, so schnitt man ihn rasch aus einer aufliegenden Decke oder aus einem Hemd heraus, wurde man am Morgen mit dem Aufziehen der Verdunkelung und der Vorhänge nicht schnell genug fertig, so riß man sie eben herunter, man wusch sich in jedem nur brauchbaren Gefäß, das man mit schmutzigem Wasser stehen ließ oder umkippte und vermied den umständlichen Weg auf die ohnehin bald verstopfte Toilette. Man benutzte Seife, Rasierzeug, Handtücher, Cremes, Puder und was auch immer sich bot, aber die Mehrzahl all dieser kleineren Gegenstände fand sich irgendwo in der Wohnung später wieder an. Zum Essen hatten sie sich sorgfältig aus dem Keller unser gutes Geschirr heraufgeholt (das wir wegen der Luftangriffe dort in eine Kiste verpackt hatten), aber nichts davon war böswillig zerschlagen; die Schüsseln und Teller waren in verschiedenen Zimmern zusammengestellt, die große Suppenterrine noch voll mit Buchweizengrütze.

Es hätte uns schon im Keller stutzig machen sollen, woher der schier unerschöpfliche Vorrat an Heringen stammte. Als wir unsere Wohnung wieder betraten, schlug uns ein durchdringender Geruch nach abgestandenem Essen, Soldatenstrümpfen und Heringen entgegen, der von französischen Parfumessenzen durchwogt war. Von dieser Mischung ist bis auf den heutigen Tag aus einigen Zimmern der Heringsduft noch nicht gewichen. In einer Ecke entdeckten wir schließlich einen porösen Sack mit Heringen, von denen sich die Russen anscheinend aus einem Kolonialwarenladen einen großen Vorrat geholt hatten. Dieser zurückgelassene Rest hat uns später, nachdem wir die Abneigung gegen Heringe überwunden hatten, für manche Mahlzeit geholfen. - In allen Räumen lagen zwischen dem Wust auf Teppichen, Stühlen, Tischen, selbst im Klavier, in Schubladen und Fächern, unter den Betten, auf den Fensterbrettern, Heringsköpfe und Schwanzgräten. Wir waren einige Stunden damit beschäftigt, diese Überreste herauszupicken und haben sie noch nach Tagen in den sonderbarsten Verstecken aufgespürt. Die verschmutzten Teppiche haben später lange in Regen und Luft gehangen, ohne daß sich die Spuren des Gelages daraus verflüchtigt haben.

Als ich mich am Montag vormittag mit Anne in unserem Vorderkeller befand, um festzustellen, daß meine Bücherkisten und die Manuskriptpakete des Verlages zwar vielfach aufgerissen, aber im allgemeinen unangetastet geblieben waren, wurden wir heraufgeholt, weil inzwischen zwei Russen gekommen waren. Die beiden Offiziere standen in lebhafter Unterhaltung mit Maria und Johanna in meinem Zimmer, wobei Fräulein Kauffeldt das Amt des Dolmetschers übernommen hatte. Der eine von ihnen, ein Gardemajor Jermakow, sprach etwas deutsch. Er hatte bei seinem Eintreten einige bedauernde Bemerkungen über den Zustand der Wohnung gemacht, aber hinzugefügt, daß die Deutschen in Rußland nicht anders, ja sogar schlimmer gehaust hätten. Als Maria in dem Sinne widersprach, daß wohl nur einige der deutschen Soldaten sich so aufgeführt hätten, erklärte er hart: »Nein, alle.« Er fügte hinzu, daß die russische Bevölkerung in den Kriegsgebieten ärgere Grausamkeiten zu erdulden gehabt hätte. »Im übrigen«, hatte er nicht ohne Absicht erklärt, »pflegen doch sonst die Deutschen die Ordnung zu lieben.« Wir verstanden natürlich diesen Wink. - Er war von stämmigem Wuchs, hatte ein kluges, sprechendes Gesicht. Wir erfuhren erst am Nachmittag, daß er der stellvertretende Stadtkommandant von Potsdam war. Sein Begleiter, von ähnlichem Typus, schien ebenfalls der Kommandantur anzugehören. Sie waren zweifellos gekommen, um sich nach Räumen umzusehen, die für ihr Privatquartier in Frage kamen. Während des Gesprächs, das sich etwa eine Stunde hinzog, erkundigten sich die beiden Offiziere nach den Herren der Stadtverwaltung, vor allen Dingen nach den Kräften, die die Ernährungswirtschaft, die Elektrizitäts- und Wasserversorgung organisieren könnten. Sie waren sehr interessiert, als Johanna eine ihr befreundete Mitarbeiterin der bisherigen Stadtverwaltung, die im Nebenhaus wohnt, zu uns herüberholte. Sie wurde gebeten, die Offiziere, die sich inzwischen einen Wagen verschaffen wollten, zu den Privatwohnungen der Dezernenten der Stadt zu begleiten. In der Unterhaltung erkundigte sich der Major auch nach Beruf und Arbeit von uns allen, wobei sein Blick prüfend über meine Bibliothek ging. Mit einem Gesichtsausdruck, der nicht frei von Spott war, bemerkte er: »Intelligenzler, alle selbständig.« Die Offiziere waren sehr höflich, man bot mir mit artigem Lächeln eine Zigarette an, sie lehnten es aber ab, Platz zu nehmen.

Ich habe später bedauert, daß sich aus dieser zufälligen Begegnung keine nähere Beziehung zur Kommandantur ergeben hat, zumal da der Stadtkommandant, ein Oberst Werin, ein gebildeter Mann sein soll und sein Adjutant, ein Oberleutnant, ein bekannter Professor für Kulturgeschichte an der Moskauer Universität. Nachträglich habe ich mich darüber gewundert, daß der stellvertretende Stadtkommandant ohne jeden Aufwand, ohne Dienstauto, auftrat, daß er Zeit hatte, eine längere Unterhaltung zu führen, die nur durch einen Zufall ihm Gelegenheit gab, seine sachlichen Wünsche in Hinsicht auf die Neueinrichtung der Stadtverwaltung vorwärts zu bringen. Bei der Unterhaltung selbst stellte ich bei mir eine Befangenheit fest. Sie kam nicht etwa daher, daß ich den Offizieren gegenüber etwas Feindliches spürte; ich habe bei keiner Begegnung mit Russen, auch nicht bei der ersten mit den auf den Hof eindringenden Soldaten, auch nur einen Augenblick das Gefühl gehabt, einem »Feinde« gegenüber zu stehen. Ich sah in ihnen Soldaten und sah vielfach Soldaten mit ausgeprägt menschlichen Zügen. Die Sympathie oder Aversion bezog sich auf den einzelnen, wobei ich nie ernsthaft mir die Frage vorlegte, daß der Betreffende ein Russe sei. Man redete zweierlei Sprachen, konnte sich praktisch nicht recht verständigen, aber es war ein Mensch von Fleisch und Blut wie jedermann. Die Befangenheit, die ich den beiden Offizieren gegenüber hatte, entsprang einer Art Zwangsvorstellung, als wolle man mich auf eine mir undurchsichtige Weise zu Fall bringen. Möglicherweise war daran nur die Uniform schuld, die mich, wenn ich sie bewußt wahrnehme, schon so oft aus der Fassung gebracht hat.

Dennoch war die Begegnung mit dem Major bald für uns von Vorteil. Am gleichen Tage hatten sich zwei Russinnen mit einem Soldaten in einem Zimmer meiner Mutter selbständig eingenistet und begannen mit ziemlicher Turbulenz dort zu hausen. Sie schossen mit Pistolen im Zimmer und holten auf diese Weise die Lampe von der Decke herunter, zielten auf das Bild meines Vaters, dem sie ein Auge ausschossen. Für die Nacht richteten sie sich mit Alkohol und Essen zu einem lauten Fest ein. Als gegen Abend der Major Jermakow am Haus vorbeikam, unterrichteten wir ihn über die Willkürherrschaft der Eindringlinge. Er rief dem Soldaten einige Worte durch das Balkonfenster zu, die ihre Wirkung nicht verfehlten. Zwar wurden wir zunächst in erneute Unruhe versetzt, als gegen zehn Uhr nachts die beiden russischen Mädchen mit dem Soldaten in unsere Wohnung eindrangen, sich alle Räume zeigen ließen und unser Schlafzimmer beschlagnahmten. In aller Eile trugen wir die bereitstehenden Koffer und einen Teil der Kleider und Anzüge in die vorderen Zimmer. Nach etwa anderthalb Stunden kehrte der Soldat allein zu uns zurück, auf der Suche nach den beiden Mädchen, die er bei uns versteckt wähnte. Sie schienen inzwischen das Weite gesucht zu haben, und er selbst verschwand ebenfalls aus dem Haus.

Schon tagsüber war wiederholt heftiger Gefechtslärm aus der Umgebung zu vernehmen, der sich in den Morgenstunden verstärkte und von Osten her näher zu kommen schien. Wir sprangen aus den Betten - in diesen Nächten zog sich niemand aus - und versuchten die Vorgänge zu deuten. Sie bezogen sich auf Kampfhandlungen, die in der Berliner Vorstadt und an der Glienicker Brücke stattfanden. Deutsche Truppen unternahmen, auf kleinem Raum in Wannsee eingekesselt, einen vergeblichen Ausbruchversuch. Die Kämpfe, die sich dann vor allem am Gelände des Griebnitzsees abspielten, endeten erst am 2. Mai mit der Kapitulation der dortigen Besatzung.

Am Sonntag abend waren wir ebenfalls in einen beträchtlichen Schrecken versetzt worden, weil in südlicher und südöstlicher Richtung große Feuersbrünste sichtbar wurden. Wir konnten von den Fenstern der Wohnung im Obergeschoß aus die aufschlagenden Flammen, die durch den Qualm drangen, erkennen. Die Entfernung war schwer zu schätzen. Zunächst vermuteten wir, daß von deutscher Seite aus Teile der Stadt mit Artillerie beschossen wurden und dadurch Straßenzüge in Brand geraten waren. Es konnte auch sein, daß die Russen einzelne Häuser angesteckt hatten, wie sie es zu tun pflegten, wenn irgendwo aus einem Hause Widerstand geleistet wurde. Einige Tage später klärte sich die Ursache der Brände auf: Die ehemalige Kreisleitung der Partei hatte ihr Haus und das ebenfalls am Wilhelmplatz gelegene Haus der sogenannten Deutschen Arbeitsfront in Brand gesteckt, wodurch der ganze Häuserkomplex zwischen Wilhelmplatz und Charlottenstraße und weitere Straßenteile der hemmungslosen Vernichtung ausgesetzt wurden. Die Brandstiftung der Kreisleitung war so geheim und so gründlich vorgenommen, daß die Bewohner der anliegenden Häuser, die dem letzten Fliegerangriff gerade entgangen waren, keine Möglichkeit hatten, auch nur das geringste ihrer Habe zu retten. Unser Garten war am nächsten Morgen mit verkohltem Papier übersät.

Wir hatten uns nach der Unterhaltung mit dem Major Jermakow entschlossen, die gröbste Unordnung in den Zimmern zu beseitigen. Körbeweise wurden die Batterien der leeren Flaschen, die Scherben, der Wust von schmutziger Wäsche, Lappen, Strümpfe, Essensresten, Papieren, zurückgelassenen Mänteln, Waffen, Munition, auf einen großen Haufen in den Garten geschüttet, wo das meiste später von uns verbrannt worden ist. Auch den künstlich geöffneten Mauerdurchbruch zu unseren Luftschutzkellerräumen haben wir von der Nachbarwohnung aus sorgfältig mit Mauersteinen verstellt und den Hohlraum mit einer Unzahl von jenen Sandtüten angefüllt, die überall auf den Treppenfluren verteilt für Brandbomben bereitstanden. Brauchten sie dafür zum Glück niemals verwendet werden, so haben sie nun doch einen nützlichen Zweck erfüllt.

Die Kleinarbeit für das praktische Leben vermochte aber von der Spannung und Nervosität nicht abzulenken. Die Ruhelosigkeit wurde mit jeder Stunde wachgerufen. Es gab kein Nachdenken, kein Entfliehen, kein Aufhören.

*

Wenn man das Geräusch von ruhig dahinziehenden Flugzeugen, wenn man das Hupen der Autos hört, von dem der Straßenlärm von heute auf morgen so belebt wird, muß ich mir unwillkürlich immer vergegenwärtigen, daß es nicht deutsche Flugzeuge, nicht deutsche Wagen sind. Zwar sind es vielfach deutsche Last- oder Privatwagen, aber sie werden von den Angehörigen der Besatzungstruppe benutzt. Für Sekunden meint man, es könnte Frieden sein, es könnte sein wie einstmals. Dann aber klingen die gutturalen Fremdlaute über die Straße hin, dann hört man den monotonen Feldgesang der Marschierenden. Es ist fast immer das gleiche einförmige Lied, bei dem ein Vorsänger den kurzen Text für unendlich viele Strophen singt, in die dann der Chor refrainartig einfällt. Sie singen es beim Marschieren, sie singen es beim Transport auf Lastwagen, sie singen es aus den Fenstern der Kasernen und wenn sie irgendwo lagern.

Auf requirierten Fahrrädern machen viele Russen ihre ersten Versuche. Die Gesichter der Mongolen sind selig wie die von Kindern, wenn es ihnen gelingt, in kühnen Bogen die Straße entlang zu gondeln, ohne zu Fall zu kommen. Sie klingeln voller Vergnügen und ermuntern sich durch laute Zurufe. Auch zahlreiche Ostarbeiterinnen, die jetzt von ihrem Zwangseinsatz befreit sind, radeln in den Abendstunden mit mehr oder weniger Grazie auf und ab, lassen sich von Kavalieren begleiten und genießen ihr ungezwungenes Leben. Die Kindlichkeit, die freudige Sucht am Lärmen, das Sich-öffentlich-zur-Schau-Tragen, erinnert mich oft an Äußerungsformen, wie sie dem Süditaliener, besonders der Landbevölkerung, eigentümlich sind. Auch dies trägt dazu bei, mich mitten in der Heimat im fremden Land zu fühlen. Noch nie ist es mir so deutlich wie in diesen Wochen geworden, daß sich das Leben vor mir völlig unwirklich abspielt. Die Tage laufen ab wie ein Film, den man anzusehen und bis zu Ende anzusehen gezwungen ist, dessen Inhalt man aber nicht versteht, weil er einen im eigentlichen gar nichts angeht.

Aus den Fenstern und Balkonen aller Häuser hängen weiße Fahnen. Auch wir hatten, sobald wir die Wohnung wieder betreten durften, weiße Tücher hervorgeholt. Mit jedem Tag beleben sich die Straßen mehr. Neugierig studieren die Leute die Anschläge, die an den Häusern angebracht sind. Sie nehmen den Inhalt der Plakate meist stumm zur Kenntnis, in denen Anordnungen für die Zivilbevölkerung erlassen sind. Als ich mit Anne in die nahegelegene Waisenstraße ging, in der sich das Potsdamer Büro unseres Verlages befindet, stellten wir überrascht fest, daß es, abgesehen von einigen herumgeworfenen Papieren, intakt geblieben war. Auf dem Hinterhof, wo sich ein militärisches Proviantamt befand, unterhielten wir uns mit einigen Hausbewohnern. Sie standen verschüchtert im Kreis, jeder hatte bei sich und seinen Bekannten ähnliche Szenen durchgemacht wie wir in der ersten Nacht. Wie immer in aufgewühlten Momenten war man beim Reden aufgeschlossener und gesprächiger als sonst bei uns in Norddeutschland. Wir hatten schon durch die ersten Besucher von zahlreichen Selbstmorden von Potsdamern vernommen, die sich bei dieser Unterhaltung auch bestätigten. Einige Ärzte und Apotheker, darunter der Inhaber der Linden-Apotheke, einige Lehrer, einige Parteigenossen oder exponierte Personen, die ein schlechtes Gewissen haben mochten. Viele sind bei ihrem Entschluß, sich das Leben zu nehmen, ein Opfer der nazistischen Greuelpropaganda geworden. Hier wie überall hat sich eine Unzahl von Einzeltragödien abgespielt. In Rehbrücke zum Beispiel hat ein Mann seine elfköpfige Familie aus dem Leben befördert. Die Zahl dieser durch die Selbstmordepidemie Umgekommenen wird sich ebenso wenig jemals feststellen lassen wie die Zahl derer, die bei der vergeblichen Flucht auf Landstraßen umgekommen sind. Dagegen sind Verluste von Personen, die in den ersten Tagen und beim Einmarsch durch russische Truppen erschossen wurden, viel geringer, als die Gerüchte zunächst wissen wollten.

Die ersten Besucher, die sich aus unserem Bekanntenkreis bei uns einfanden, machten uns die Empfindung deutlich, daß die Verbindung mit der früheren Umwelt nicht abgerissen war. Das Leben war in diesen Stunden so inselhaft, es war so abgekapselt geworden, daß man jeden mit einem Gefühl des Staunens, daß es ihn noch gab, ansah. Der Austausch von Grüßen durch die lebendige Anwesenheit eines anderen trug dazu bei, die eigenen Erlebnisse aus der Isolierung zu heben. Den Freunden, die kamen und im einzelnen von ihren Schicksalen erzählten, mag es eine ähnliche Befreiung bedeutet haben. Vergleichen wir das Maß an Sorge, Unsicherheit und Schrecken mit dem, was uns selber zuteil geworden war, so ergab sich, daß jeder auf seine Weise den siegreichen Russen seinen Tribut entrichtet hatte. Wir hatten das Schlimmste in den ersten 24 Stunden hinter uns gebracht, bei anderen setzten sich Unruhe und Bedrängungen noch viele Tage und Nächte lang fort. Im allgemeinen konnte man beobachten, daß die Wohnungen im Erdgeschoß und der ersten Etage häufiger heimgesucht wurden als die höheren Stockwerke. Es gab auch Stadtteile wie den der Brandenburger Vorstadt, in der nicht mehr vor sich ging, als daß die Russen die Wohnungen flüchtig überprüften und Menschen und Sachen unangetastet ließen. Es ließ sich bei dieser Gelegenheit feststellen, daß die Menschen, die am wenigsten durchzumachen und kaum mehr als den Verlust ihrer Uhr zu verzeichnen hatten, am meisten von der Wichtigkeit ihrer selbst besessen waren und nur von diesem Mittelpunkt aus zu erzählen wußten. Auch im eigenen Haus konnte man eine ähnliche Beobachtung machen. Die Wohnung des Ehepaars Höpfner, die im zweiten Stockwerk liegt, war völlig in Ordnung geblieben - mit einer einzigen Ausnahme: Von einem Paar Handschuhe war der eine abhanden gekommen. Nun verging kein Vormittag und kein Nachmittag, ohne daß wir, die wir mitten in den durcheinandergewühlten Zimmern hausten, gefragt wurden, ob wir nicht diesen einen Handschuh gefunden hätten. Die unablässige Sorge, das Leben in seinen Winzigkeiten wieder herzustellen, hatte etwas Aufreizendes.

Unter denen, die uns aufsuchten, fanden sich alte und neue Gesichter. Dr. Diehl, der als einziger der Potsdamer

Schuldirektoren in seinem Posten (am Viktoria-Gymnasium) geblieben ist, gehört zu denen, die unter der Bedrohung der Luftangriffe so gelitten haben, daß sie deren Ende um jeden Preis begrüßten. Er berichtete auch, daß der Studienrat Dr. Stechele, Wolfgangs Englischlehrer, bei den Kämpfen um Bornstedt verwundet und später von den Russen auf der Straße verbunden und in eine Scheune geschafft worden sei. Er liege jetzt in einem hiesigen Lazarett. Seine Beinverwundung ist inzwischen ausgeheilt. Er gehört auch zu denen, die sich allwöchentlich einmal sehen lassen, um über die Lage und die allgemeine Entwicklung Gedanken auszutauschen. Auch Dr. Typke, der Chemiker, dessen jüngerer Bruder mein Klassenkamerad war und den ich seit Jahrzehnten nicht wieder gesprochen habe, taucht regelmäßig bei mir auf. Er war bei Beginn der Naziherrschaft zu einem Jahr Gefängnis verurteilt gewesen, weil er Hitler geschmäht hatte. Nachdem jetzt sämtliche Lehrkräfte, die bis zum Jahr 1937 der Partei beigetreten waren, entlassen sind, werden geeignete Laienkräfte für den Unterricht in den Schulen eingesetzt. Er hat sich dazu gemeldet und ist aufgrund seiner politischen Legitimierung sofort eingestellt worden. Unberührt von allem Gröberen der Ereignisse ist der alte Niederastroth geblieben. Noch immer erfreut mich die Unvoreingenommenheit seiner Ansichten, die ich im Verlauf der letzten Jahrzehnte oft bewundert habe. Auch sein Wissen, das mir oft Nutzen gebracht hat, zum Beispiel bei den Anmerkungen zu meiner Seume-Ausgabe, ist trotz seiner nun 75 Jahre erstaunlich groß. Er war ein Con-Abiturient meines Vaters, wendete sich dann der höheren Postkarriere zu und ließ sich als Oberpostrat bereits mit fünfzig Jahren pensionieren. Zu keinem anderen Zweck, als um nun sich ungestört seinen literarischen und sprachlichen Studien zu widmen. Damals hat er sich seine vollständige Kenntnis der englischen Sprache angeeignet, stand dann auch mit Herrn Hegemann in regem Verkehr, den er beispielsweise auf die Schriften des Potsdamer Bischofs Eylau aufmerksam machte, die Hegemann in seinen Büchern verwendet hat. Jetzt liest der alte Niederastroth täglich seinen Cicero und andere lateinische und griechische Schriftsteller. – Außer Suhrkamp kam auch Masius in der ersten Zeit etwa jeden zweiten Tag vorbei. Er ist bei seinen Eindrücken stark von Stimmungen abhängig und wechselt zwischen Optimismus und Pessimismus. Sein Talent, alles auf eine rednerische Formel zu bringen, zeigt sich immer wieder. Er beabsichtigt jetzt, nach Rügen zu wandern, um seine Frau und seine Kinder aufzusuchen. Ob er durchkommt, ob er zurückkommen wird?

Von Schicksalen berührte mich recht das von Dr. Fricke, dem Fontane-Forscher, dem seinerzeit bei den Kämpfen an der Oder die Finger der linken Hand abgeschossen wurden. Er lag in dem zum Lazarett eingerichteten Viktoria-Gymnasium, das unmittelbar vor dem Einmarsch der Russen aufgelöst wurde. Damals hatte er noch einen Koffer von sich bei uns untergestellt und war nach Klein-Machnow in Zivil gewandert, wo er in der Nähe von Herrn Herrmann ein kleines Häuschen besitzt. Von dort wurde er bald mit seiner Frau und seiner kleinen Tochter vertrieben, ist tagelang auf Landstraßen während der Kampftage umhergeirrt und nach mancher Gefahr nun in dem Gebäude des Provinzial-Landesverbandes, seiner beruflichen Arbeitsstätte, untergekommen. Er hat in seinem Haus fast alle Wäsche und Kleidung eingebüßt, und der bei uns untergestellte Koffer ist ebenfalls aufgeschnitten und bis auf wenige Reste geplündert worden. Ähnlich bittere Tage hat auch Dr. Geber von der Deutschen Bank in Berlin, der in der Nachbarschaft wohnt, durchmachen müssen. Er geriet mit einer Gruppe anderer Männer in den Verdacht, Soldat gewesen zu sein, und mußte auf einem mehrtägigen Marsch, der ihn schließlich wieder nach Potsdam zurückführte, abenteuerliche Situationen genug durchstehen, die ich im einzelnen nicht schildern will. Trauriger ist das Los, das den fünfzehnjährigen Sohn von Dr. Pflug getroffen hat. Sein Vater, von dem sich bei uns im Verlag ein Buch in Vorbereitung befand, kam Ende März nach Süddeutschland. Nun erzählt mir die Mutter, daß ihr Junge, den ich auch kenne, am zweiten Tag nach der Besetzung von Bornstedt mit einer Reihe von Männern aus dem Haus verhaftet und abtransportiert wurde. Angeblich sei in der Nähe der Straße ein Widerstandsnest entdeckt worden. Erst nach längerer Zeit hat Frau Pflug erfahren, daß ihr Junge in dem großen Gefangenenlager Trebbin sei, aber jeder Versuch, ihn zurückzuholen, ist bisher gescheitert. Inzwischen hat Frau Pflug die Nachricht erhalten, daß ihr ältester Sohn bei den Kämpfen in Berlin gefallen ist.

Wie hat man in der ersten Zeit auf Nachrichten von Freunden gewartet, wie froh waren wir, endlich zu hören, daß Freund Alfred Mohrhenn am Leben ist. Auch Hete und Gabriele Köppen kamen aus Wilhelmshorst nach Potsdam und hatten die kritischen Tage, besser als wir gefürchtet hatten, und besser als wir selbst hier überstanden. Um Gabriele und ihre Freundin zu schützen, hatten sie in aller Eile unter den Dielen der an ihr Häuschen angebauten Laube einen Hohlraum ausgehoben, in den die beiden Mädchen jedesmal flüchteten, wenn es die Lage geboten sein ließ. Über die Klapptür wurde ein Teppich gebreitet und ein Tisch darauf gestellt. Später hatten sie Einquartierung von vier Offizieren, mit denen sie bald gut auskamen. Eine scherzhafte Episode sei noch berichtet: Sie hatten sich vorsorglich bei Beginn der Kämpfe mit einem großen Vorrat von Trinkwasser versehen, den sie in eine Anzahl von Wein- und Schnapsflaschen gefüllt hatten. Die Flaschen waren mit Siegellack verschlossen. Als die ersten Russen diesen Flaschenvorrat entdeckten, trugen sie, die Etiketten studierend, die Flaschen in das Nachbarhaus, um ein fröhliches Gelage zu halten. Die Nachbarn waren nun Zeuge, wie sie eine Flasche nach der anderen öffneten, einschenkten und statt des erwarteten Alkohols reines Wasser fanden. Sie waren verdutzt, waren mißmutig, aber brachen schließlich, obwohl sich das Wunder der Hochzeit zu Kanaan nicht wiederholte, in ein heiteres Gelächter aus.

Zieht man aus den verschiedenen Begegnungen, die unsere Bekannten mit den einfachen Soldaten hatten, das Private ab, so ergibt sich übereinstimmend, daß sie sich, wenn sie keinen Alkohol fanden, meist wie große Kinder aufgeführt haben. Daß es unter Kindern gut und weniger gut erzogene gibt, ist allgemein bekannt. Es bedarf auch keines besonderen Hinweises darauf, daß Kinder alles, was sie sehen, gern haben wollen und aus reiner Neugier alles, was ihnen in die Finger kommt, auf ihre Art untersuchen und überrascht sind, wenn dabei etwas kaputt geht, daß sie vieles verkramen und unwillig werden, wenn sie ihren Willen nicht durchsetzen. Und so wie Kinder für eine gewisse Zeit von irgendeiner Sammelleidenschaft ergriffen werden, braucht auch kein Wort über ihre allgemeine Vorliebe für Uhren und alles, was glänzt, verloren zu werden. Es steckt zunächst keine böse Absicht dahinter, die vom Intellekt ausgeklügelt wäre. Dennoch kann die Vitalität von Kindern manchen Erwachsenen auch auf die Nerven gehen.

Für das kindlich-naive Verhalten in den ersten Tagen gibt es Beispiele genug. Einmal, so wird erzählt, entdeckten sie eine Briefwaage, die sie nach etlichem Zögern endlich mit dem Finger antippten, um sich mit immer neuem Eifer damit zu beschäftigen, sie hin und her wippen zu lassen. In einer anderen Wohnung waren Mongolen auf das höchste überrascht, ihr Abbild in einem Spiegel zu erkennen. Sie schnitten Grimassen, betrachteten sich fasziniert von allen Seiten darin und holten schließlich Kameraden herbei, um sie dieses Wunders ebenfalls teilhaftig werden zu lassen. Ein anderer Bekannter berichtete, daß er auf den Tischen der einzelnen Zimmer Spielzeug und Scherzartikel, wie man sie zu Silvester kennt, ausgelegt hatte, zum Beispiel eine Streichholzschachtel, in der eine verborgene Feder beim Öffnen einen Clown hervorschnellen läßt und dergleichen mehr. Die Russen hätten, so sagt er, zunächst lange mißtrauisch davor gestanden, er habe sie ermuntert, den Trick der Scherzartikel auszulösen, und nachdem sie den Witz der Sache erfaßt hatten, wären sie stundenlang dabei geblieben und hätten alles andere darüber vergessen. Vielfach waren sie bemüht, besonders Offiziere, mit Deutschen ins Gespräch zu kommen, wobei die Worte »Germanija – kultura« immer wiederkehrten und oft hinzugesetzt wurde, auch sie daheim hätten Kultur. Selbst Züge von natürlicher Gutmütigkeit, Gastlichkeit, Höflichkeit, besonders in den Fällen, wo eine kleinere Gruppe längere Zeit in Quartier lag, werden vielfach beobachtet. Daß, wie es bei einer zusammengewürfelten Truppe nicht anders sein kann, auch niedrige Elemente vertreten sind, versteht sich von selbst. Im allgemeinen sind die Kommandanturen mit aller Schärfe gegen marodierende und auf eigene Faust plündernde Kerle vorgegangen. Die eingesetzten Patrouillen haben solche Leute festgenommen und scharfer Bestrafung zugeführt. Trotzdem hört man immer noch von einzelnen Überfällen und muß selbstverständlich die von Behörden angeordneten Beschlagnahmen und Requirierungen von Wohnungsgegenständen, Betten und dem, was immer im Augenblick benötigt wird, in Kauf nehmen. Im allgemeinen wurden in den ersten Wochen dem einzelnen weder Geld noch Lebensmittel fortgenommen, es sei denn von ausländischen Arbeitern.

Es muß in diesem Zusammenhang auch ein Wort über die Jagd auf Frauen gesagt werden. Seit alters her ist es ein Recht des Kriegers, Frauen als Beutegut zu nehmen. Der Raub der Sabinerinnen ist ein Schulbeispiel aus der Antike. Es wird sich niemals feststellen lassen, in wie vielen Fällen die Frauen bewußt oder unbewußt die Situation herausgefordert oder zumindest sich nicht unwillig in sie gefügt haben. Dem Psychologen eröffnet sich hier ein bekanntes Feld. Feststellen läßt sich nur, daß schon nach Ablauf weniger Wochen viele Frauen den russischen Soldaten nachgelaufen sind und daß sie es nicht nur um des Vorteils zusätzlicher Lebensmittel willen taten. Ich erinnere mich an ein junges Mädchen, das einige Wochen, bevor die Russen zu uns kamen, in Hinblick auf die nazistische Greuelpropaganda, die stets von Schänden, Mißbrauchen und Vergewaltigen sprach, die naiven Worte sagte: »Man kann es doch auch Liebe nennen.« Jedenfalls ist das, was in den ersten Tagen als Vergewaltigung bezeichnet wurde, schon nach kurzer Zeit von vielen jungen Frauen aus freien Stücken gesucht worden. Wenn man boshaft wäre, könnte man die Schändung auch als legitimierten Ehebruch bezeichnen.

Daß einige Fälle vorkamen, in denen alte Frauen zum Lustobjekt wurden - beispielsweise sämtliche Insassinnen eines Altersheims in der Umgebung oder eine 88jährige Frau in Bornstedt -, ist vermutlich nur durch die Illusion zu erklären, die der Alkohol im menschlichen Gehirn erzeugt. Schlimmer sind die Fälle, bei denen Mädchen im jugendlichsten Alter überfallen wurden, wie überhaupt für ein unberührtes oder, sagen wir besser, für ein unerfahrenes Mädchen diese Stunden einen seelischen Schock bringen konnten, der sich im einzelnen Fall leichter oder schwerer ausgleichen mag. All diese Ereignisse dürfen nicht vom individuellen Schicksal aus beurteilt werden, sondern vom kollektiven aus, das sich in einer elementaren Welle niederschlägt, ebenso wie Krieg, Hungersnot und Epidemien. Man sollte auch darin ein Zeichen sehen, daß Sitten und Normen sich wieder unmittelbar an den Menschen des Mittelalters anschließen. Wir leben nicht erst seit heute darin.

Es würde der Absicht dieser Aufzeichnungen und meinem eigenen Ton nicht mehr entsprechen, wenn der eine und andere Vorgang, den ich nur als Tatsachenmeldung mitteilte, in der Konkretisierung, im gelösten Schwung der Darstellung geschrieben wäre. Im Verlauf der Wochen, die seit dem 27. April abgerollt sind, ist in mir eine Distanzierung zu den einzelnen Ereignissen eingetreten, die im Augenblick alle Nähe und Fülle des Lebens beansprucht hatten, die aber in der Rückschau nur einen summarischen, im besten Falle einen abstrahierenden Charakter annehmen. Auch ist eine zunehmende innere Mürbheit in mir selbst nicht zu leugnen, die eine Gleichgültigkeit allem Kommenden gegenüber zur Folge hat und damit auch eine Gleichgültigkeit gegenüber allem Gewesenen. So kann ich im Augenblick vieles nur in notierender Form bringen, um für einen außenstehenden Dritten das Bild dieser Zeit, das ich mosaikartig zusammenzusetzen suchte, wenigstens einigermaßen zu füllen und abzurunden. Wer die Mosaiken in Ravenna, in Palermo und Monreale kennt, weiß, daß auch die farblosen Steine für den Eindruck des Ganzen notwendig sind.

*

Die weißen Fahnen, die während der ersten Maihälfte überall in der Stadt hängen blieben, ohne daß jemand dafür einen Grund anzugeben wußte, wurden in einigen Straßen durch rote Fahnen ersetzt. Auch diese sind mittlerweile eingezogen worden. Auch die weißen Armbinden, mit denen die Bevölkerung zunächst einherlief, sind allmählich verschwunden. An der ehemaligen Polizeiwache am Nauener Tor war anfänglich ein Schild angebracht mit der Inschrift »Proletarischer Ordnungsdienst«. Man konnte davor Arbeiter im Sonntagsstaat mit einer Armbinde sehen, auf der in russischer Schrift »Ochrana« gestempelt war. Einige Angehörige dieser neuen kommunalen Polizei trafen wir im Büroraum unseres Verlages in der Waisenstraße an, den sie sich als Wachstube eingerichtet hatten. Ihre Anwesenheit sollte zum Schutz des Proviantkellers dienen, der, wie ich schon schrieb, sich auf dem Hof des dortigen Gebäudes befindet.

Als wir dann eine Woche später in unser Verlagsbüro gehen wollten, hinderte uns ein mongolischer Posten am Eintreten. Er saß vor dem Haus - denn alle Posten des russischen Militärs sitzen, soweit wir beobachten konnten, auf einem Stuhl, wobei sie zuweilen einen kleinen Tisch in passender Höhe neben sich stellen, um ihre Arme bequem aufzustützen. Trotz aller Bemühungen ist es uns im Laufe von

Wochen nicht geglückt, unser Büro aufzusuchen, da die mongolische Wache mit einigen Räumen auch den unseren beschlagnahmt hat. Alle Versuche, mit Hilfe der zuständigen Bezirkskommandantur in unseren Raum zu gelangen, sind gescheitert. Wir werden vertröstet, daß sie morgen oder übermorgen abziehen. Aber dieses »morgen« hat wohl die gleiche Bedeutung wie das »domani« der Italiener, womit man dort immer mit einer Sache vertröstet wird, die sich täglich neu verschiebt.

Die Tage zerbrechen nicht mehr in einzelne Stundenstücke wie in der ersten Zeit. Der Ablauf ist fließender, flächiger geworden. Aber der Gang des Lebens gleicht einer monotonen Melodie, einem freudlosen Singsang. Die Sätze, die man spricht, enden in einer abfallenden Terz, aber es ist nicht das heitere Intervall des Dreiklangs, wie es in werbenden Lauten von Kindern hörbar wird, wenn sie in der Tonspanne e–c einander etwas zurufen: »Ko-om.« Der Ganzton der Terz ist zum Halbton ermüdet, der Sprechgesang der Sätze bewegt sich unwillkürlich in Moll.

Stets von neuem dankbar ist man für die Tagessonne, für das Licht, die Helligkeit und die Wärme. Die Nerven sind so empfindlich geworden, daß sie feiner als früher auf die klimatischen Schwankungen reagieren. Föhnige Gewitterluft liegt wie ein Alp auf den Gliedern, Regendüsternis schauert bis in die Fingerspitzen. Leichter als sonst sind die Menschen reizbar, werden unfreundlich, sind seelisch wie physisch anfälliger und widerstandsloser. Ich habe einige Tage mit einer Darmstörung gelegen, wie sie bei so vielen jetzt durch die einseitige Broternährung eintritt. Das Fieber war nur gering, aber die Mattigkeit ist noch nicht gewichen.

Jetzt, Anfang Juni, sind die drei Frauen aus dem Balkonzimmer meiner Mutter fortgezogen. Es war am Tage nach dem Besuch des Gardemajors Jermakow, als ich damit beschäftigt war, die Jalousie der Balkontür in der Parterre-Wohnung wieder in Ordnung zu bringen, die bei der Russen-Einquartierung entzwei gegangen war - »kaputt«, wie eine der beliebtesten Vokabeln in der Umgangssprache von und zu den Russen lautet. Da traten - damals standen die Türen noch offen - drei Frauen ins Zimmer, eine jüngere und zwei ältere, die um Quartier fragten. Meine anfängliche Zurückhaltung legte sich, nachdem ich erfuhr, daß die drei als politische Häftlinge aus dem Gefängnis entlassen worden waren. Sie zeigten mir ihre Papiere; die jüngste, eine Frau Graf, war zu drei Jahren Zuchthaus verurteilt, nachdem sie zweieinhalb Jahre in Untersuchungsgewahrsam in verschiedenen Orten verbracht hatte. Sie war den üblichen Erpressungen ausgesetzt gewesen, war geschlagen worden und hatte neun Monate in Einzelhaft gesessen. Ihre Lebensaktivität schien ungebrochen. Alle drei stammten aus Sachsen, wohin sie zurück wollten, sobald die Möglichkeit dazu bestand. Die Anklage bezog sich bei allen auf illegale Tätigkeit in der Kommunistischen Partei in den Jahren 1933 und 1934. Der Mann von einer der drei Frauen war, kurz bevor die Russen kamen, hingerichtet worden. Sie hatten zuletzt im Untersuchungsgefängnis in der nahen Lindenstraße gesessen, aus dem sie wie alle übrigen Häftlinge, politische wie kriminelle, durch den Einzug der Russen befreit wurden. Kurz zuvor war noch ein Transport von etwa einhundert politisch Verurteilten aus einem geräumten Zuchthaus eingeliefert worden. Diese Männer waren durch Unterernährung und Strapazen so geschwächt, daß noch nach der Befreiung jeden Tag einige von ihnen starben. Die Frauen haben sie dann im Neuen Garten begraben.

Es war selbstverständlich, daß wir die drei in dem Zimmer meiner Mutter aufnahmen. Freilich fehlte, seitdem die Russen aus unserem Haus abgezogen waren, die Zimmertür zum Flur hin. Nun war vielerlei von einer Wohnung zur anderen verschleppt worden, aber wir vermochten die ausgehobene Tür nirgends aufzufinden, weder im Keller noch in der Waschküche noch in der Gartenlaube. Wie groß war indessen unser Erstaunen, als wir sie schließlich in der Rasenfläche auf der Straße entdeckten, wo ihr weißlackiertes Holz durch eine dünne Sandschicht und welke Grasbodenstücke plötzlich aufschimmerte. Sie lag neben dem Grab, in das jener russische Soldat gebracht worden war, der von seinen eigenen Leuten in unserm Hausflur erstochen worden war, und ist anscheinend als Tragbahre für die Leiche benutzt worden. Nun, bis auf den fehlenden Schlüssel war die Tür intakt und konnte ihrem eigentlichen Zweck wieder zugeführt werden.

Wir richteten also das Zimmer mit drei Schlafgelegenheiten her, in dem die politischen Häftlinge dann mehrere Wochen wohnten. Sie hatten sich sogleich mit der Kommandantur in der Karlstraße in Verbindung gesetzt und wurden von dort aus beschäftigt. Einmal hatten sie auch Besuch von einem Adjutanten des Stadtkommandanten, eben jenem Professor der Moskauer Universität, der fließend deutsch sprach. Ich habe es versäumt, die persönliche Bekanntschaft mit ihm zu machen, weil ich mich an jenem Abend nicht zu den Gästen gesellte, die aus politischen Häftlingen bestanden. Man zögerte damals und zögert auch jetzt immer noch, aus der Reserve und der Winkelverborgenheit hervorzutreten. Geschicktere Naturen als ich hätten wohl längst die Beziehung zu höheren russischen Stellen aufgenommen, um die Gelegenheit, ins Gespräch zu kommen, nicht vorübergehen zu lassen. In jenen Tagen vollzog sich alles in einem so raschen Wechsel, pendelte die Waage zwischen Unruhe und Lethargie so stark hin und her, daß man vorzog, nur das auf sich zu nehmen, was unmittelbar an einen herangetragen wurde. Man suchte die Gelegenheit zu weiteren Komplizierungen nicht auf. Und an diesem Verhalten hat sich bis heute nichts geändert. Die drei Frauen, die noch keine Möglichkeit hatten, in ihre sächsische Heimat zurückzukehren, sind jetzt in eines der Häuser im Park von Sanssouci übergesiedelt, wo sie Gartenarbeit leisten. Wenige Tage später sollen übrigens in der Gegend der Orangerie noch einmal Szenen der Art aufgelebt sein, wie sie sich in den ersten Nächten nach der Besatzung abspielten.

An den Fenstern unseres Balkons hängen seit Anfang Juni die Fahnen der alliierten Mächte: die russische, die englische, die amerikanische und die französische, wie sie in dieser Reihenfolge von rechts nach links bestimmt wurden. Die Fahnen mußten nach polizeilicher Aufforderung in aller Eile aus vorhandenen Stoffresten selbst genäht werden. Keine Kleinigkeit - vor allem bei dem Sternenbanner der USA. Für die sowjetische Fahne konnten wir uns die Embleme von Hammer und Sichel durch eine Schablone in goldgelber Farbe aufmalen lassen. Ein paar fixe Rheinländer waren auf diesen auch geschäftlich guten Gedanken gekommen. Ein Russe überwachte den Vorgang und gab jeweils genau die nicht leicht zu fixierende Stelle für die Wappenzeichen an. Die Polizei also überwacht wieder die Straßen. Der »proletarische Ordnungsdienst« wandelte sich zunächst in einen »Ordnungsdienst« und dann in die neu geschaffene »Polizei«. Die Beamten sind in hellblaue Uniformen, mit Koppel ohne Waffe, eingekleidet und tragen auf dem Kopf ein Käppi.

Man hatte angenommen, daß der Fahnenschmuck der Häuser, der durch girlandenumwundene Fahnenmasten auf einigen Hauptstraßen verstärkt war, die Mitglieder der interalliierten Konferenz empfangen sollte, die, wie es hieß, in Potsdam tagen würden. Bald war von Sanssouci, bald von Schloß Cecilienhof im Neuen Garten, bald vom Schloß Babelsberg die Rede. Sämtliche öffentliche Parks sind geschlossen. Der Zusammentritt der Kommission wurde von Leuten, die sich aus ausländischen Rundfunksendungen oder von üblichen Gewährsmännern ein Bild der Lage machen wollten, schon für Ende Mai erwartet. Seitdem verschiebt sich der Termin immer von neuem, wobei die Gerüchte nicht aufhören, daß im Rahmen der interalliierten Besetzung des Großraums von Berlin die russische Besatzung auch Potsdam für eine amerikanische oder englische freigeben werde. Wir haben uns aus den Einflüssen der täglich sich widersprechenden Gerüchte möglichst herausgehalten.

Der Vorhang, der uns von aller Welt trennt, wird dichter. Gewiß hatte Goethe recht, als er von dem erholsamen Nutzen sprach, der ihm daraus erwuchs, die in- und ausländischen Gazetten und Zeitungen nicht mehr zu lesen; und so ist uns überflüssige Stundenaufregung erspart geblieben, weil wir nicht mehr im Besitz eines Radioapparates sind. Dennoch gleicht man einem wehrlosen Tier, das nicht einmal mehr über das Nächste seiner Umwelt orientiert ist. Zwar werden durch den wieder in Betrieb gesetzten Berliner Rundfunk Nachrichten gesendet, die manche Leute abhören, weil sie die Abgabe ihrer Apparate so lange verzögerten, bis der Zwang dann aufgehoben wurde; zwar gibt es Berliner Zeitungen, schon drei an der Zahl, von denen einige Exemplare auch regelmäßig nach Potsdam gelangen und öffentlich plakatiert werden. Aber man hat beobachten können, daß diese Meldungen spärlich und ungenau sind und für die Aussichten unseres konkreten Lebens wenig genug besagen. So ist die Gerüchtebildnerei nach wie vor am Werk. Was wurden nicht alles für Wunderdinge vom Aufbau Berlins berichtet! Es sollten Züge zwischen Potsdam und Berlin auf der Wannseebahn verkehren, es sollte in Gaststätten eine Tasse echten Kaffe mit Kuchen zu einem Preis von drei bis fünf Mark geben, von fliegenden Läden am Kurfürstendamm war die Rede, wo man alles zu erhöhten, aber erschwinglichen Preisen erstehen könnte. Die Geschäftigkeit in der Stadt, so berichtete der eine und andere, zeuge von Elan und Aufschwung, es wurde geraten, aus der Dumpfheit der provinziellen Abgeschiedenheit Potsdams nach Berlin zu übersiedeln, wo auch die Ernährung viel reichlicher wäre, angefangen von der Brotration bis zu den 100 Gramm Bohnenkaffee. Bis auf den letzten Punkt stellen sich all diese optimistischen Äußerungen bei näherem Zusehen als Wunschträume heraus, und es hat nicht an Stimmen von Berlinern gefehlt, die dieselben sagenhaften Dinge auf Potsdam übertrugen, das im Gegensatz zu Berlin ein Eldorado wäre. Jeder pflegt zu verallgemeinern, was für einzelne Bekannte und für einzelne Straßen gilt, und hört immer wieder das heraus, was ihm selber in seiner Umgebung fehlt. »Da, wo du nicht bist, ist das Glück.«

Zu dem Hexeneinmaleins der Gerüchte gehörte auch die Meldung, die letzthin hier alle in Atem hielt: Es sollten, so hieß es, große Heerhaufen von Mongolen auf dem Rückmarsch von der Elbe nach Osten zurückfluten, die Zahl schwankte je nach der Lust am Fabulieren zwischen 20.000 und 200.000. Es ging soweit, daß an einem Tage angeblich durch Rundfunk bekanntgegeben wurde, die Straßen wären ab elf Uhr von Frauen und Kindern freizuhalten, Häuser und Fenster müßten verschlossen sein. Dies geschah. Als der Tag ruhig verging, wiederholte sich dasselbe am folgenden in der Weise, daß sogar die städtischen Behörden ihre Angestellten mittags nach Hause schickten, daß die Läden geschlossen wurden und das öffentliche Leben auf den Straßen erstarb. Wiederum ereignete sich nichts, was auf eine rückgeführte Armee gedeutet hätte. Schließlich hieß es, daß all diese Gerüchte auf Flüsterpropaganda zurückgingen, wie sich deren die ehemalige Partei oft bedient hatte, und daß die Kommandantur diese Gerüchtebildungen als Sabotage auffasse. Ob dieses den wirklichen Tatsachen entsprach oder wiederum ein angehängtes Gerücht gewesen ist, hat sich für uns, die wir dem Schauspiel der Zeit als Laien gegenüberstehen, niemals aufklären lassen. Das gleiche Mongolen-Märchen hat übrigens auch andere Außenbezirke Berlins, wie zum Beispiel die Machnower Gegend, in Bewegung gehalten.

Die russische Besatzung bei uns ist erheblich größer als an vielen anderen Orten, auch größer als in Berlin selbst. Es mag damit zusammenhängen, daß man die zahlreichen Kasernen der alten Garnisonstadt für die Truppenunterbringung für besonders geeignet hält. So sieht man überall und zu jeder Tageszeit viele Soldaten auf den Straßen, die in kleinen Trupps marschieren, auf Lastautos fahren oder zu einzelnen die Straßen abgehen. Nachdem die Kommandantur mit dem Oberst Werin von der Karlstraße in das Gebäude der ehemaligen Wasserbaudirektion in der Neuen Königstraße nahe der Glienicker Brücke verlegt worden ist, hat sich das laute Treiben der Bevölkerung in unserer Straße allmählich wieder verloren. Lediglich die Militärpolizei, kenntlich durch die grünen Mützen, hat nach wie vor in den Häusern 15 und 16 ihr Quartier beibehalten.

Auch das allgemeine Straßenbild hat sich verändert. Die Mehrzahl der ausländischen Arbeitskräfte ist weggebracht worden, man sieht verhältnismäßig wenig Männer und überwiegend Frauen und Kinder. Die Gesichter sind noch schmaler geworden und die faltigen Hälse der Männer ragen aus den zu weit gewordenen Kragen. Und Cäsars Wunsch, daß wohlbeleibte Männer um ihn sein mögen, ließe sich kaum noch erfüllen. Die Kleidung nähert sich wieder der bürgerlichen Form an. Aus der Brusttasche der Herrenjacketts lugt gern der Zipfel eines roten Taschentuchs hervor. Doch findet auch die schlips- und kragenlose Mode noch ihre Vertreter. Selten, etwa bei der einen oder anderen Konzertveranstaltung der Stadt, nimmt man auch Kleider von gesellschaftlichem Schnitt wahr.

Die Ausgehzeit für die Bevölkerung ist auf die Stunden von fünf Uhr früh bis dreiundzwanzig Uhr ausgedehnt worden. Die Geschäfte, vor allem die der Lebensmittel, müssen von sechs Uhr bis zwanzig Uhr geöffnet sein. Unser Schlächter am Jägertor, der in sechs Wochen nur an zwei Tagen etwas zu verkaufen hatte, ist von dieser Verpflichtung nicht ausgenommen. Die Uhrzeit wurde um eine weitere Stunde vorgestellt. Dies hat den Vorteil, daß man es abends bis gegen elf, einhalb zwölf Uhr hell im Zimmer hat und den Mangel des künstlichen Lichts nicht mehr so sehr entbehrt. Steht man morgens um sieben Uhr auf, so liegen die Flächen der Häuserwände und die Laubkronen der Bäume im fahlen Frühschein des beginnenden Tags, denn nach dem Sonnenstand gerechnet ist es erst fünf Uhr. Dennoch fügt man sich nur langsam in den veränderten Rhythmus. Geist und Körper sind es noch nicht gewöhnt, im Hellen den Schlaf zu suchen. So machen sich bei vielen Ermüdungserscheinungen geltend, die auf Mangel an Schlaf, auf Mangel überhaupt, beruhen. Zuweilen merke ich es selbst bei der Beschäftigung mit diesen Blättern, die allmählich zum »Hauptgeschäft meines Lebens« in dieser Zeitspanne werden. Sosehr ich auf Fortsetzung und Abschluß dränge, sosehr halten mich zuweilen Unfähigkeit und Ohnmacht auf, Vorgänge und Gedanken zu formulieren. Es bedarf oft großer Anstrengung, um bei der Sache zu bleiben. Dieses läßt mich auch für die eigentliche Arbeit an der Erzählung von der Stadt hinter dem Strom fürchten - falls es dazu noch einmal kommt. Unabhängig hiervon sind auch die Schwierigkeiten zu bestehen, die durch Zeiten persönlicher Niedergeschlagenheit, meiner lyrischen Depression bedingt sind - aber nicht diese allein. Wie so mancher bin ich daran gewöhnt, beim Schreiben kräftig zu rauchen. Die Zigarre ist mir weniger ein Genuß - als ein Anregungsmittel, das Rauchen dient als Ausgleich für die besondere Anspannung der Nerven. Schon habe ich zur Kurzpfeife gegriffen, die ich seit meiner Studentenzeit aus der Hand gelegt hatte und die ich in Ermangelung von Tabak mit Resten von Zigarren, getrockneten Rosen und Teeblättern stopfe. Wie sehr entbehre ich die freundschaftliche Fürsorge, die mich bis zum Kriegsende mit Zigarren versah. »Für blauen Dunst in trüber Zeit/schuf Gott den Nachbarn Jacubeit« - so wurde sein gütiges Walten von Oskar Loerke einst apostrophiert. Aber er weilt fern von Frohnau und wird, wie ich meine, vorläufig keine Neigung haben, dorthin zurückzukehren. Der Nichtraucher mag die Sorge belächeln, mit der ich dem bitteren Tage entgegensehe, an dem sich, trotz allem Strecken, der schmale Vorrat des Rauchbaren endgültig verflüchtigt hat, so wie ein tugendhafter Mensch Laster für Luxus hält. Es bildet auch keinen Anlaß zur Klage in einem Augenblick, wo die bloße Existenz in Frage gestellt bleibt - aber einen Stoßseufzer ist zuweilen der fehlende Tabak und der fehlende Abendtrunk des Weins wohl wert.

*

Die Massagepraxis von Maria, die für eine kurze Zeit nach dem Einmarsch der Russen unterbrochen war, spielt sich allmählich im alten Umfang ein. Wie jeder Gewerbebetrieb, so mußte auch der ihre bei der Stadtverwaltung neu angemeldet und von der Gewerbeaufsicht neu genehmigt werden. Formulare und Fragebogen waren auszufüllen, die Rückfragen über Zugehörigkeit zur Partei, zur Frauenschaft, zur SA oder SS sowohl für ihre wie für meine Person konnten mit einem überzeugten Nein beantwortet werden. Die Zulassung ist wieder erfolgt. Nun gehören auch die Patientinnen zu denen, die an die noch immer geschlossene Haustür klopfen oder sich durch Rufen bemerkbar machen. Oft, wenn ich diese Blätter Anne diktiere, wird dadurch die Arbeit unterbrochen. Da sich Anne meist am Fenster den Einlaßbegehrenden zeigt und mir das Türöffnen mittlerweile abgenommen hat, ist ihr Name den Patientinnen allmählich bekannt geworden. Er ist leicht zu behalten, weil sie den gleichen Namen trägt wie der Dichter Eduard Mörike, zu dem über eine schwäbische Seitenlinie auch eine Verbindung besteht. Häufig genug wird natürlich bei der Nennung ihres Namens die Frage gestellt, ob sie mit dem Dichter Mörike verwandt usw. sei. Als unlängst eine Patientin, die von Anne eingelassen wurde, meinte, sie könne sich den Namen leicht merken, war nichts anderes als die übliche Frage nach der Beziehung zum Dichter zu erwarten. Die Frage wurde indessen nicht gestellt, sondern die Dame fuhr fort: »Ich kann mir den Namen deshalb so gut merken, weil ich mit meinem Mädchennamen so ähnlich hieß, nämlich Jöhricke - schreiben Sie sich eigentlich auch mit einem h hinter dem ö?«

Wenn wir über diesen Zwischenfall auch gelacht haben, ist uns nicht heiter zu Mut. Selbst die Stunden, die ich, meist am späten Abend, im Garten zubringe, um die Pflanzenwelt zu betreuen, bringen nur geringe Erleichterung von dem Druck, der auf Kopf und Sinnen lastet. Und wenn ich, wie es anders nicht sein kann, auf diesen Blättern von mir zu sprechen habe, so weiß ich zugleich, daß viele auf ähnliche Weise die Mühseligkeiten des Lebens tragen. Freilich tut es gut, sich ein paar Stunden im Freien zu beschäftigen, weil sich Körper und Gedanken durch die Kleinarbeit entspannen, wenn mich mitunter die Zeit auch reut, die mit der gärtnerischen Tätigkeit verstreicht.

An das Vorhandensein des Gartens habe ich mich langsam wieder gewöhnt. Und oft, wenn ich ihn besorge, muß ich noch daran denken, wie ich die Fülle der Schiethaufen vergrub, nachdem damals der 60 bis 70 Mann starke Trupp der Einquartierung unser Haus verlassen hatte. Notierte ich nicht schon, daß die Soldaten keines der Saatbeete zertraten, sorgfältig auf den Wegen blieben und auch den organischen Dünger abseits an den Mauern verteilten? - Nur einer hielt das Gartenhäuschen für eine Toilette. Wir hatten darin viel Kram und Krempel abgestellt, der noch heute im wilden Durcheinander liegt: aufgerissene Packen mit Spielzeug, Kinderbüchern, Sämereien und Gartenwerkzeug. Aber der Garten selbst ist auf all seinen Flächen leidlich bestellt. Weiß man auch nicht für wen, so kommen einem vielleicht sogar selber noch einmal Salat und Tomaten zugute, die wir in den Pfingsttagen gepflanzt hatten. Die Frühkartoffeln, die ich erstmalig in diesem Jahr legte, haben sich inzwischen soweit entwickelt, daß sie gehäufelt werden konnten. Leider haben die drei Pflaumenbäume keine Früchte angesetzt, auch die beiden Äpfel- und die zwei Birnbäume nur wenig. Da sich diese Beobachtung in unserer Gegend allgemein machen läßt, wird angenommen, daß der Ausfall eine Folge der Luftangriffe ist, die während der Zeit der Obstblüte stattfanden. Aber die Schattenmorellen, die unermüdlichen, versprechen wiederum einen vollen Ertrag, und die junge Spalieraprikose bildet zahlreiche Fruchtknoten. Auch die Buschbohnen, die ein kleines Feld einnahmen, drängen aus dem Erdreich vor, unregelmäßig, wie es ihre Art ist, es gibt einige Nachzügler, die sich etwas später zu keimen entschlossen.

Wir hatten die Bohnen am Sonntag vor Pfingsten gelegt, wiederum an einem 13., aber ich habe dieses Maidatum nicht deshalb im Gedächtnis, sondern weil sich damit ein Erlebnis mit einem Offizier der Roten Armee verbindet. Es war am späten Nachmittag, als ich gemeinsam mit Anne den Boden für die Aussaat vorbereitete. Damals wurden wir noch durch die Unruhe und Unbeständigkeit in Atem gehalten, die jede Stunde in den ersten Wochen mit sich brachte. Der Tag war ohne Störung für uns alle verlaufen und in der Abgeschiedenheit des Gartens wähnten wir uns gegen Überraschungen gefeit. Wie wohltuend war es, einmal nicht von den Zimmern aus auf jedes Geräusch, jede Veränderung auf der Straße achten zu müssen, wie man es unwillkürlich tat. Man war auch dem Lärm der Kinder entronnen, die sich tagaus tagein im Wrack eines Autos tummelten, das unmittelbar vor unserem Haus liegengeblieben war. Es handelte sich um einen Berliner Privatwagen, aus dem im Laufe von Wochen allmählich alles Brauchbare durch die Russen entfernt wurde: Zunächst mußten die drei erhaltenen Radreifen dran glauben, dann wurde der Reservetank entleert, schließlich die Polster mitgenommen und was sich an Werkzeug und lösbaren Teilen bis zu den Schrauben hinunter mitnehmen ließ. Immer wieder hielt ein vorbeifahrender Wagen, die Insassen stiegen aus, um zu prüfen, ob es noch irgend etwas daran zu schlachten gab. Für die Kinder wurde es ein unablässiges Spielzeug. Sie stiegen ein und aus, das Türklappen nahm kein Ende und schreckte uns immer wieder auf. Sie zertrümmerten die noch heil gebliebenen Scheiben und frönten dem Zerstörungstrieb, soweit es nur möglich war. Auch als der Wagen schließlich von vorüberkommenden Soldaten auf den Kopf gestellt war, um das Letzte aus den Eingeweiden herauszupressen, und weiterhin in dieser Stellung liegenblieb, tat dieser Umstand dem Spielbedürfnis der Kinder keinen Abbruch. Immerhin konnten wir noch von Glück sagen, daß es nur ein Wagen war, der unmittelbar vor unserem Haus lag. Denn ein Stück weiter in der Straße lagen an einer Stelle mehrere Autoleichen auf dem Damm und dem Bürgersteig. Wie wohltuend war es, nun einmal im Garten nichts von all dem Spuk zu hören und zu sehen.

Maria war zu einer Massagebehandlung fortgegangen, auch Johanna war unterwegs, so daß sich nur Kauffeldts in der Wohnung befanden. Plötzlich kam meine Mutter in den Garten und rief uns zu, daß ein Russe vor der Haustür stünde und Einlaß verlange. Wir eilten nach oben. Auf das heftig fordernde Klopfen hin beugte sich Anne aus dem Fenster. Der erregte Schwall ungeduldiger Worte war nicht zu verstehen, aber die Gesten deuteten unmißverständlich darauf hin, daß er eingelassen zu werden wünschte. Wir holten rasch Fräulein Kauffeldt herbei, die in seiner Sprache sich nach seinem Begehr erkundigte. Er ließ sich aber auf kein Gespräch vom Fenster aus ein, sondern forderte erneut, ihm zu öffnen. Zu dritt gingen wir hinunter - ich hatte von der Gartenarbeit her nur meine Trainigshosen an - und hofften, den Offizier durch freundliches Zureden von seinem weiteren Eindringen ins Haus abbringen zu können. Der junge Mann, der einen Dunst von Alkohol nicht verbergen konnte, trat jedoch langsam und, wie es schien, zornig näher, ohne sich auf eine Unterhaltung zunächst einzulassen. Er maß mich mit einem bösen Blick und schritt so dicht an mir vorbei, daß er mit seinem Stiefel quer über meinen Fuß trat. Ich tat so, als ob dies ein selbstverständliches Versehen sei. Mit breiten, ausladenden Schritten, wie ein Schiffer an Land, bewegte er sich zu den Türen der beiden Parterre-Wohnungen, an denen er die Schilder laut studierte - nicht die Namen der Wohnungsinhaber, sondern die Schilder mit der Aufschrift »Briefe«. Bei dem Lesen buchstabierte er »Briefe«, nickte zustimmend, ging zur gegenüberliegenden Tür und buchstabierte »Briefe«, nickte wieder zustimmend, sah uns erwartungsvoll an und schritt die Treppe hinauf. An unserer Wohnungstür beschäftigte ihn lange der russische Zettel, den Tajas Kommandant seinerzeit geschrieben hatte. Eintretend bemerkte er, wie Fräulein Kauffeldt übersetzte, daß dem Papier ein amtlicher Stempel fehle - jeder könne so etwas schreiben. Damit hatte er nur recht. Langsam und lässig durchforschte er, von uns dreien geleitet, jedes einzelne Zimmer. Der alten Frau Kauffeldt griff er an die grauen Haare, stellte lachend fest, daß sie echt und keine Maskierung seien. Noch immer wußten wir nicht, was er eigentlich mit seinem Besuch vorhatte. In meinem Zimmer entzückte ihn die Couch, die seit Renates Fortgang dort ihren Platz hat. Er strich mit der Hand über die Polster und sagte immer wieder: »O! Germanija – Kultura.« Dann redete er viel auf russisch vor sich hin, Fräulein Kauffeldt blickte bekümmert zur Seite. Meine vielen Bücher sah er mit staunendem Kopfschütteln, nannte sie wiederholt eine »interessante Bibliothek« und erkundigte sich in diesem Zusammenhang nach meinem Beruf. Fräulein Kauffeldt erklärte ihm, daß ich Schriftsteller sei, Poet. »Poet«, wiederholte ich selbst. Da leuchtete sein Auge auf, er erhob sich, streckte mir die Hand zum Gruß hin und drückte die meine lebhaft, wobei er mir mit der anderen auf die Schulter schlug. »Gutt, gutt«, sagte er auf deutsch. »Du schreiben kommunistisch? Du schreiben Hietlär kaputt, Ruhm Rote Armee?« Von diesem Augenblick an wirkte sein Wesen wie umgewandelt. Später hielten wir uns im früheren Eßzimmer auf, das nur behelfsmäßig hergerichtet war. Der Tisch stand weggeräumt an der Seite, der Besuch nötigte uns zum Sitzen, bot mir Tabak, dann eine halb aufgerauchte Zigarre an, entzündete sich selbst eine frische. Während seine Blicke oft zu Anne und Fräulein Kauffeldt gingen, erklärte er sein Begehren: Es müsse in unserem Haus eine Russin wohnen, die er suche. Umständlich holte er einen Zettel hervor, auf dem der Name der Russin stand. Wir versicherten ihm wiederholt, daß uns der Name völlig unbekannt sei und niemals eine Russin bei uns, noch in einer anderen Wohnung sich aufgehalten habe, mit Ausnahme der Dolmetscherin Taja, um die es ihm aber nicht ging. Er wollte uns keinen Glauben schenken und kam im Verlauf des durch viele Pausen unterbrochenen Gesprächs immer wieder auf diese Angelegenheit zurück. Endlich schien er überzeugt zu sein, daß sich die von ihm gesuchte Person nicht bei uns befände, machte aber keine Anstalten zu gehen. Er erkundigte sich, wie alt Anne wäre und gab sein eigenes Alter mit fünfundzwanzig Jahren an. Er sei Offizier bei der Kommandantur. Er fragte Anne, wo ihr Mann wäre. Eine rechte Unterhaltung wollte nicht aufkommen.

Die Minuten lagen wie Blei auf uns. Welche Absichten verfolgte er? Immer wieder sagte er in Abständen zu mir: »Du Poet! Du schreiben: kommunistische Partei.« Mittlerweile war Maria zurückgekommen und wurde von Anne in meinem Zimmer über die Situation aufgeklärt. Der Offizier hatte inzwischen mehrfach mit besonderem Stolz darauf hingewiesen, daß er kein »Russki«, sondern Georgier wäre. Als ich, um etwas zu sagen, meinte: wie Stalin, auch Stalin sei Georgier, sah er mich zunächst mißtrauisch an. Ich merkte, daß er das Vergleichswort »wie« nicht aufnahm und wählte unwillkürlich dafür den italienischen Ausdruck. »Come Stalin« sagte ich, als ob er eine fremdländische Vokabel eher verstehen könne. Fräulein Kauffeldt erklärte ihm, was ich meinte, und nun nickte er und sagte mit einem seltsamen Lächeln: »Wie Genosse Stalin«, wobei er den Kopf gönnerhaft hin und her wiegte. Nach einer Weile erhob er sich, und schon glaubten wir, daß er aufbrechen werde. Auf der Diele fing sich sein Blick wieder an einem der Bücherregale und er fragte halb russisch, halb deutsch, ob ich all diese Bücher gelesen hätte. Als ich höflich nickte, strich er mit seiner Hand über mein Haar und sagte: »Armer Kopf, armer Kopf.« Dann ging er langsam wieder durch die Balkonstube in mein Zimmer. Dort wurde ihm Maria vorgestellt. »Ah, Deine Frau«, sagte er zu mir, nahm wieder auf der Couch Platz, die er bewundernd streichelte, so daß wir den Eindruck gewannen, als ob er darauf übernachten wolle. Dann aber begann er, in sich steigernder Aufregung, von seiner Schwester zu erzählen, die, wie uns Fräulein Kauffeldt übersetzen mußte, mit siebzehn Jahren von einem deutschen Soldaten gequält und mißhandelt worden sei; der Soldat, so drückte er sich aus, hätte »rotes Haar und Augen wie ein Ochse« gehabt. Wir saßen beklommen, als der georgische Offizier voller Zorn ausrief, er könne, wenn er daran denke, am liebsten jedem den Hals umdrehen. »Aber«, setzte er nach einer Pause hinzu, »ihr gutt, ihr gutt.« Auch wies er darauf hin, daß er, wie wir zugeben müßten, Form und Haltung wahre. Immer von neuem entflammte seine Wut an dem Los seiner unglücklichen Schwester und wieder, wie so oft in diesen Tagen und Wochen und eigentlich in all den Nazijahren, wieder empfanden wir Scham darüber, Deutsche zu sein. Nach einer Zeit, die uns unendlich lang dünkte, aber kaum mehr als anderthalb Stunden maß, verabschiedete er sich mit den Worten, am nächsten Tage wiederzukommen, und ging davon.

Die Wirkung, die das Wort Poet bei dem Offizier ausgelöst hatte, erinnerte mich später an eine Szene, die sich vor einem Jahrzehnt auf der Bahnhaltestelle von Selinunt in Sizilien abspielte. Es war früh am Morgen. Ich hatte die Nacht im Gebiet der Tempelruinen von Selinunt verbracht, außer dem Kustoden und seiner Familie das einzige Lebewesen in der ungeheuren Trümmerwelt. Auf dem kahlen Bahnhofsgelände hatte sich ein halbwüchsiger Jüngling an mich herangepirscht, der mich unablässig anbettelte und mit Fragen überschüttete. »Dammi una zigaretta!« wiederholte er, womit er aber keine Zigarette erbat, sondern ein Gastgeschenk. Er hatte einen kühnen Blick von mühsam gebändigter Wildheit. Und er konnte gut zu der früheren

Gilde der Giovani d' onore gehören, wie sich die Mitglieder der alten Mafia bezeichnen. Die Mafia hatte noch bis vor wenigen Jahren in den Ruinenstätten von Selinunt ihre letzten Schlupfwinkel. Als dieser Jüngling mit vollendeter Grazie schließlich darauf bestand, daß ich ihm meinen goldenen Ring überlasse, eine Kleinigkeit, wie er es nannte, erklärte ich ihm, daß ich kein reicher Lord wäre, sondern ein armer deutscher Dichter, der nur Verse machen könnte. »Scrittore«, sagte ich und ergänzte es dann zu »poeta«. Auf dieses Wort hin sprang er auf, tanzte den Bahnsteig entlang und rief immer wieder laut den Beamten und wenigen Reisenden zu: »Un poeta tedesco!« Mit strahlenden Augen fügte er hinzu: »Er schreibt Verse«, als ob dies für ihn das Wunder des Himmels sei. Von dieser Minute an unterließ er alles Betteln und, als ich mir selbst eine Zigarette anstekkend, ihm auch eine gab, nahm er sie mit großer Souveränität in Empfang und stolzierte rauchend auf und ab, bis ihm unversehens ein Bahnwärter die Zigarette aus dem Mund nahm und selber weiterrauchte.

Die Bezeichnung »Poet« hatte damals wie jetzt die gleiche Wirkung, aber der georgische Offizier hat darunter zweifellos etwas anderes verstanden als der junge Sizilianer. Man brauchte sich nur den auch sonst beachtlichen Essay über »die neue literarische Saison« von Gottfried Benn zu vergegenwärtigen. Darin gibt er einen Bericht über den Vortrag, den der russische Dramatiker Tretjakow im Frühjahr 1931 in Berlin gehalten hatte. Der Sowjetpoet ist derjenige, der die Errungenschaften des Fünfjahresplanes, den Ruhm der Partei und der Roten Armee besingt. Daher auch die begeisterten Worte des Georgiers, mit denen er sich vergewissern wollte, ob ich für den Kommunismus und für die Rote Armee schriebe. Meine Italien-Gedichte hätten für ihn wohl kaum die Bezeichnung »Poet« gerechtfertigt.

Übrigens kam er am nächsten Tag nicht wieder. In der Nacht gegen elf Uhr hielten Autos vor unserem Haus, es wurde scharf geklopft. Stand das mit seinem Besuch in Beziehung? Wir verhielten uns abwartend im Dunkeln. Dann wurde das Parterre-Fenster geöffnet und eine der politischen Häftlingsfrauen verhandelte mit einer leidlich deutsch sprechenden Russin. Sie erbat lediglich eine Wegangabe nach dem Cecilienhof. Cecilienhof im Neuen Garten, der Landsitz des ehemaligen deutschen Kronprinzen, wird jetzt vielfach als Sitz für die erwartete Kommission genannt. In diesen Tagen wurden auf Geheiß der Polizei die interalliierten Fahnen wieder eingezogen, nachdem sie zwei Wochen lang die Häuser geschmückt hatten, ohne daß bisher die erwartete interalliierte Kommission eingetroffen wäre.

*

Nachdem ich das, was ich bisher aufschrieb, noch einmal durchgelesen habe, melden sich Zweifel, ob diese Aufzeichnungen imstande sind, einem unbeteiligten Dritten ein Bild dieser Wochen zu vermitteln, ein Bild, das auch nur annähernd der Situation entspricht, wie wir sie selbst empfunden und gelebt haben. Schon während des Lesens entdeckte ich an mehr als einer Stelle, wie manche Einzelzüge fehlen. Aber dies ist vielleicht nicht einmal so unbedingt entscheidend, mehr beunruhigt mich, daß die Akzente und Schattierungen für das ganze Abspiel schwanken. Als Lesender gleicht man einem ungeduldigen Esser – viele Stunden hat die Hausfrau mit Einholen und Vorbereiten, Putzen und Zurechtmachen, Kochen und Abschmekken der Mahlzeit zugebracht, und im Handumdrehen ist sie verschlungen; im Handumdrehen vertilgt das Auge des Lesers die mit Buchstaben angefüllten Seiten, die ja mehr bedeuten als Abc-Lettern, mehr sind als bloße Wörter und Worte. Die sich zu Klang und Begriff, zu Sinn und Bild fügen und die mit der Kraft von Zauberformeln die Fähigkeit entfalten, das Geschriebene in innerlich Geschautes zu verwandeln. Auch alles Denken ist ein Schauen, ein Anschauen und Betrachten, wie es unsere Sprache selbst ausdrückt, indem sie Gedachtes und Gedankliches als Weltanschauung und Lebensbetrachtung bezeichnet.

Was beim Schreiben gesagt wird oder ungesagt bleibt, was zum Ausdruck kommt oder weggelassen wird, bildet den Raum, in dem sich der Lesende bewegt. Daß künstlerisch durch das Weglassen bestimmter Erscheinungen die Phantasie stärker zum Miterleben angeregt wird als durch pralle Ausführung des Gegenstandes, wußten von je die großen Meister des Ostens: die Chinesen. Andeutung ist mehr als Vollzug. Der Gehalt der Idee erleidet in dem Maße Einbuße, als sie sich verstofflicht. Das Geistige bedarf der Verleiblichung nur insofern, um sich darzustellen - nicht aber um durch erhöhten Realismus die Wirklichkeit nachzuahmen.

Aber diese lapidaren Selbstverständlichkeiten nur nebenbei. Alles Geschriebene, daran denke ich jetzt nur, bildet einen Raum, in dem sich der Lesende bewegen soll. Er durchmißt ihn im Prozeß des Lesens in bestimmten Richtungen, bald tastend, bald fester geführt. Er nimmt die dem Raum eigentümliche Atmosphäre wahr, die mehr oder weniger unausgesprochen bleibt. Er lebt die Vorgänge nicht nach, sondern lebt sie mit, sieht die Personen aus ihren Gesten und ihren Worten und wird Zeuge eines fremden Seins, das ihn so wie sein eigenes interessieren soll. Dabei nimmt er in wenigen Minuten auf, was faktisch über Abschnitte von vielen Stunden, Tagen, Wochen oder, wenn man es so will, in der Dauer eines ganzen Lebens gewonnen wird.

Eine Erzählung und ein Roman tragen das ihnen eigene Zeitmaß in sich, und in diesem Falle bedürfte es keiner Erörterung über den zuletzt berührten Punkt. Der Autor tritt mit seinem gewöhnlichen Leben völlig hinter die Welt seiner Fabel, hinter die Handlung seiner Figuren zurück. Wie aber, wenn das gewöhnliche Leben des Schreibenden und die Umstände seines Alltags das Gegenständliche des Geschriebenen ausmachen? Wenn das Hintergründige Vordergrund wird, wenn er nicht mittelbar, sondern unmittelbar mit dem zu Schreibenden in Beziehung steht, wie es mir in diesen Aufzeichnungen ergeht? Denn wenn die Darstellung dieser Wochen von vornherein auch mehr den Charakter des Berichts als den einer epischen Erzählweise trägt und sich mehr aus Improvisation und Gelegenheit ergibt als aus künstlerischem Willen auf ein vorher gewußtes Ziel, so will sie doch nach Möglichkeit Schilderung sein und nicht bloß Mitteilung. Dennoch genügt eine photographische Treue des Augenblicks, die nur für den Beteiligten als Andenken gewesener Stunden etwas besagt, natürlich nicht meiner Vorstellung von diesen Aufzeichnungen. Aber ich merke, daß ich in die Rolle der Hausfrau gerate, die Teilnahme an der Zubereitung der Mahlzeit in einem Augenblick verlangt, bei dem es nur um das Schmecken des Essens oder die simple Nahrungszufuhr geht. Bei einem Gemälde will und darf ich als Betrachter auch nicht wissen, welche Präparierung des Untergrundes der Maler vorgenommen hat, damit die Farben ihre durchsichtige Leuchtkraft gewinnen.

Ich habe zwar die gewöhnlichen Stunden meines Lebens und die allgemeinen Umstände im Niederschlag ihrer Wirkung auf mich als stoffliches Element darzustellen (und dazu mögen auch die Gedanken gehören, die sich bisweilen ergeben), aber ich sollte mich nicht über die schriftstellerische Technik meines Experiments auslassen, wenn ich an andere Leser als mich selbst denke. Die Aufzeichnungen entstanden aus einem doppelten Bedürfnis: Einmal mir selber Rechenschaft abzulegen über das, was mit mir und uns geschieht, und andererseits meinen Kindern und nächsten Freunden, die abwesend sind, in einem Umriß die Situation festzuhalten, in die wir äußerlich wie innerlich uns während eines bestimmten Zeitabschnitts zurechtzufinden haben. Aber je weiter ich beim Schreiben schritt, um so mehr stellte sich das Bild eines imaginären, an den Dingen gänzlich unbeteiligten Lesers ein, für den ich dann dies und jenes zu erzählen meinte. Es ist kein autobiographischer Beitrag im engeren Sinne, von dem ich einen Ausschnitt gebe, obwohl ich persönliche Erinnerungen nicht unterdrücke. Das, was ich aufzeichne und nachzuzeichnen versuche, ist nichts anderes als ein Beispiel des Lebens in einer Krise der Zeit. Ich erwähne dies nur, damit ein späterer Leser weiß, daß ich mir sowohl über die Fragwürdigkeit wie über die Mängel dieser Blätter bewußt bin und dennoch den Versuch nicht aufgebe, sie auf meine Weise fortzusetzen.

Mir selbst erging es freilich beim Lesen des bisher Geschriebenen so, als ob der Raum, den die Lektüre schafft, mehr einem Labyrinth mit unübersichtlichen Wegen, mit dauernden Vexierspiegeln gleicht und nichts von der Wegordnung eines Parks hat, auf der man, wenn auch auf Umwegen, in der Haltung eines bequemen Spaziergängers zu einem Ziel der Lebensreise gelangt. Dazu eben wäre die reine Erzählweise, selbst schon eine unverbindliche Plauderei, geeigneter.

Vielleicht ist die Methode ungeschickt, tropfenweise das Tägliche jeweils in kleinen Becken und Schalen zu sammeln, das Nacheinander der einzelnen Vorgänge zu einem Ineinander zu verweben, weil dadurch die ständige Stereotypie der einzelnen Stunden und ihrer Abläufe nicht so in Erscheinung tritt, wie sie uns vom Leben aufgezählt wurde. Das wäre dann allerdings eine Litanei geworden. Andererseits schießen allmählich die Gedanken, sobald die Realität nicht mehr so aufdringlich an uns herantritt, wie Pilze im Garten nach einem Regen hervor.

So schieben sich unwillkürlich Betrachtungen allgemeinerer Art ein, wie eben diese über das Verhältnis zwischen dem Schreibenden und dem Lesenden oder Erinnerungen wie die Geschichte von dem Jüngling in Selinunt, die den Fluß der Beobachtungen dieser Wochen stören und aufhalten. Aber was soll ich tun, je weiter die Zeit vorrückt, desto mehr klingt in mir ein Abschiednehmen von allem auf, mir ist, als sollte ich bei Gelegenheit dieser Blätter noch rasch dies und jenes erzählen aus der Fülle der Vergangenheit und von dem Vorrat des Wissens nicht alles ungemünzt lassen. Diese Partien, die über das engere Thema meiner Aufgabe hinausgehen, mögen vielleicht als Baustein für spätere Arbeiten in anderem Zusammenhang dienen; aber werden die Lebensumstände es je erlauben? Und weil ich es mir nicht vorstellen kann, jemals wieder »im altem Sinne« zu arbeiten, will ich das Beiwerk bei den weiteren Aufzeichnungen nicht unterdrücken. Es sind Gedankengänge, die mich im Verlauf dieser dreizehn Wochen unabhängig von der äußeren Realität beschäftigen. Sie laufen einfach neben der Realität her, und so mag man sie nehmen.

Welcher Anstrengung hat es bedurft, um allmählich wieder Kraft zur Konzentration, zu einer Zielsetzung zu gewinnen! Zuweilen kann man den rechten Augenblick nicht finden, weil man nicht recht bei der Sache ist. Was ich jetzt unternehme, sind nichts anderes als Denkübungen, so wie jemand nach langer Krankheit wieder das Gehen lernen muß. Man kann es auch Schreibübungen nennen. Es war auffällig, wie sich in der ersten Zeit die gewohnten Schriftzüge dem Zuge der Hand widersetzten, wie bei vielen Menschen die Handschrift ein verändertes Bild aufwies. Die Schrift wurde vorübergehend alt, wurde welk.

Was in den Aufzeichnungen nicht genügend in Erscheinung tritt, ist, fürchte ich, die atmosphärische Wirkung, die sich daraus ergab, daß ein Vorgang den anderen ablöste, Tag für Tag, daß immer wieder, oft Stunde um Stunde, ein neuer Klang in uns wachgerufen wurde, ohne daß den Klängen genügend Zeit zum Ausschwingen gelassen wurde. Alles, was ich in Ausschnitten bisher festhielt und teils vor, teils nach der zusammenhängenden Schilderung der Vorgänge um den 27. April 1945 gruppierte, spielte sich in den Maiwochen ab. Was gab es allein an kleineren Episoden, die mit eingefügt werden müßten. In den Tagen zum Beispiel, als die Rundfunkgeräte abgegeben wurden, drang in der Abenddämmerung entfernte Musik eines Streichorchesters aus einem Lautsprecher in mein Zimmer. Welche Überraschung! Sie tönte aus einem der Häuser, die von der Besatzungsbehörde beschlagnahmt waren. Ich öffnete die Fenster und beugte mich ein wenig zu den Klängen hinaus. Plötzlich Schüsse aus einer Maschinenpistole – ich sah deutlich das Mündungsfeuer auf der Straße vor dem Nachbarhaus aufzucken, ehe ich mit dem Kopf zurückfuhr. Natürlich galten die Schüsse nicht mir, waren vielleicht nur ein Ausdruck für die Freude am Lärmen. - Aber ich erschrak und wagte an den nächsten Abenden, das Fenster nur mit einer gewissen Vorsicht zu öffnen. Vielleicht war dies auch verboten, und man wußte es nur nicht.

Oder ein anderes Bild vom nächsten Vormittag: Auf der Straßenseite vor unserem Haus hielt ein unabsehbarer Zug von Gespannen und Wagen mit der Richtung nach Osten. Die Bauerngefährte waren vollgepackt mit Säcken und Ballen, mit Geschirr und Lebensmitteln unter Planen, kräftige Bauernpferde davor. Viele Frauen in dicken Mänteln und Kopftüchern, auch Männer. Ich kam mit Anne von der Kommandantur zurück, und wir standen vor dem Haus. Eine Frau, etwa um die dreißig, wandte sich mit einem leeren Kochtopf an uns mit der Bitte um Wasser. Wir erfuhren, daß der Treck nach Rußland ging, einige wollten nach Leningrad, andere in die Moskauer Gegend. Die Frau, der man auf den ersten Blick nicht ansah, daß sie studiert hatte und Apothekerin war, erklärte uns: »Vor zwei Jahren - wir *mußten* nach Deutschland, jetzt - wir *wollen* Rußland!«, und ihr Gesicht strahlte.

Ein Pole kam und fragte höflich nach einem Quartier. Da wir gerade noch ein holländisches Ehepaar aufgenommen hatten (von dem noch gelegentlich zu erzählen ist), mußte er abgewiesen werden. Die Unsicherheit war so groß, daß man nicht wußte, ob er nicht mit Kameraden wiederkommen und sich gewaltsam in den Besitz der Räume setzen würde.

Ich traf meinen Zahnarzt, der aus einem ähnlichen Anlasse mit einem kleinen Wägelchen aus seiner Praxis-Wohnung zu Bekannten zog, die in einer weniger heimgesuchten Gegend wohnten. - Mit welchen Vorstellungen wurde unsere Phantasie in jener Nacht erregt, als die Rote Armee ihr großes Siegesfest feierte und die Böller von Kanonen und Feuerwerk uns das Aufflackern des Krieges vortäuschten. - In welche Aufregung versetzte uns, ebenfalls Anfang Mai, die Botschaft eines jungen Soldaten aus dem Lazarett, der mit Wolfgang zusammen ausgebildet war. Und was wird einem nicht alles von Bekannten an abenteuerlichen Situationen zugetragen. In vielen Häusern gehen die Russen zu jeder Zeit ein und aus. So ist es bei Schröter-Schwarz, bei Lichtenbergs, bei Ellen Cleve. Sie kommen, sehen sich um, sitzen da, meist ohne Möglichkeit einer Verständigung, wünschen aber, daß man ihnen Gesellschaft leistet. Aber die Situation bleibt unberechenbar. Zuweilen schlägt die Harmlosigkeit auch ins Gegenteil um. Warum alle Einzelheiten aufschreiben? Die Addition von Unglück und Unheil erhöht nicht die Summe von Schreck und Leid. Vielfach hat man auch Scheu, bestimmte Dinge auszusprechen und beim Namen zu nennen. Aus manchen Gesprächen gewinnt man den Eindruck, daß man gut daran täte, sich auf das östliche Tempo einzustellen, auf das lässige, weite, unverbindliche Palavern, das nie frei von Mißtrauen gegen das Europäische ist. Mit Recht sagte jemand, daß wir es in jedem Einzelnen und in jeder Einzelheit mit Asien zu tun haben. Und dies entspricht auch der Logik des historischen Ablaufs: Der Zipfel Europa kehrt ins Mutterland zurück.

*

Kein Tag vergeht, ohne daß Marias und meine Gedanken bei Renate und Wolfgang weilen, von denen noch immer keine Nachricht kam. Renate mag, wie wir hoffen, am Bodensee sein, aber wo unsere Gedanken Wolfgang suchen sollen, wissen wir nicht. Mitte April kam er als Sanitäter nach Eberswalde an die Front. Seitdem fehlt jede Spur. Es besteht auch keine Möglichkeit, da alle Behörden versagen, in absehbarer Zeit etwas in Erfahrung zu bringen. Vielleicht kommt eines Tages ein Gruß oder eine Nachricht, die er einem Kameraden mitgeben kann. Wäre er irgendwo frei in der Nähe, so würde jetzt ein Brief kommen können. Denn in der letzten Maiwoche kamen einige Briefe; dies war als Tatsache für uns von Bedeutung. Man glaubte einen Augenblick, es könne alles so sein wie früher, aber die Briefe stammten nur aus der nächsten Umgebung, jeder Austausch mit den Freunden jenseits der von den Russen besetzten Zone, ja selbst mit Berlin, ist noch unterbunden. Die bisherigen Briefmarken dürfen nicht mehr verwendet werden, die Portogebühr wird bei der Aufgabe des Briefes beim Postamt entrichtet oder vom Empfänger bezahlt - wie zu den alten Zeiten des Postverbands von Thurn und Taxis Mitte des vorigen Jahrhunderts. - Mein Vetter Gerhard in Werder gab uns Nachricht, daß unsere bei ihm untergestellten Koffer bisher seltsamer- und glücklicherweise noch heil geblieben seien. Von Herrn Gösch, von dem ich am Anfang dieser Blätter erzählt habe, traf ein Brief aus dem Krankenhaus Glindow ein. Er teilte uns mit, daß seine Frau und sein kleiner Sohn Manfred wenige Tage, nachdem sie ihr Quartier bei uns überstürzt verlassen hatten, bei den Kämpfen auf der Landstraße ums Leben gekommen sind. Wir hatten dieses Schicksal, das sie selbst herausforderten, schon damals befürchtet. Recht bewegt hat mich die Botschaft, die mir der junge Wilhelm Pritzkow aus Milow schickte. Sein Vater, Walter Pritzkow, mit dem ich seit meiner Berliner Studentenzeit im vorigen Weltkrieg in lebendiger Verbindung stand, ist zwei Tage, nachdem die Russen seinen Hof besetzt hatten, einem Schlaganfall erlegen. Mein Vetter Hans Loock ist, wie mir meine Cousine Lisa schrieb, ebenfalls im Mai gestorben, »an einem Herzschlag«. Für ihn hätte das Leben auch kaum noch Möglichkeiten gehabt, da er auf eine mir stets unbegreifliche Weise sich völlig in der Partei engagiert hatte. Oft kann man sich, je unübersichtlicher sich die Entwicklung für uns alle hier darstellt, der Vorstellung nicht erwehren, daß jeder zu beneiden ist, der sich schon in der »Stadt hinter dem Strom« befindet. – Während ich dies schreibe, zieht wieder am Haus ein größerer Trupp von Pferden vorüber, wie sie beinahe Tag für Tag fortgetrieben werden.

Oft erlebt man jetzt, daß Männer – meist von deutschen Polizeibeamten – auf der Straße angehalten werden, um zu irgendwelchen Sofortarbeiten eingesetzt zu werden: Säcke abzuladen, bei der Beseitigung der gesprengten Brücken oder dem Bau von Behelfsbrücken mitzuhelfen, Eisenbahnschwellen zu verlegen und dergleichen mehr. Es geschieht auch, daß zu irgendeiner Stunde am Abend oder mitten in der Nacht, um neun, um elf, um ein Uhr aus irgendwelchen Häusern alle oder bestimmte Männer herausgeholt werden, um am Bahnhof Potsdam oder Wildpark bis zum Morgen Kohlen zu schippen. Schreckte uns ehedem die Sirene aus dem Schlaf, so nun der willkürliche Einsatzbefehl. Selbst Frauen sind von diesen zusätzlichen Nachtarbeiten nicht ausgenommen. Unabhängig davon fordert das Arbeitsamt, ebenfalls auf Weisung der Besatzung, täglich Arbeitskräfte zu Aufräumungszwecken an, wobei ein Sonntag wie ein Alltag gilt. In erster Linie werden Männer und Frauen herangezogen, die als Nichtbeschäftigte gelten. Die Zahl ist nicht gering, weil auch Hausfrauen dazu zählen, weil ferner ein größerer Teil von Betrieben und Behörden, die Kriegszwecken dienten, in Fortfall gekommen ist, und die in Berlin Beschäftigten keine Möglichkeit haben, zu ihrer Arbeitsstätte zu gelangen, und weil schließlich die ehemaligen Parteimitglieder mehr und mehr aus ihren Stellungen entlassen werden. Außer diesem regelmäßigen Einsatz wird auch die Bevölkerung straßenweise zur Aufräumungsarbeit aufgerufen. So mußten wir alle mit Ausnahme von Maria am Dienstag nach Pfingsten uns morgens früh vor dem ehemaligen Regierungsgebäude einfinden, in dem jetzt das Arbeitsamt und andere städtische Büros untergebracht sind. Frauen und Männer wurden zu verschiedenen Kolonnen gruppiert, wobei die Zahl der Frauen die der Männer um ein Vielfaches übertraf. Während Anne mit ihrer Kolonne das nah gelegene Viktoria-Gymnasium zu säubern hatte und schon am Mittag wieder nach Hause kam, mußte ich bis in die Nähe der Glienicker Brücke marschieren, wo das große Gebäude der ehemaligen Wasserbaudirektion als neue Stadtkommandantur herzurichten war. Ein Teil von uns wurde für Handwerksarbeiten verwendet, Glaser-, Dachdecker- und Schreinerarbeiten, andere, zu denen ich gehörte, hatten Möbel über ausgedehnte Gänge auf den Hof zu bringen. Mehr als einhundert Frauen wurden damit beschäftigt, Betten, Stühle und Tische von einem Raum in den anderen zu bringen, Korridore und Zimmer zu reinigen und Pläne und Zeichnungen des Wasserbauamtes aus den Schränken zu räumen.

Wieviel wertvolles Material, welche Arbeit von Jahrzehnten wurde mit rüdem Griff vernichtet oder so durcheinandergewirbelt, daß es auf lange Zeit hin nicht mehr verwertbar ist. Dem deutschen Aufseher, der wichtigtuerisch und unfreundlichen Tons die Aktion leitete, schienen schließlich selbst Bedenken zu kommen, denn nachdem alles in wildem Kunterbunt im Freien herumlag, wies er darauf hin, daß nichts von den Plänen verlorengehen dürfte, weil sie die einzigen Unterlagen bildeten für eine Wiederherstellung der jetzt meist zerstörten Brücken über die Flußläufe der gesamten Provinz. Die Einsicht kam ein wenig spät. Im übrigen hatte man hier wie auch bei der behenden Auflösung vieler Institute und fast aller Fabriken den Eindruck, als ob das Chaos noch künstlich vergrößert wird. Das ebenso hastige wie ratlose Abschleppen von Maschinen, der eilige Abtransport von Apparaten und Material, auch wissenschaftlicher Einrichtungen, das Entfernen von Transportmitteln und die Beschränkung auf eingleisige Bahnstrecken, das Abtreiben von Pferden und Vieh aus den landwirtschaftlichen Distrikten - dies alles, das eine Folge des verlorenen Krieges ist, wird die Möglichkeiten der Lebensmittelversorgung und eines wirtschaftlichen Neuaufbaues, selbst in bescheidenstem Ausmaße, sehr erschweren. In wenigen Stunden, in wenigen Tagen, ist zerstört oder ausgeschaltet worden, was erst nach vielen Monaten oder nach vielen Jahren wieder in Gang zu bringen ist. Selbstverständlich ist es das Recht des Siegers, mit dem eroberten Land zu schalten, wie es seine täglichen Bedürfnisse erfordern. Auch sind es die gleichen Maßnahmen, wie sie die Deutschen in den letzten Jahren in den von ihnen besetzten Gebieten durchgeführt haben. Viele behaupten, und ich zweifle nicht daran, daß die Deutschen, besonders im Osten, noch ärger und rücksichtsloser vorgegangen sind. Sie haben außer Material und landwirtschaftlichem Bestand auch Scharen der Bevölkerung als Arbeitssklaven an Ort und Stelle eingesetzt oder nach Deutschland verfrachtet. Wir müssen dies alles nun am eigenen Leib erfahren. Noch hat man von Deportationen grundsätzlicher Art nichts gehört. Es sollen in einzelnen Fällen gelernte Kräfte aufgefordert worden sein, sich für die Errichtung ihres Betriebes auf eine Reihe von Jahren nach Rußland zu verpflichten. Inwieweit diese Angaben stimmen, habe ich nicht nachkontrollieren können. Es wird, wie ich schon schrieb, sehr viel Übertriebenes erzählt. Vermutlich ist es für jüngere, leistungskräftige Menschen gewiß nicht das schlechteste, unser übervölkertes Gebiet zwischen Elbe und Oder, das in Arbeitslosigkeit brachliegt und dem Hunger entgegensieht, mit Verhältnissen in Rußland zu vertauschen, die zweifellos bessere Lebensaussichten bieten. Es wird gesagt, daß die Beschlagnahmen auf landwirtschaftlichem, industriellem und allgemein wirtschaftlichem Gebiet vom 15. ab im Rahmen der Waffenstillstandsbedingungen auf Reparationskonto verrechnet werden, während die bis zu diesem Termin vorgenommenen Maßnahmen im Zuge der Kriegsbeute als Ausgleich für das von den Deutschen dem russischen Land angetane Unrecht aufzufassen sind. Von der kleinen Warte aus, von der unsereiner die Vorfälle des täglichen Lebens betrachtet, nimmt man nur Einzelheiten wahr. Wenn man erfährt, daß die Deutschen in einem der wenigen Gasthäuser der Provinz, die noch geblieben sind, sich in diesen Tagen, die nicht zu den kühlen zählen, den Ofen mit Stühlen und Zimmertüren geheizt haben, oder wenn man erfährt, daß russische Soldaten in der Ungeduld, die ersten Kirschen zu pflükken, der Einfachheit halber die Bäume umschlugen, um leichter in die Kronen greifen zu können, so kommt mir das alte Sprichwort in den Sinn: daß es untunlich ist, den Ast abzusägen, auf dem man selber sitzt. Bedauerlicherweise merken die Betroffenen es immer erst, wenn das Unglück passiert ist.

Nicht anders hat es auch der deutsche Aufseher bei den Aufräumungsarbeiten in der Wasserbaudirektion gehalten, als er von der Vergeudung des dort verwahrten Materials sprach. Schon an diesem Tage unseres Zwangseinsatzes ließ sich im kleinen das allgemeine Bild beobachten: Da eine einheitliche Direktive fehlte, gab es zweckloses Herumstehen, lustlose Gesichter, mürrische griesgrämige Bemerkungen. Mich selbst hat es deprimiert, der geringsten körperlichen Arbeit nicht gewachsen zu sein. Ich geriet allein schon dadurch, Stunde um Stunde auf den Beinen stehen zu müssen, in einen Zustand völliger Erschöpfung. Gegen vier Uhr nachmittags wurden wir alle, nachdem wir nochmals registriert worden waren, mit der Aufforderung entlassen, uns am nächsten Morgen wieder einzufinden. Ich lag am Abend krank, unfähig zu irgendeinem Gedanken.

Wir brauchten uns späterhin an diesen Tageseinsätzen der einzelnen Straßen nicht mehr zu beteiligen, da inzwischen jeder von uns wieder als vollbeschäftigt in seinem Beruf galt.

*

Freilich der Beruf! Seitdem die Nachricht gekommen war - sie dauerte vier Wochen von Berlin nach Potsdam und traf erst am 25. Mai ein -, daß die Geschäftsräume des Verlages in der Lützowstraße bei den Kämpfen völlig eingeäschert sind, hat Suhrkamp zunächst die Kraft zur Initiative zum neuen Anfang eingebüßt. Welch seltsames Gefühl für ihn, diese Räume, die ein Teil seines wirkenden Lebens gewesen sind, niemals mehr betreten zu können, nachdem er daraus mit seiner Verhaftung durch die Gestapo am 13. April 1944 (wiederum die dreizehn, die in diesen

Aufzeichnungen immer wiederkehrt) gewaltsam entfernt worden war. Seit er in jener Nachtstunde vom 8. zum 9. Februar unmittelbar aus dem Konzentrationslager zu uns kam und wir den Rest der Nacht bis zum Morgen aufsaßen, ist unsere persönliche Haltung zueinander näher und organisch verbundener geworden. Viel wäre über die seltsam verschlungenen Fäden seines Schicksals einmal zu sagen.

Jetzt hat er meinem Drängen nachgegeben und den Verlag als Potsdamer Abteilung beim neuen Kulturamt, das von Herrn Dr. Hartung betreut wird, angemeldet. Er hat auch, Plänemacher, der er wie jeder Verleger ist, mir in einigen Gesprächen Ideen für neue Bücher und Buchreihen entwickelt. Neben der Wiederaufnahme des einen oder anderen der älteren Verlagswerke, wozu vor allem Hermann Hesses »Glasperlenspiel« gehört, dessen Erscheinen seinerzeit von dem Naziregime bei uns verhindert wurde und das lediglich in einer Schweizer Lizenzausgabe vorliegt, sowie der Weiterführung meiner Idee der Buchreihe »Die Gefährten«, bewegen ihn Vorstellungen einer europäischen Bibliothek. Alles hat bisher den Charakter des Improvisatorischen. Eigenbrötlerisch wie er ist, glaubt er sich mit einem zukünftigen Verlagsprogramm auf eine geistige Insel begeben zu können, die, isoliert von zeitgebundener Politik, ihr Existenzrecht auf seinen eigenen Schaffenswillen gründet. Ich kann mich meinen inneren Stimmen nicht verschließen, die mir sagen, daß das Zeitalter Europas und des Europäertums vorüber ist. Wer den Versuch macht, die Vorstellung der Welt so fortzusetzen, als sei der 27. April oder, genauer gesagt, der Tag des Kriegsendes nur ein Datum wie irgendein anderes historisches auch, wird mit jedem Ansatz, jedem Anlauf scheitern. Die Parallelen, die sich beim Vergleich mit der Zeit nach 1918 oder aber auch nach 1933 ergeben, liegen nun an der Oberfläche. Gewiß, der Schuster wird seine Schuhe, wenn er einmal wieder Leder bekommt, so besohlen können wie immer, Handwerk, im weitesten Sinne gefaßt, ist unabhängig von der politischen Struktur; Industrie bleibt schon zeitgebundener; Kultur und deren sichtbare Äußerungsformen der Wissenschaft und der Kunst sind nur der Vokabel nach »frei«, in Wahrheit stellen sie unbewußt den mittelbaren Ausdruck ihrer Zeit dar. Wer sich bewußt abseits hält, sich bewußt in eine Romantik retten will, mag sie noch so verbrämt sein oder als Gegenströmung dienen, hat keinen Boden unter den Füßen, der ihn selbst oder das zu errichtende Gebäude trägt. Ich sage das nicht aus pragmatischen Erwägungen oder weil ich die Berechtigung des Einzelgängers, wie man den Träger des Individualismus auch nennen kann, nicht erkenne. Jeder Mensch aber ist, da er selbst eine zeitliche Erscheinungsform bildet, abhängig, und mehr als das: wurzelhaft verwoben in den ihm übergeordneten Raum seiner Zeit. Über seinen eigenen Schatten springen zu wollen, ist der ständige Versuch aller großartigen Einzelnaturen, der, sooft er sich auch wiederholt, immer wieder mißlingt.

Aber es führt zu nichts, die Gedanken ausschweifen zu lassen und zu philosophieren in einem Augenblick, wo man auf den Knien liegt. - So war für mein Gefühl auch ein Gespräch anfechtbar, das sich vor etwa vierzehn Tagen zwischen der Stimme des Verlegers und der eines verlegerisch interessierten Buchdruckers abspielte. Der Drucker hatte die Idee, eine qualitativ wertvolle, aber für eine größere Auflage vorgesehene Ausgabe des Johannes-Evangeliums zu veranstalten. Es ergab sich eine längere Diskussion über das Format des beabsichtigten Drucks, der in einer handlichen Taschenausgabe vorgesehen war. Es ergaben sich Fragen der zu wählenden Schrift, für die aus älteren Vorlagen Proben herausgesucht wurden. Man stritt darüber, was ein derartiges Buch kosten dürfe, verlor sich in Einzelheiten der Kalkulation, die Möglichkeit des Absatzes, der Befreiung des Verlagswesens aus der kapitalistischen Geschäftsbedingung (ein Verlag könne in Zukunft nur mäzenatisch gehalten werden) und legte alles in allem die Maßstäbe der früheren Zeit an, die, wie ich meine, niemals mehr Maßstäbe in der kommenden Zeit sein werden. Bei diesem Phantasieren in die Zukunft vergaß man, daß ein einziger Zugriff aus der Realität alles in Frage stellen konnte: bei dem Preis die Entwertung des Geldes, bei der Herstellung des Buches die Fortnahme von Papier und Druckmaschinen, bei der Auflage die Ungewißheit über die Grenzen um und innerhalb Deutschlands und schließlich die Voraussetzung, inwieweit der kulturpolitische Aufgabenkreis der Besatzungsarmee die Produktion auf dem Büchermarkt bestimmen wird. Viele Arbeitsgespräche mögen sich in einer ähnlichen Spirale bewegen, die nicht nur in einem luftleeren Raum endet, sondern aus einem luftleeren Raum aufsteigt. Die Gefahr derartigen Gedankenaustauschs besteht darin, sich über die Zeit als die tragende Grundlage für alles praktische Handeln und damit über die eigenen Aufgaben zu täuschen. Die Zeit wird zu einer fremden Wirklichkeit.

Doch als ich in den Stoßseufzer über den Beruf ausbrach, gedachte ich mehr meiner eigenen Beziehung zum Verlage. Mein bürgerlicher Beruf hat mich in manchen Jahren meines Lebens immer wieder mit dem Verlagswesen in unmittelbare Berührung gebracht. Als ich 1920 mit meinen eben 24 Jahren bei Kiepenheuer eintrat, dessen Frau Marias Schwester war, habe ich dort den Verlagsbetrieb praktisch in allen seinen Zweigen kennengelernt. Ich begann als Lektor und wurde später mit Kiepenheuer gemeinsam mit der Leitung des Verlages betraut. 1925 schied ich aus und wurde ein Jahr später vom alten S. Fischer als Verlagsdirektor geholt, um seinen Schwiegersohn Dr. Bermann-Fischer, der ursprünglich Arzt gewesen war, in das Verlagswesen einzuarbeiten. Nach anderthalb Jahren schied ich dort wieder aus. Während des letzten Krieges hat mich Suhrkamp, der in den Jahren nach 1933 den alten S. Fischer Verlag übernommen hatte, nach Loerkes Tod als dessen Nachfolger im Lektorat eingesetzt. Ich besinne mich noch, wie er bei der endgültigen Abmachung zu mir die Worte sagte: »Auf Gedeih und Verderb.« Das Verderben schien drohend, als er verhaftet wurde. Nahezu ein Jahr lang mußte ich ihn als Leiter des Verlags vertreten und wurde damit sowohl aus meiner eigentlichen Tätigkeit als Lektor wie auch meiner dichterischen Arbeit herausgerissen. In jenem April vor einem Jahr war ich gerade nach einer längeren Pause wieder ins Schreiben meiner Erzählung von der Stadt hinter dem Strom geraten und war gut im Zuge. Die gewaltsame Unterbrechung hat mich um viele Monate dieser Arbeit und meines Lebens darin betrogen. Wie mag das Manuskript auf mich wirken, wenn ich es nun wieder vornehme, um es zu einem Ende, gleichviel welchem, zu bringen!

Meine Tätigkeit als Lektor im Suhrkamp bzw. S. Fischer Verlag ist der am meisten meinen Fähigkeiten entsprechende bürgerliche Beruf gewesen. Als ich bei Kiepenheuer zunächst im Lektorat anfing, war ich für diese Aufgabe viel zu jung. Der Lektor eines Verlages sollte, wenn er es ernst mit der Dichtung und den Schriftstellern meint, unabhängig von allem Wissen über eine genügende Spanne von Lebenserfahrung verfügen. Daß er Urteilsvermögen besitzt, was etwas anderes bedeutet, als guten Geschmack zu haben, ist eine selbstverständliche Voraussetzung. Wesentlicher ist, daß er prädestiniert ist, Berater, Helfer, Ermunterer und Lenker der Autoren zu sein. In meinem Falle kam noch die Verantwortung hinzu, die Tradition eines Amtes zu wahren, das vorher in so auserlesenen Händen wie denen von Moritz Heimann und Oskar Loerke lag. Jeder von ihnen hat als Lektor mehr als zwei Jahrzehnte Gesicht und Geist des Verlages mit bestimmt, und namentlich Heimann hat in den Jahren bis zum ersten Weltkrieg entscheidend jenen Begriff festgelegt, der sich für jeden Gebildeten mit dem Namen S. Fischer verbindet. Jakob Wassermann hat in seinen Selbstbetrachtungen, die noch 1933 erschienen sind, eine treffliche Darstellung von der entsagungsvollen Arbeit des Lektors und von seiner im Stillen wirkenden Kraft am Beispiel von Heimann gegeben. Man lese diese Seiten einmal wieder nach – und jetzt kann man es ja auch, weil die jüdische Literatur wieder öffentlich wirken darf, und man lese auch die kurze Marginalie, die Franz Blei in einem jener letzten Hefte der von ihm und Paris Gütersloh herausgegebenen Zeitschrift »Die Rettung« im Jahre 1919 veröffentlicht hat, einer Zeitschrift übrigens, in der ich nach Analogien zu dem gegenwärtigen Augenblick eines verlorenen Krieges suchend wiederholt blättere. Sie ist infolge ihres nur über wenige Monate hinausreichenden Bestehens noch unbekannter geblieben als die Innsbrucker Zeitschrift »Der Brenner«, und doch gehört ein großer Teil ihrer Beiträge zu den best-gedachten und best-formulierten Aufsätzen aus dem ersten Viertel dieses Jahrhunderts.

Die betreuende Gabe und Aufgabe des Lektors im S. Fischer Verlag hatte Loerke von seinem Freunde Heimann sich zugeeignet, und ich glaube, aus der über zwei Dezennien bestehenden praktischen Lebensfreundschaft mit Loerke, dem Dichter wie dem Lektor, wiederum bewußt und unbewußt einen Teil davon übernommen zu haben. Soweit es in den wenigen Jahren nur möglich gewesen ist, habe ich mich unverdrossen bemüht, diesen Geist und dieses Erbe auf meine Weise lebendig zu erhalten. Wenn auch Heimanns eigenes Schaffen in fünf geschlossenen Prosabänden vorliegt und seine Dramen zwei weitere füllen würden, will es mir scheinen, als ob ich sein dichterisches und essayistisches Talent - ein Talent echter Subtilität - häufig genug seiner Mission als Lektor untergeordnet habe. Loerke wiederum, der mit seinen sieben Gedichtbüchern der Welt die Waage halten wollte, hat sich mit zunehmenden Jahren immer stärker von den Aufgaben seines Lektorenamtes bedrängt gefühlt. Sein Seufzen nach Freiheit war ein Seufzen nach mehr Zeit. Er wäre gern noch einmal zur erzählenden Prosa gelangt und hat seine kritischen Aufsätze und essayistischen Bücher niemals für das Zentrum seines Schaffens gehalten. Mir selbst ist es in den - allerdings nur vier - Jahren meines Lektorenberufs so ergangen, daß ich bei aller Beanspruchung und Ablenkung, auch durch herausgeberische Tätigkeit, im allgemeinen einen Ausgleich zwischen Lektor und Dichter gefunden habe. Daß Leiden und Leidenschaft dem Dichter gehört, ist jedem, der mich kennt, selbstverständlich. Daß der Dichter Zeit und Raum braucht, hat auch Suhrkamp einmal eingesehen, als er mir für die Beendigung meines Romans einige Monate Urlaub vom Verlag geben wollte. Dieser sollte Mitte Mai vergangenen Jahres beginnen. Statt dessen mußte ich damals seine Vertretung im Verlag übernehmen.

Niemand weiß heute, was aus dem Verlag wird, auf welche Weise er in seiner alten oder neuen Form einmal wieder ersteht. Ob es für mich dabei ein Arbeitsfeld gibt, das sich auf den Umkreis des Lektors beschränkt, hängt ebenfalls von der Entwicklung der politischen Umstände ab. Obwohl ich die Fähigkeit hätte, einen Verlag im ganzen zu leiten, würde meiner Neigung und der mir adäquaten Bestimmung der Platz des geistigen Inszenators, des Regisseurs, der unsichtbar hinter den Kulissen bleibt, reiner entsprechen. Noch aber läßt sich nichts wünschen und nichts vorsorgen. Vielleicht werden sämtliche Verlage in absehbarer Zeit Ausdrucksträger des Staates, vielleicht kehrt Dr. Bermann-Fischer, der inzwischen mit Dr. Landshoff in New York einen Verlag innehat, nach Berlin zurück, um den alten S. Fischer Verlag wieder zu übernehmen, aus dem er durch die Naziherrschaft vertrieben war. Er würde unter den Angestellten noch viele finden, die die Zwischenzeit der zwölf Jahre ohne Parteischrammen überstanden haben.

Was auch geschehen wird, hängt am wenigsten von mir ab. Mehr denn je ist der einzelne ein Fangball des Augenblicks. Schon an die nächste Zukunft zu denken, ist eine Utopie.

*

Wie bei den Russen weiche Sentimentalität aus geringfügigem Anlaß in vitale Kraßheit umschlägt, unterliegt unser eigenes Lebensgefühl einem ständigen Wechsel zwischen Mut und Verzagtheit, zwischen Ja und Nein. Immer wieder nimmt man den Anlauf, Schwierigkeiten aus dem Wege zu räumen, immer wieder türmen sich neue auf, und man sieht sich an den Ausgangspunkt zurückgeworfen. Man hat sich dem Schicksal gestellt, ist nicht davongelaufen, aber wie soll man mit ungreifbaren Gespenstern fertig werden? Mit den lauernden Gespenstern des Hungers, der Kälte, der Geldnot, der Arbeitslosigkeit, der Seuchen, wie sie so vielen und vielleicht uns allen drohen? Ist es nicht gespenstisch, auf Schritt und Tritt im kleinen wie im großen jeder Willkür preisgegeben zu sein? Jeden Tag erneuern sich die Beispiele. Wie soll man aufbauen, wenn einem jeden Tag der Boden unter den Füßen weggerissen werden kann! Dabei brauchen wir nicht jene Sorgen zu haben, denen die schuldbeladenen Nazis mehr und mehr zutreiben. Zuweilen sehe ich Hunderte von Frauen, zum Teil mit Besen und Schippen ausgerüstet, in aller Frühe an unserem Haus vorüberziehen. Der Einsatz für die einzelnen Straßen und Bezirke hat so zugenommen, daß sie zwei- bis dreimal wöchentlich erfaßt werden. Die Arbeitszeit ist von unterschiedlicher Länge, von morgens sieben bis zum Mittag oder acht bis zum Nachmittag um vier oder fünf Uhr, und es ist vorgekommen, daß sie sich in einzelnen Fällen bis zum späten Abend ausgedehnt hat, ohne daß die Betroffenen mehr als trockenes Brot und einen Teller Suppe in der Zwischenzeit erhielten. Nachdem die Trümmer von den meisten Straßen weggeschafft sind, werden die Frauen zu verschiedenartigen Aufräumungsarbeiten eingesetzt. Unlängst mußte eine Gruppe die abgefallenen Rosenblätter von Schloß Cecilienhof sorgfältig aufsammeln. Wieder haben sich die Gerüchte belebt, daß dort die Konferenz stattfinden soll oder einer der Großen Drei, die man zur Tagung in Potsdam erwartet, sein Quartier nehmen wird. Eine andere Gruppe von Frauen wurde einmal mit dem

Lastwagen zur Michendorfer Chaussee gefahren, von der sie ein Stück fegen mußten. Ich kann mich nicht erinnern, daß in früherer Zeit die Chausseen bei uns gekehrt wurden. Nach einer Weile wurden die Frauen zur Glienicker Brücke gefahren, um den Radfahrweg an der Uferstraße nach Sakrow von herabgefallenen Lindenblüten und Blättern zu reinigen. Da am Tage zuvor ein anderer Einsatz diese Arbeit ausgeführt hatte, war die Aufgabe bald gelöst. Die Frauen blieben dann noch einige Stunden an Ort und Stelle und griffen ein, sobald der Wind ein welkes Blatt auf den frisch gekehrten Radfahrweg wehte, und konnten erst am späten Nachmittag zu ihrer eigenen Hausarbeit zurückkehren. Andere freilich müssen auch schwere körperliche Arbeit leisten, ohne daß sie die zusätzlichen Lebensmittelkarten für Angestellte oder Arbeiter erhalten. Soviel ich weiß, wird auch im Gegensatz zu Berlin hier vom Arbeitsamt kein Entgelt entrichtet. In Berlin beträgt der Stundenlohn zwischen 60 und 70 Pfennigen.

Erwähnte ich schon, daß ich wieder nach dem einen und anderen Buch greife und über das Blättern hinaus schon begonnen habe, etwas zu lesen? Allmählich schaffen wir jenen Teil meiner Bibliothek, der während des Krieges im Keller untergebracht war, nach oben in die Wohnung. Hierbei fällt mir lang Entbehrtes in die Hand. Gedichte zu lesen, bin ich freilich noch nicht wieder imstand.

Zum Lesen gehört die Fähigkeit des Glaubens. Das Ergriffenwerden durch das Wort in seiner Einheit als Sinn und Klang, die Ergriffenheit des Lesers kommt dadurch zustande. Bringt er diesen Beitrag gläubiger Bereitschaft nicht mit, kommt das Erlebnis im Geiste nicht zustande. Für den kritisch geschulten Leser – und einzig für diesen – gilt als Prüfstein für die Wahrheit eines Gedichts oder eines

Romans, ob und inwieweit der Glaube, den er der Dichtung entgegenbringt, bestätigt oder enttäuscht wird. Zu glauben setzt den Zustand der Naivität voraus. Insofern glaubt auch jeder naive wie jeder geschulte Leser an das Buch, das er liest. Nur schließt sein Lesen eine Urteilsfähigkeit noch nicht in sich. Er wird vornehmlich allem zugänglich sein, das einen bestimmten Bezug auf ihn, auf seine Situation, auf den Wunschtraum seiner Vorstellungswelt hat. Er findet in dem Maße Genüge an der Lektüre, als das unbewußte Verlangen nach dieser Bezüglichkeit gestillt wird. Daher erklärt sich für viele Kreise beispielsweise die Beliebtheit von Romanen, die in der höheren Gesellschaftsschicht unter »edlen« Charakteren spielen, wobei der literarische Wert gleichgültig ist. Als Typus dafür gilt je nach den Bedürfnissen die Marlitt oder Ganghofer oder Wassermann. Das gleiche läßt sich auch auf Theaterstücke und Filme anwenden. Auch für den anspruchsvollen Leser wird jede Begegnung mit einer Dichtung die Bezüglichkeit zu seiner geistigen Situation hervorrufen. Lesen erweckt den Geist.

Am 9. Juni nach so vielen Wochen zum ersten Mal wieder Musik. Eine Veranstaltung der »Kammermusik-Vereinigung der Residenzstadt Potsdam«. Das Programm, zweisprachig gedruckt, verzeichnet an Mitwirkenden: Friedhelm Wilksch, Carl Bittner, Franz Szpanowski, Heinz Nilges, Herbert Zydaziss, Hans Chemin-Petit, Hermann Schumacher - vorwiegend Berliner Namen. Franz von Szpanowski war der erste Geiger, der bei der allerersten Sendung des Berliner Rundfunks Mitte der zwanziger Jahre mitwirkte. Für Professor Chemin-Petit, den ich beim Konzert kurz sprach, spielte ein Berliner Ersatz, da sich Chemin-Petit eine Nervenentzündung des Mittelfingers zugezogen hatte. Das Programm: Johann Sebastian Bachs

E-Dur-Konzert für Cembalo und Streicher, Xaver Hammer Trio in D-Dur für Viola da Gamba, Violine und Cello, C-Dur-Konzert für Cembalo und Cello von Giordani und schließlich zwei Telemanns, G-Dur-Sonate für Viola da Gamba und Cembalo und Ouvertüren-Suite in D-Dur für Viola da Gamba, Streicher und Continuo. - Der Raum im Konzerthaus durch einheitliches Blumenarrangement geschmackvoll hergerichtet. Die Spieler in zwanglosen Anzügen, der Saal in strahlendem elektrischem Licht, gut besucht, wenn auch nicht ausverkauft. Auffallend wenig Männer. Zahlreiche Russen, zum Teil in Uniform. Der Bach war falsch gespielt, Szpanowski, dessen Violinspiel gern ins Schwelgerische zielt, gab hier den falschen Tonakzent. Loerke sagte einmal vor vielen Jahren: Man kann Bach nicht gut oder schlecht spielen, sondern man kann ihn entweder richtig oder falsch spielen. Eine absolut zutreffende Feststellung. (Interessanterweise konnte auch Cortot Bach nicht richtig spielen. Dafür holte Cortot aus Schumann das so verborgen liegende Musikhafte heraus.) Hammer, eine mir unbekannte Komposition, sehr interessant durch die beiden Celli, wobei der hellere und sanghaftere Ton der Kniegeige zum normalen Cello gut kontrastierte. Komposition harmlos, reiner Zeitstil, aber nicht unwirksam durch die Leichtigkeit. Giordani lag der Art Szpanowskis mehr, gutes Zusammenspiel, vor allen Dingen durch die sachliche Spielweise des Cembalisten Bittner. Bestes musizierendes Zusammenspiel bei den Telemanns, großartig die Sonate, da sich Bittner und Wilksch in ihrer unpathetisierenden, rein der Wiedergabe dienenden Spielweise vollkommen ergänzten. Die Ouvertüren-Suite, ein fülliges Zusammenwirken aller Instrumente, völlig einheitlich, wie es bei Kammermusik sein muß, unauffällig aber genau dirigiert durch Wilksch und bei den entsprechenden Teilen durch Bittner. Hier gelang echte Kammermusik, während der erste Teil mehr als erstklassige Hausmusik zu bezeichnen war. Immerhin überraschend, wie sich eine Spielvereinigung, deren Mitglieder sich nur zum Teil kannten, in so kurzer Zeit zum Zusammenklang gefunden hat. Beachtlich, daß der Geiger Zernick fehlte, vermutlich ist seine Nazi-Bindung zu groß gewesen. Unsere Plätze auf der Empore und in der rechten Entfernung sehr glücklich. Bei Cembalo-Veranstaltungen darf man nie allzu weit entfernt von den Musikausführenden sitzen. Hätte am nächsten Tag meine Darmstörung nicht wieder sich unliebsam bemerkbar gemacht, wäre ich zur Wiederholung des Konzerts gern noch einmal hingegangen. – Es ist übrigens einer Betonung wert, daß wir alle gemeinsam das Konzert besuchten und zum ersten Mal wagten, die Wohnung allein zu lassen.

Ich notiere noch kurz einige Bemerkungen zu Büchern, die ich in diesen Tagen las und zum Teil nach vielen Jahren wieder las. Bei Ernst Jüngers »Marmorklippen«, dessen Stil von ästhetisch empfindsamen Menschen gerühmt wird, fiel mir auf, daß er sich aus vorwiegend lyrischen Komponenten zusammensetzt. Dies geht so weit, daß einzelne Sätze in geschlossenen Partien, besonders gegen das Satzende hin, in einem skandierenden Metrum geschrieben sind. Dieser Umstand verrät, daß es sich um keine gewachsene Prosa handelt, sondern um eine künstlich erdachte. Auch sonst läßt sich vom Stil her gesehen manche Manieriertheit finden. Man achte einmal darauf, wie viele Sätze auf engem Raum stets mit dem Wort »So« beginnen! Wie das Stilistische, die Form, so ist nach meinem jüngsten Eindruck auch das Gedankliche, der Inhalt, gleichsam in einer Retorte zur Welt gekommen. Alle Figuren sind Homunculus-Geschöpfe. Auf eine Fabelhandlung im alten Sinne zu verzichten, wie es schon in Jüngers »Afrikanischen Spielen« deutlich wurde, entspringt dem gleichen Mangel: dem Mangel an Natur. Die Natur bei Jünger ist eine Behauptung des Autors, beinahe eine seiner Erfindungen. Auch dies entspricht, wie alles bei Jünger, einer künstlerischen Absicht. Es soll nicht geleugnet werden, daß er als Schriftsteller versteht, aus dieser Not eine glänzende, eine prunkvolle Tugend zu machen: Er verweist indessen damit sein Schrifttum in die Kategorie der bloßen Ästhetik.

In einen vollen Gegensatz zu Jünger rückte für mich die Prosa von Franz Kafka. Auch hier sind die Sätze von einer bewußten Ästhetik geprägt. Sie haben aber ihren Ursprung in einer organischen Spiritualität. Die Metarealität, die bei Jünger den Zauber der Kulisse spiegelt, bildet bei Kafka ein echtes Zwischenreich. Josef K., aber auch alle anderen Transfigurationen des erzählenden Ich (etwa im nachgelassenen Band »Die chinesische Mauer«, in den »Forschungen eines Hundes«, dem »Bau«) bewegen sich auf einem doppelten Boden. Sie sind metaphysische Erscheinungen und bleiben in ihrer Doppelbödigkeit gegenständlich. Sie vertreten, wo überall man sie prüft, den ihnen innewohnenden Zustand. Das heißt, sie sind zuständig für die Existenz ihrer Welt, und nicht nur ihrer, sondern der Welt schlechthin. Beide, Jünger wie Kafka, gleichen einsamen Wanderern durch die Wüste: Während Jünger an dem Farbenspiel einer Fata Morgana Genüge findet, führt mich Kafka in eine wirkliche Oase. Am Ausgang des Weges steht bei ihm Kierkegaard. Jünger hingegen macht seinem Namen Ehre, indem er ein deutlicher Jünger von Nietzsches Zarathustra ist. Nach ihrer geistigen Herkunft leuchtet ohne weiteres ein, daß der Bestimmungsort der Jüngerschen Figuren die

Allegorie und der der Kafkaschen das Symbol ist. Dadurch ist der Umkreis von Jüngers Welt ästhetisch festgelegt, der Umkreis von Kafkas Welt analytisch. Für Jünger ist es bezeichnend, daß ihm eine Vollendung gelingt, die der Rundheit und Geschlossenheit, dem gleichsam Überschönen eines kunstgewerblichen Gegenstandes entspricht. Und es ist bezeichnend, daß jede Arbeit von Kafka Fragment geblieben ist. Wie alle großen Werke der orphischen Kunst, Fragment wie die Torsi des späten Michelangelo (Pietà Rondanini). Das Zeitalter, in dem sich das Leben nach ästhetischen Kategorien gruppiert und ordnet, scheint bei aller ihm zu zollender Verehrung vorüber. Und so, wie ein hellhöriges Ohr Jüngers Sprache als einen synchronisierten Text empfindet, sind die Kafkaschen Sätze aus den Grundsteinen der organisch-geistigen Welt gebaut. Vergleicht man Jüngers Aphorismen aus dem Bande »Blätter und Steine« mit denen von Kafka, so wird deutlich, daß bei diesem der gültige, aus bohrenden Zweifeln genährte Geist spricht, während jener ein vollendetes Lippenbekenntnis vorträgt.

Aber diese Randbemerkungen zu den beiden Erscheinungen mögen mehr für Leute vom Bau interessant sein. Es sind in dubio sogar ungehörige Bemerkungen, die ich nur vorläufig in diese Blätter füge. Sie mögen auch ein Zeichen dafür sein, daß bei allem Ungemach, bei allem Kreuz und Quer der Abenteurerwelt dieser Wochen die Gedanken allmählich fähig werden, sich wieder mit geistigen Aufgaben zu beschäftigen.

Als Faktum mag es auch anzeigen, daß wir die erste Phase der neuen Entwicklung hinter uns gebracht haben. Die Wirbel, in denen wir im Mai noch Tag um Tag hintrieben, sind stiller geworden, aber vielleicht täuscht die Oberfläche nur ein Bild der Ruhe vor, während die Ruhelosigkeit in der Tiefe weiter brodelt.

Vierzehn Tage nach der Besetzung war der kommissarische Oberbürgermeister der Stadt, Herr Dr. Bestehorn, der in den letzten Jahren das Ernährungsamt geführt hatte, mit seinem Mitarbeiterstab festgenommen worden. Sie mußten nach Zehlendorf marschieren, konnten aber im Lauf der Woche wieder zurückkehren. Die meisten wurden ihrer Ämter enthoben. Ein neuer Oberbürgermeister, Herr Dr. Zahn, ist ernannt worden, die Dezernenten der einzelnen städtischen Ämter sind durch Anschlag bekannt gegeben worden. Für jeden, der etwas von den Verhältnissen in einer Übergangszeit versteht, war es selbstverständlich, daß sich die erste Garnitur rasch abnutzen würde. Es bleibt abzuwarten, wie lange die zweite am Ruder bleibt, nicht nur bei der Verwaltung unserer Stadt, sondern auf allen mehr oder minder offiziellen Posten. Unter den Dezernenten befinden sich eine Reihe von Personen, die den breiteren Volksschichten entstammen und zum großen Teil Mitglieder der KPD aus der Zeit vor 1933 gewesen sind.

Im Trubel der ersten Tage hatten wir nach der Unterhaltung mit dem Gardemajor Jermakow den Plan gefaßt, uns sofort für irgendeine Arbeit bei der Stadtverwaltung zur Verfügung zu stellen und hatten unsere Bereitschaft, am Wiederaufbau mitzuwirken, auch Herrn Bestehorn vorgetragen. Ich hatte dabei darauf hingewiesen, daß jetzt mehr denn je sich die Kräfte, die niemals in einer Bindung oder Beziehung zur Nazipartei gestanden hatten, guten Willens sammeln müßten, und erst aus einer reservierten Antwort gemerkt, daß Herr Bestehorn, wie übrigens 94 Prozent der städtischen Beamtenschaft, mehr oder minder freiwillig Parteimitglieder waren. Unsere Bereitschaft wurde lediglich zur Kenntnis genommen, ohne daß praktisch irgend etwas erfolgte, und dies war ja auch nur gut, weil unser Schritt einem Gefühl entsprang, das eine naive Unkenntnis über die gesamte Lage verriet. Wir hatten lediglich beweisen wollen, daß wir da sind, und ahnten damals noch nicht, wie viele sich betriebsam zu irgendwelchen Posten und Pöstchen drängten, um ihre politische Vergangenheit zu verbergen. Die weitere Zwischenzeit hat mir bestätigt, daß jeder von uns auch nur eine Tätigkeit in dem Rahmen aufnehmen darf, die seinen natürlichen Fähigkeiten entspricht. Zwischenlösungen haben keinen Zweck; man muß solange warten können, bis sich eine echte Lösung ergibt. Aber auch solche Erkenntnisse wollen durch eigene Erfahrungen erkauft sein.

Wenn man es recht bedenkt, sind wir während der ersten Phase relativ unbehelligt geblieben, denn ich vergesse nicht das Gute, das für uns im Vergleich zu manchen andern geblieben ist. Wenn man in den Spiegel der Zeit blickt, der solange blind schien, beginnt man langsam wieder die Umrisse seiner selbst zu erkennen. Freilich nur die Umrisse. Noch immer können wir in unserer Wohnung, in unserem Haus leben, wir sind Plünderungen und gröberen Bedrängungen entgangen, wir haben zu essen und sind bisher noch immer einigermaßen satt geworden. Wir haben Nähmaschine, Telefonapparat und Schreibmaschine behalten können, die in anderen Stadtbezirken eingefordert worden sind. Wenn man auch das Telefon auf absehbare Zeit nicht wird benutzen können, ermöglicht die Schreibmaschine meine eigenste Arbeit. Daß ich mich ihr allmählich wieder zuwenden kann, ist der wesentlichste Gewinn am Schluß der ersten Entwicklungsphase.

*

Die realen Einbrüche des Tages sind nicht mehr so vordringlich. Man kommt sogar manchmal zur Besinnung, daß der Krieg zu Ende ist. Zunächst begriff man dies nicht, weil das aus den Fugen geratene Leben seit der Besetzung unverändert weiterging. Das unmittelbare Kriegsgeschehen hatte für uns mit der endgültigen Eroberung der Stadt aufgehört. Von diesem Augenblick an war mit Luftangriffen nicht mehr zu rechnen, die Klauen des Militärs und der Partei konnten den einzelnen nicht mehr ergreifen, und man wußte, daß nach dem bevorstehenden Fall Berlins auch keine Möglichkeit für eine längere Fortsetzung des Krieges bestand. Als am 1. Mai Gerüchte durchkamen, daß der Urheber des Krieges, Hitler, tot sei, blieb das Gefühl des Aufatmens aus. Vierzehn Tage früher, bevor Potsdam selber Kriegsschauplatz geworden war, hätte man diese Nachricht mit tiefer schicksalhafter Genugtuung aufgenommen. In diesem Augenblick, da die Parteigewalt beseitigt war und eine andere Wirklichkeit schon von uns Besitz ergriffen hatte, kam ihr keine größere Bedeutung mehr zu als einer Gut- oder Schlechtwetternachricht. Sein Abgang hatte auf unser Leben keinen Bezug mehr. Nichts kann die Wirkungslosigkeit des Ereignisses besser kennzeichnen als die lakonische Äußerung eines einfachen Berliners, die uns ein Bekannter erzählte. Er hatte über den Gartenzaun seinem Nachbarn zugerufen: »Hitler ist tot!« – »Hitler ist tot?« antwortete dieser, »so«. Und nach einer bedächtigen Pause: »Na ja.« Der Mann hatte durchaus begriffen, daß man über etwas belanglos Gewordenes zur Tagesordnung übergeht. Der Untergang Hitlers kam einfach zu spät, so wie ein Wunsch, der zu spät in Erfüllung geht. Wie hatten sich noch nach dem gescheiterten Attentat vom 20. Juli die Gemüter erregen können, wie war noch über das Für und Wider debattiert worden! Damals konnte man sich vom rechtzeitigen Verschwinden Hitlers eine Änderung der gesamten Situation vorstellen. Jetzt aber waren die Würfel längst gefallen. So empfanden wir auch das Ende des Krieges als zu spät, um noch einen positiven Widerklang zu erzeugen.

Die Tatsache, daß die bedingungslose Kapitulation in Karlshorst bei Berlin unterzeichnet worden sei, erfuhren wir durch einen jungen Holländer, der mit seiner Frau, einer Deutschen, aus dieser Gegend zu uns gekommen war. Sie befanden sich auf der Wanderung nach Holland und hatten bei uns um ein Quartier für die Nacht vorgesprochen. Da das Haus damals voll belegt war, konnten wir ihnen keinen anderen Raum als den ehemaligen Luftschutzkeller zur Verfügung stellen. Wir erfuhren zum ersten Mal vom Hörensagen, was wir später in unserer Stadt selbst erlebten, daß zahlreiche Wohnungen und Straßenviertel von der Besatzungsarmee in Karlshorst beschlagnahmt worden waren. Wir hörten auch zum ersten Mal nähere Einzelheiten über die Kämpfe in den östlichen Vororten von Berlin. Den Holländern ist es übrigens nicht gelungen, die Elbbrücke bei Magdeburg zu passieren. Sie kehrten zunächst wieder nach Berlin zurück. Als wir sie später noch einmal in Potsdam sahen, waren selbst ihnen die Fahrräder mit dem holländischen Wimpel abhanden gekommen.

Es ist selbstverständlich, daß man sich am Ende des Zweiten Weltkrieges auf den Ausgang des Ersten Weltkrieges besinnt. Sucht man nach Analogien und Vergleichen, so stellt man bald fest, daß die Unterschiede zwischen dem Mai 1945 und dem November 1918 größer sind als etwaige Parallelen. Schon der Ausbruch des Krieges von 1914 und die ersten Kriegsjahre hatten bei der Mehrzahl der deutschen Bevölkerung gefühlsmäßig eine Reaktion gezeigt, die sich gegen die von 1939 völlig abhob. Damals war ich achtzehn Jahre alt, aber ich erinnere mich genau an die Wellen der Begeisterung und Zustimmung zum Kriege, und ich erinnere mich zugleich daran, daß ich selbst nichts von dieser Begeisterung spürte und mir deshalb fremd und von der Zeit ausgeschlossen vorkam. Ich habe Vaterlandsliebe, die sich durch Schwertergeklirr und Wogenprall äußert, gefühlsmäßig nie begriffen, und es ist kein Zufall, daß ich schon in den Jahren 1914 bis 1918 unfähig war, auch nur ein einziges Kriegsgedicht zu schreiben. Rein vom Instinkt her und ohne jede Dialektik empfand ich »Töten« und »Getötetwerden« als einen Akt, der sich gegen den Menschen als Naturwesen versündigt. Darüber konnte mich schon als jungen Menschen die patriotische Phraseologie nicht täuschen, durch die das »Töten« und »Getötetwerden« in »heldisches Kämpfen« und »Fallen« verklärt wurde.

Bei Ausbruch des Krieges von 1939 hatte sich an meiner gefühlsmäßigen Einstellung aus der Jugend zum Krieg nichts geändert, ich hatte lediglich inzwischen hinzugelernt, daß Patriotismus und soldatische Vaterlandsliebe nicht die positiven Kennzeichen dessen sind, was den deutschen Genius vor dem Angesicht der gesamten Menschenwelt ausmacht. Der deutsche Geist wurde für jeden, der die Zusammenhänge tiefer zu sehen verstand, mit dem Beginn der Hitlerherrschaft aus unserem Lande verbannt. Verbannt wurden im Grunde ihres Wesens alle Träger des deutschen Geistes, Herder wie Goethe, Bach wie Reger, jeder und jeder einzelne, der den Begriff des eigentlichen Deutschen mit geprägt hat, wenn auch die Phraseologie der Zeit von 1933 bis 1945 sich dieser Namen auf geistfälschende Weise bedient hat. Ein Teil der Menschen, die das 1933 erkannten, emigrierte, der größere Teil mußte hier bleiben und führte ein Katakomben-Dasein.

Bei den Manövern, die alljährlich vor 1914 veranstaltet wurden, glaubte außer den Militärs niemand recht an einen Krieg. Bei den Maßnahmen, die Hitler unter dieser und jener Tarnung traf, wußte auch der kleine Mann, daß sie in ihren Auswirkungen zwangsläufig zum Kriege führten. Dennoch war im Gegensatz zu 1914 der Krieg von den ersten Septembertagen 1939 an allgemein unpopulär. Lediglich die Presse und die zelotenhafte Haltung der Parteigläubigen, die ihrem Hitler die Unfehlbarkeit eines Papstes zuerkannte, versuchten darüber hinwegzutäuschen. Dadurch, daß die Massen seit 1939 in einen Automatismus gelenkt wurden, der nicht nur für die Arbeitszeit, sondern auch für die Freizeit genaue Rezeptanweisungen vorsah, wurde jedes echte spontane Gefühl abgeschnürt. Die Bevölkerung wurde durch engagierte Claqueure vertreten, die auf einen Regiewink klatschten oder unwillig tobten, lachten oder sich empörten, schrien oder das Maul hielten. So war es bei den Parteifesten, bei den kalten Judenpogromen, bei der theatralischen Zerreißung des Versailler Diktats, bei der Heimkehr aller Deutschen ins Reich, so war es auch während des Krieges. Das Leben und die Empfindungskraft waren schwunglos gemacht, und das bedeutete, daß die Unselbständigkeit schließlich einen Grad erreichte, die fast alle Deutschen zu Marionettenpuppen werden ließ. Die künstliche Scheinwelt, die Pseudoideale des deutschen Kleinbürgers wurden durch den Nazismus entfesselt. Stand am Ende des Ersten Weltkrieges der geschlagene deutsche Bürger, so steht am Ende des Hitler-Krieges der geschlagene deutsche Kleinbürger, und die Bestrebungen nach einem Wiederaufbau des öffentlichen und kulturellen Lebens scheinen gegenwärtig von dieser kleinbürgerlichen Warte aus betrieben zu werden. Es fehlt jeder freiheitlich überschießende Schwung, der den November und Dezember 1918 in einer natürlichen organischen Bewegung hielt. Welche Protestaktionen und Massendemonstrationen damals der Arbeiterschaft! Wie stark bei den meisten Soldaten die Ächtung des Krieges! »Nie wieder Krieg!« war die Parole, aber auch das echt gemeinte Losungswort von allen, die der Hölle des Krieges entgangen waren. Als ich freilich schon damals den Termin des nächsten Weltkrieges auf eine Zeit von nur zwanzig Jahren später vorauszusehen glaubte, haben mich Freunde und Bekannte wie Walter Pritzkow, Alexander Graf Brockdorff, Walter Gramattéé für verrückt gehalten. Damals gab es zwei Millionen tote deutsche Soldaten, heute mögen die Verluste sechs bis sieben Millionen betragen, ungerechnet der Toten unter der Zivilbevölkerung. Damals stand Deutschland am Schluß eines verlorenen Krieges, heute steht es am Beginn einer Katastrophe. Einer Katastrophe, deren Ausmaße noch keineswegs erreicht sind. Nur wenige haben bisher begriffen, daß es für die gegenwärtige Situation keinerlei Vergleiche aus der geschichtlichen Vergangenheit gibt. Vorläufig treibt jedermann sein Puzzlespiel, steckt den Kopf in den Sand und so, wie es plötzlich in ganz Deutschland niemanden gibt, der jemals begeisterter Parteigenosse war, will auch niemand zugeben, daß vor dem Forum der Geschichte oder sagen wir besser vor dem Forum der Humanität die Deutschen an ihrem maßlosen Unglück und Leiden selber schuld sind. Schon regen sich gegenüber diesem Schuldbekenntnis, das die Aufrufe der einzelnen politischen Parteien aus ehrlichen oder aus taktischen Gründen in ihr

Programm genommen haben, Stimmen des Widerspruchs. Es ist aber zu fragen, wer und was in der Welt denn sonst schuld sein soll. So fingen die Alldeutschen und die Völkischen nach dem Ersten Weltkrieg auch an, um dann die Schuld auf die Juden abzuwälzen. Für den irregeleiteten Ehrbegriff von vielen Deutschen, Intellektuellen wie auch einfachen Leuten, scheint es grundsätzlich unmöglich zu sein, mit Leib und Seele zu bekennen: pater peccavi. Die meisten bilden sich ein, durch die Leiden des Krieges, die sie in einem viel stärkeren Maße auszuhalten hatten als die Generation von 1914 bis 1918, bereits alles abgebüßt zu haben. Die Hälfte der Bevölkerung hat ihre Habe und ihren Wohnsitz verloren, fast jede Familie hat dem Moloch des Krieges Opfer gezollt. Indessen ist es eine kurzsichtige Erwartung, es müsse nun, nachdem die Leidenszeit des Krieges vorbei ist, für jeden wieder besser werden, da jeder sich einredet und zugleich damit ausredet, er trage die Verantwortung am Kriege nicht mit und habe es ja selbst so böse nicht gemeint. So leugnet er nicht nur alle Schuld, sondern nimmt auch die Befreiung von der Parteiherrschaft als etwas Selbstverständliches hin. Die Parteiideologie auszumerzen, wird verhältnismäßig einfach sein, weil sie von vornherein auf tönernen Füßen stand.

Man darf nicht übersehen, daß das Nazitum nur der letzte Ausbruch der allgemeinen Hauptuntugend der Deutschen zu allen Zeiten gewesen ist, nämlich der Hybris, der frivolen Selbstüberhebung. Diese Selbstüberhebung findet ihre Entsprechung im preußischen Militarismus, in der Vergottung der Uniform, in dem »Willen zur Macht«. Die Stimmen, die auch jetzt - ob laut oder leise, ist gleichgültig - sich gegen das Schuldeingeständnis zur Wehr setzen wollen, sind nichts anderes als Beispiele für diese deutsche

Selbstherrlichkeit. Der wahre Herr wird immer fähig sein, kritische Einkehr in sich selbst zu halten. Es wird der Erziehung von zwei Generationen bedürfen, um die Wurzel allen Übels, den falschen Stolz des Deutschen, in ihm selber zu vernichten. Wenn an seine Stelle nicht echte Ideale treten, wird es fraglich bleiben, ob eine Änderung der deutschen Mentalität möglich ist. Als ein Zeichen einer geänderten Einstellung zur Welt wird es beispielsweise gelten, wenn jedermann einzusehen beginnt, daß alle deutschen Soldaten umsonst gefallen sind. Sie sind nicht nur in diesem Krieg umsonst gefallen, sondern in jedem Krieg. Sie sind weder für Deutschland noch für Europa, weder für den Geist noch für die Kultur gefallen. Erst wenn jeder Deutsche die Wahrheit dieser Erkenntnis begreift, ohne daß darunter sein falscher Stolz leidet, wenn jede Mutter, die ihren Sohn, jede Frau, die ihren Mann verlor, in dieser natürlichen Weise reagiert, werden wir die Fiktion des alles beherrschenden Militärs verloren haben. Die Deutschen müssen endlich begreifen, daß kleine Kinder normalerweise ohne Uniform geboren werden und daß die Militäruniform kein Ehrenkleid ist, das einen Vorrang vor der Zivilkleidung des gesitteten Mitteleuropäers besitzt, sondern eine Zwangsjacke.

Den Ersten Weltkrieg empfand man als elementare Störung des menschlichen Gemeinwesens, als Einbruch des Chaos in das Reich der Ordnung. Freilich hatte das Reich der Ordnung mittlerweile den Charakter einer fragwürdigen Idyllik angenommen. Der Hitlerkrieg wirkte von vornherein rationalisiert. Sein Fanatismus trug die verzerrten, künstlich verkrampften Züge, die von Anfang an der »Nationalsozialistischen Bewegung« eigentümlich gewesen sind. Der Ungeist über Deutschland war nicht erst mit Kriegsbeginn sichtbar geworden, sondern mit dem Tage, an dem Hitler seine Diktatur errichtete und die Partei über den Staat stellte.

Erst gewahrten wir vergnüglich
Wilden Wesens irren Lauf;
Unerwartet, unverzüglich
Trat ein neuer Kaiser auf.
Und auf vorgeschriebnen Bahnen
Zieht die Menge durch die Flur;
Den entrollten Lügenfahnen
Folgen alle - Schafsnatur!

In diesem logischen Zirkelschluß beruht das gesetzmäßige Walten aller Historie. So konnten für den Kundigen keinen Augenblick Zweifel bestehen, daß die entrollten Lügenfahnen dieser Interimszeit ebenso unerwartet wie unverzüglich wieder zusammenfallen mußten - und zwar in einem Nu, wie ein Kartenhaus zusammenfällt. Das ungeheure Aufatmen, das im November 1918 Herz und Kopf bewegte, weil der Alpdruck des Krieges der Unnatur genommen war und das in der Literatur und Dichtung durch die ekstatische Beschwörung einer neuen Menschheit, des Bruders Mensch, Ausdruck fand - dieses Aufatmen, das uns damals seelisch und buchstabengenau ergriff, ist heute nicht mehr zu spüren. Viele fühlen sich zwar befreit von dem Zwang und Widersinn der militärischen Parteimaschine, aber im Grunde nur um des jeweiligen eigenen Vorteils willen. War man damals voller ungeklärter Erwartung, so ist man heute von einer geklärten Skepsis. Wer kennt nicht das alte Kinderspiel »Bäumchen, Bäumchen, wechsle dich«. Bei der großen Schlußquadrille, die Europa in unserem Gebiet tanzt, lautet das altertümlich bekannte Kommando jetzt: »Changez les places.« Einfältige Gemüter (zu denen auch intellektuelle Idealisten gehören) mochten geglaubt haben, daß man nach der langen Nacht des Krieges aufwachen würde, und nun sei wie von ungefähr der Morgen des Friedens da, ein Tag, der sich an die frühere Zeit anschließt, als ob inzwischen nichts in der Welt geschehen wäre. Welch Irrtum! Der Irrtum führt bis ins Groteske, wenn noch Leute wähnen, sie könnten das kulturelle wie das politische Leben anschließen an die Zeit vor 1933, als ob inzwischen sich die Erde nicht weiter gedreht hätte!

Nein, wir spüren keine Erlösung vom Kriege, vom sinnlosen Blutvergießen, vom Leid der Erde, von Haß und Grausamkeit in den Bewegungsfeldern der Menschen. Bezeichnend genug, daß im Gegensatz zu 1918 allenthalben vom nächsten Krieg geredet wird, zu irgendwelchen durchaus absehbaren Terminen, wobei freilich niemand an eine Aktion denkt, in der Deutschland eine Rolle spielt, außer der passiven, unsäglich duldenden, und den Schauplatz dafür abgeben muß. Diese veränderte Wirkung hängt selbstverständlich damit zusammen, daß am Ende des Hitler-Krieges Deutschlands Städte, Brücken und Straßen zerstört liegen, daß russische, amerikanische, englische, französische Truppen das Land in Schach halten. Sie mag an den einzelnen Plätzen und innerhalb der einzelnen Zonen auch verschieden in Erscheinung treten. Jeder kann nur von seiner Warte aus die Vorgänge sehen, und doch wird sich auf ähnliche Weise überall das gleiche Bild abrollen.

> Germanien raucht.
> Es trocknet die Tränen
> Der Bürger sich an seines Hauses Glut.
> Anderes hat er nicht sie zu trocknen.

So sah es Jakob Balde im Dreißigjährigen Krieg.

Es ist einige Bewegung in die stationierten Truppen gekommen. Lastwagen fahren, beladen mit Möbeln und Gepäck, die Kasernen werden geräumt. Stundenlang rollen große Geschütze, von Raupenschleppern gezogen, an unserem Haus vorüber gen Westen. Worauf deuten die Abmärsche hin? Man bringt sie in Zusammenhang damit, daß die Ostzone über die Elbe hinaus bis nach Thüringen hin erweitert werden soll. Man bringt es auch in Zusammenhang mit der bevorstehenden Konferenz, die Ende des Monats stattfinden soll. Selbstverständlich fehlt es nicht an Gerüchtemachern, die aus bester Quelle wissen wollen, daß auch für Potsdam wie für Berlin eine Umgruppierung der Besatzungsmächte vorgesehen ist. Jedenfalls ist das Straßenbild für einige Tage leerer geworden. Der mongolische Trupp, der in unserem Büro in der Waisenstraße residiert, trifft freilich keinerlei Anstalten wegzuziehen.

Die Tage, Mitte Juni, sind regenkühl. Wir haben die Süßkirschen im Garten geerntet. Die Amseln, die anscheinend in diesem Jahr später gebrütet haben, ließen uns zum ersten Mal einige Pfund am Baum.

Fast täglich kommen Nachfragen von den verschiedenen städtischen Behörden. Das Wohnungsamt wollte erneut weitere Räume beschlagnahmen. Doch ist es für unsere Wohnung zunächst bei der alten Ordnung geblieben, nachdem ich mehr als zwei Stunden mit dem alten Beamten verhandelt hatte. Zwei Polizisten wollten sich vergewissern, ob Maria und ich niemals Mitglieder der Partei und einer ihrer Gliederungen gewesen seien. Zum Glück fand ich vor einigen Tagen einen Ausschnitt aus der Deutschen Tageszeitung vom März 1933, in dem mich Alfred Mühr, der später unter den Nazis Dramaturg im Staatstheater geworden ist, unter der Überschrift »Kasack bleibt

Kasack« anläßlich einer Rundfunkkritik meines Hörspiels »Der Ruf« heftig angreift und öffentlich feststellt, daß ich als »Linksgeist« nichts mit dem Dritten Reich zu schaffen hätte. Der neue Bezirksvorsteher stellte sich ein und forderte eine Erklärung, daß sich keinerlei Waffen und Munition im Haus befinden.

Die Russen haben die Angewohnheit, mit Pferdewagen oder Autos, die vor einem Haus halten, stets auf den Bürgersteig zu fahren. Auch die radelnden Soldaten ziehen den Bürgersteig dem Damm vor, und die Deutschen haben diese Sitte schon übernommen, in der sie anscheinend einen Ausdruck freier Willensbetätigung sehen.

Gestern wurde auf der Rasenfläche unserer Straße von zwei Soldaten ein größeres Grab ausgeschaufelt. Noch vor kurzem hätte uns der Anblick in Verwirrung gebracht. Jetzt nahm man gelassen wahr, wie am Nachmittag, nachdem die Grube ausgehoben war, die Kinder sie zum Tummelplatz ihrer Spiele machten. Da das Doppelgrab nicht belegt wurde, fanden sich heute vormittag Leute ein, die die günstige Gelegenheit benutzten, Müll und Papierabfälle dort zu versenken. Ihr Vorhaben wurde jedoch von einem deutschen Polizisten, der rasch zur Stelle war, mißgünstig beurteilt. Ich sah, wie er die Namen der Müll-Sünder aufschrieb, die später genötigt wurden, die Grube sorgfältig bis an den Rand zuzuschippen. Diesen Augenblick benutzten freilich wir, unter freundlicher Einwilligung der Schippenden, die Abfälle unseres Hauses mitvergraben zu lassen.

In diesen Tagen hat uns Else verlassen, die seit fünf Jahren als Hausangestellte bei uns beschäftigt war. Sie zog es vor, zu einem Lebensmittelgeschäft hinüberzuwechseln in der wahrscheinlichen Annahme, dort in Zukunft mit der Ernährung besser dran zu sein. Warum auch nicht? Unter den gegenwärtigen Umständen bedauern wir ihren Fortgang nicht allzusehr, wenn uns auch ihre Arbeitskraft fehlen wird, da Maria infolge ihrer Praxis nur über wenig Zeit für die Besorgung des Haushalts verfügt. Aber man sieht das Leben vorläufig noch als Provisorium an, und ich selbst entbehre gar nichts, wenn die Zimmer nicht täglich und stündlich in einem Zustand der Endgültigkeit sich befinden. Total aufgeräumte Wohnungen bürgerlicher Kultur haben für mich immer etwas Museales. Dies empfand ich deutlich, als ich in der Wirrnis der ersten Tage einen Besuch bei dem Gymnasialdirektor Diehl und Herrn Niederastroth machte, deren Stuben so unangetastet und so säuberlich geordnet waren, als befänden sie sich außerhalb der turbulenten Gegenwart: Es waren Stücke, eines völkerkundlichen Museums wert.

Infolge des allgemeinen Abbaus bei den Behörden ist auch Johanna nach fünfundzwanzigjähriger Dienstzeit als Postbeamtin wie viele andere zum 15. Juni entlassen worden. Sie wird sich, auch wenn sie nicht bei nächster Gelegenheit wieder in ihr Zimmer in der Parterre-Wohnung übersiedelt, der laufenden Hausarbeit bei uns annehmen können. Der äußere Anlaß für Elses Fortgehen dürfte übrigens damit zusammenhängen, daß bei der neu eingeführten Regelung der Lebensmittelkarten die Hausangestellten grundsätzlich zu den »Nichtbeschäftigten« gerechnet werden, wie Hausfrauen auch. Die neue Einteilung, die auf Weisung der russischen Besatzungsbehörden nach dem Muster von Berlin nun auch bei uns vorgenommen wird, sieht vier Gruppen vor, die sich in Schwerstarbeiter, Schwerarbeiter (wozu auch Ärzte, Geistliche, Lehrer, Kulturschaffende zählen), Angestellte und Nichtbeschäftigte gliedern, außerdem besteht noch eine Gruppe für Kinder.

Die Rationen, die es geben soll, verhalten sich etwa so zueinander, daß ein Schwerstarbeiter ungefähr doppelt soviel erhält wie ein Nichtbeschäftigter. Dies gilt zum Beispiel für das Brot, das für Nichtbeschäftigte 1500 Gramm wöchentlich beträgt, während Fleisch und Fett für sie ganz entfallen. Auch die übrigen sind bisher mehr Anwärter auf die theoretischen Rationen als praktische Nutznießer. Brot allerdings gelangt in voller Menge zur Austeilung, und zwar in so reichlichem Maße, daß die Bevölkerung nicht mehr, wie in den ersten zwei Wochen der neuen Zeit, vor den Geschäften anstehen muß. Damals setzte eine panikartige Jagd auf Brot ein. Da die Stadtverwaltung keinerlei Vorkehrungen getroffen hatte und es sich so traf, daß mit dem Russen-Einmarsch die Periode der Lebensmittelkarten abgelaufen waren, schritten einige größere Bäckereien dankenswerterweise zu einer behelfsmäßigen Organisation. Freilich gingen sie dabei reichlich umständlich vor und trieben mit der Zeit der Bewohner arge Verschwendung. Zunächst mußte man sich morgens um acht Uhr vor einem der Bäckerläden anstellen, etwa bei Bachmann oder bei Braune, wo bereits Hunderte von Personen warteten, die trotz des Ausgehverbots schon zu früher Stunde sich aufgestellt hatten. Da es in jenen Tagen weder einen deutschen Ordnungsdienst noch Polizei gab, mußten die Bäcker, um das Publikum einigermaßen in Ordnung zu halten, russische Militärpolizei zur Aufsicht in Anspruch nehmen. Ein kleiner Teil der ungeduldigen Menge erhielt zunächst an Hand von alten Ausweisen bestimmte Nummernzettel, auf die am folgenden Tage Brot in Empfang zu nehmen war. Dann wiederholte sich das lange Anstehen in Schlangen, wobei der vorgesehene Vorrat häufig nicht ausreichte. Eine törichte Erschwerung lag auch darin, daß jeder nur persönlich für sich Brot erhielt und nicht zugleich für seine Familienangehörigen.

Hat sich der Brotverkauf inzwischen wieder normal eingespielt, so sind bei der Ausgabe der Lebensmittelkarten, die alle vier Wochen verteilt werden, nach wie vor umständliche Formalitäten zu erfüllen. In unserer Stadt muß jeder Hausbesitzer oder sein Vertreter für die übrigen Bewohner die Karten selbst abholen. Es bedingt langes Anstehen vor den Ämtern und viele Wege, da die Bewilligung von dem Zusatz der Angestellten- und Schwerarbeiterkarten von entsprechenden Genehmigungen bei den zuständigen Dezernaten abhängig ist. Nachdem etwa das Gesundheits- oder das Kulturamt die Bescheinigung für den Betreffenden ausgestellt hat, wartet man mit vielen Hunderten bei der Gewerbeaufsicht, die die Angaben überprüft und sie jedesmal erneut zu genehmigen hat, um schließlich bei der Kartenausgabestelle, die sich wieder anderswo befindet, sich die einzelnen Zusatzkarten zu verschaffen. In der Regel gehen damit anderthalb Tage hin, aber - wie gesagt, wiederholt sich diese Prozedur nur alle vier Wochen.

Allmählich hole ich den einen und andern Gegenstand meiner kleinen Sammlung aus dem Keller, wo sie während der Kriegsjahre untergebracht waren, wieder nach oben. Noch nicht alle, denn man fühlt sich trotz allem noch keineswegs sicher in seiner Behausung. Auch sind einige meiner siamesischen Buddha-Figuren und andere mir lieb gewordenen Kleinigkeiten seinerzeit von Potsdam fort nach Milow gebracht worden, wo sie im Pritzkowschen Haus bewahrt blieben.

So kam mir auch die kleine Osiris-Figur wieder in die Hände, die Loerke einst von Emil Orlik erhielt und die mir nach Loerkes Tod zugekommen ist. Sie mag an die dreitausend Jahre im Nilschlamm gelegen haben. Sie steht wieder auf meinem Schreibtisch, wie früher einmal auf seinem im Frohnauer Haus. Ich habe die Verse wieder gelesen, die Loerke einmal dazu schrieb. Sie stehen in dem Band »Der Silberdistelwald« von 1934. Ich schreibe die ersten beiden Strophen ab:

Kleine Erzfigur des Osiris

Gemagert ist die sandgeschliffne Wange,
geschwärzt die bunte Krone im Gelock,
Geköpft hängt ihm ums Kniegelenk die Schlange,
Sein Schuh ist Gries des Kiesels, Grünspan ist sein Rock

Zuweilen ruhen seine Erzgelenke
Sich in die Kuppen meiner Finger ein.
Dann kommt mir eine Zärtlichkeit. Ich denke:
Sein Reich, das um mich ist, sei wieder sein!

In den drei folgenden Strophen schwärmt dann die Phantasie aus, um die geistige Identität der beiden Reiche von Gegenwart und Urvergangenheit bildhaft darzustellen. Unter meinen Gedichten gibt es eine wesentliche Gruppe, deren jedes ihr Erlebnis aus dem Vorhandensein eines künstlerisch geformten Gegenstandes bezieht. Der Unterschied zwischen Loerke und mir bei derartigen Gedichten wird mir plötzlich klar: Für Loerke ist der Gegenstand, hier also die Erzfigur des Osiris, Anregung, er zieht nach der Beschreibung des Seins, das dem Ding innewohnt, auf den Bahnen der Phantasie, die dieses Sein in ihm auslöst, während ich, etwa bei »Sklaven des Michelangelo«, der »Pietà

Rondanini« oder der »Kleinen Bleimadonna« das gleiche Bild noch einmal in der geistigen Welt hervorrufen will, und zwar durch die Kraft des Wortes, wie es ein anderer durch die Ausdruckskraft der Plastik zu erreichen versuchte. Loerke mündet stets in der Subjektivität seiner Vorstellungswelt, während mein Ziel die objektive Durchdringung der beiden Sphären beabsichtigt. Man vergleiche dazu auch Conrad Ferdinand Meyer, zum Beispiel den »Römischen Brunnen«.

Mit diesem Gedanken wird mir auch deutlicher als in manchem Gespräch mit Loerke, daß er nach seinem künstlerischen Grundgesetz zum Ausschweifen, zum Barock, tendiert, während ich unbewußt die Transzendierung der Realität in der klassisch beruhigten Form erstrebe. Jedem klassischen Stil, das heißt jeder Bändigung durch die klassische Form, wohnt der Zug der Realität inne, jedem Barokken der Zug der romantischen Vorstellung. Letzten Endes handelt es sich natürlich nur um den genetischen Ausgangspunkt, in dem sich der Gegensatz von Objektivität und Subjektivität im Verhalten zur Welt äußert.

Loerke starb Anfang des Jahres 1941. Er starb an dem Gift, mit dem die Hitler-Partei Deutschland zersetzte. Sein Haß auf Hitler als Inkarnation des Teuflischen war maßlos. Ich habe mehr als einen dieser Ausbrüche erlebt, die ihn in den letzten Jahren buchstäblich von den Eingeweiden her aufgefressen haben. Wäre es zu wünschen gewesen, daß er den Zusammenbruch des Teufelsspuks und seiner Lügenwelt noch erlebt hätte? Er bedurfte dieser Bestätigung eigentlich nicht, da er sich des Untergangs im Grunde immer gewiß war. Dennoch war er ein Mensch, dem Bestätigungen eine Genugtuung bedeuteten, und er hat oft gewünscht, den Tod des Tyrannen zu überleben. Wer aber

Loerkes Wesen und seine Konstitution näher kannte, wußte auch, daß er den Grausamkeiten und Brutalitäten, die in den Jahren nach 1941 immer nur zunahmen, faktisch nicht gewachsen gewesen wäre.

Ein Jahr vor seinem Tode, am 6. Februar 1940, schrieb er außer seinem Testament »Letztwillige Bitten für den Fall meines Todes«. Die ersten drei Absätze lauten:

> »Alle meine Freunde wissen, daß ich nichts, was heilig ist auf Erden, verraten habe. Seit meinem bewußten Denken und Fühlen denke ich über menschliche Ehre und Würde genau wie heute, jede Sekunde bei Tag und Nacht.
>
> Darum hätte ich am liebsten bei meinem Begräbnis nur Menschen, die mit meiner Weltanschauung übereinstimmen. Ich kann aber nicht verhindern, wenn ich tot bin, daß Feinde meiner Grundgesinnung, wie sie in meinen Schriften, sonderlich in den sieben gedruckten und weiter in meinen unveröffentlichten Gedichtbänden aufgezeichnet ist, an meiner Bestattung teilnehmen; ich habe die Genugtuung, daß sie den Leichnam nicht schänden können, wie sie den Lebenden oft und oft geschändet haben.
>
> Aber ich habe an meine wahren Freunde die einzige belastende Bitte: nicht mein Andenken besudeln zu lassen und jedem entgegenzutreten, der etwa behaupten wollte, ich sei an dieser oder jener Krankheit gestorben, etwa an meinem Herzleiden, einer Erkältung oder was es sein mag, weil eine jegliche Krankheit, selbst jede Disposition zu einem Unglücksfall, durch die feindlichen Handlungen und Anschauungen veranlaßt worden ist in langen Jahren.«

Ich nehme diese feierliche Anklage gegen die Nazi-Usurpatoren, der Suhrkamp bei seiner Rede am Grabe Loerkes öffentlich unerschrocken Zeugnis gab, in diese Blätter auf, weil ich den Eindruck habe, daß von vielen, die seinerzeit aus Deutschland emigrierten, alle, die hier geblieben sind, über einen Kamm geschoren werden. Loerkes Bitte, sein Andenken nicht besudeln zu lassen, scheint auch in der Übergangszeit, in der wir uns jetzt befinden, noch aktuell zu sein. Wohl jedem, dem es gelang, rechtzeitig sich auf dem anderen Ufer in Sicherheit zu bringen. Aber auch hier gab es Menschen, die keinen Augenblick ihrer alten Gesinnung und Haltung untreu geworden sind, auch wenn sie von der Verfolgung und der KZ-Haft verschont blieben. Man konnte jenseits oder inmitten der Hölle leben. Zum Abschluß seiner sieben Gedichtbände schrieb Loerke einen Spruch, der sich in dem von mir betreuten noch ungedruckten Nachlaß befindet. Darin heißt es:

Nun geh, mein Siebenbuch, gesellt
Den Trümmern, dem Gerölle;
Begonnen in der lieben Welt,
Vollendet in der Hölle.

*

Eben kam Maria vom Lazarett in der Pappelallee zurück, in dem sich verwundete deutsche Kriegsgefangene befinden. Es war ihr wie vielen andern, die zum Teil den ganzen Vormittag über am Eingang gewartet hatten, nicht gelungen, Einlaß zu erhalten. Der russische Chefarzt hatte den Zutritt von Besuchern verboten, weil zwei Verwundete heimlich aus dem Lazarett entwichen waren. Sie konnte aber dem jungen Soldaten, den sie wieder einmal hatte besuchen wollen, wenigstens über den Zaun das kleine Paket mit Büchern und mitgebrachtem Essen geben.

Jochen Schultz, noch nicht ganz achtzehn Jahre alt, war in der Ausbildungskaserne Salow bei Zossen mit Wolfgang zusammen. Schon am 9. Mai hatte mir eine Frau eine Botschaft gebracht, es sei ein junger Soldat im Lazarett, um uns etwas über Wolfgang zu sagen. Maria war in jenem Augenblick nicht zu Hause, und da die Botschaft so offen gehalten war, daß man sowohl Gutes wie Schlimmes erwarten konnte, war es mir lieb, zunächst selbst zu hören, worum es ging. Anne begleitete mich, und wir eilten am frühen Abend dieses warmen Tages rasch zur Pappelallee. In dem angegebenen Block fanden wir im dritten Stock in einer Stube den jungen Jochen Schultz aus Darmstadt. Er hatte eine Beinverletzung, konnte aber mit uns auf den Flur kommen. Schon nach wenigen Worten stellte sich heraus, daß er selbst von Wolfgang nichts wußte, sondern, im Gegenteil, von uns etwas über ihn zu erfahren hoffte. Er war, als Wolfgang Mitte April mit etwa zwanzig andern als Sanitäter zum Einsatz nach Eberswalde abgestellt wurde, krank gewesen, hatte die schweren verlustreichen Kämpfe bei Spandau mitgemacht und war wegen einer Fußverletzung ins Potsdamer Lazarett gekommen. Wie gut, daß ich Maria gleich über den wahren Sachverhalt verständigen konnte, und schon am selben Abend kam wieder eine Frau, die uns erzählte, daß ein junger Soldat, vermutlich unser Sohn Wolfgang, verwundet im hiesigen Garnisonslazarett liege. Der junge Schultz hatte vorsichtshalber vier verschiedenen Frauen einen Zettel mit meiner Adresse mitgegeben, um sicherzugehen, daß uns seine Botschaft erreichte. Nur hatten die einzelnen den mündlichen

Auftrag ungenau wiedergegeben. Zwei Frauen waren am gleichen Tag noch gekommen, die andern im Lauf der nächsten zwei Wochen.

Je mehr die Zeit vergeht, seit wir zum letzten Mal etwas von Wolfgang hörten, um so drückender wird die Ungewißheit. Wo sollen ihn unsere Gedanken suchen? Wenn er in Gefangenschaft geraten ist, weiß man nicht, ob es russische oder angloamerikanische ist; man hört, daß viele Truppen nach Mecklenburg und in Richtung Hamburg sich zurückgezogen haben sollen. Liegt er irgendwo verwundet, ist er im letzten Augenblick dieses Krieges gefallen? Man tastet in einem Nebel, und ich vermeide bewußt jedes spekulative Grübeln. Vor einigen Tagen, am 14. Juni, hatte ich sehr lebhafte Gedanken an Wolfgang, die, wie ich zu spüren glaubte, durch ein intensives Herdenken von ihm aus bei mir hervorgerufen wurden. Es kam aber nicht zu einer genauen visionären Vorstellung, wie ich sie am 24. Mai deutlich genug erlebt hatte. Damals war es eine reine Wachsuggestion, bei der erst verschwommen, dann immer klarer mir sein Gesicht deutlich wurde, und ich habe danach in mir die absolute Gewähr, daß Wolfgang am Leben ist. Ich habe davon damals Maria erzählt, nicht um sie zu trösten, sondern weil ich mir meiner Sache völlig gewiß bin. Ich hatte am selben Tag noch die Vorstellung von den Freunden Rudolf C. Neher und Hans H. König. Das Gesicht von König blieb trotz aller Beschwörung verwaschen und ungenau. Jedesmal, wenn es auftauchte, wurde es von fremden Linien wegschraffiert. Meine Sorge um ihn, der an Ostern nach Bremen fuhr, hat sich dadurch verstärkt, und ich neige vorläufig zu der Annahme, daß ihm etwas zugestoßen ist. Von diesem Gefühl konnte ich mich auch nicht losreißen, als mich kürzlich sein Bruder von der Ufa aufsuchte, der allein durch die Tatsache, daß Hans H. König in Drentwede bei Bremen geblieben sei, eine Sicherheit für ihn erblickte. Bei Neher bin ich ungewiß, ob er lebt, meine aber, daß es der Fall ist. Inzwischen hörte ich, daß er vermutlich noch rechtzeitig über Lübeck hin nach Hamburg gelangt ist. Völlig ungewiß ist das Schicksal von Volker Lachmann, weder von ihm noch von seinen Eltern traf eine Nachricht ein. Ganz deutlich aber weiß ich durch die Vision vom 24. Mai, daß Wolfgang am Leben ist, und ich habe sowohl damals wie auch jetzt am 14. Juni, als mir sein Gesicht erneut auftauchte, in mir immer nur den intensiven Gedanken formuliert: »Ja, wir leben – ja, wir leben.« Es wird später einmal nachzukontrollieren sein, ob und inwieweit eine telepathische Verbindung vorlag.

Nun waren die Umstände, als Maria Wolfgang zum letzten Mal sah, wahrlich sonderbar genug und können wohl den Anspruch erheben, als ein gutes Vorzeichen zu gelten. Es war am Sonntag vormittag, am 15. April, dem Tage nach dem verheerenden Luftangriff auf Potsdam, unter dessen Wirkung wir alle noch standen. Gegen elf Uhr langte unsere Freundin Hibi aus Berlin bei uns an, um Maria zu sagen, daß Wolfgang am frühen Morgen bei ihr angerufen habe mit der Nachricht, daß er auf dem Weg zum Einsatz an der Front für einen halben Tag in Berlin wäre, wo er sich in der Fallschirmjäger-Kaserne in Reinickendorf aufhalte. Er hoffe, Maria dort zu treffen. Ein Telefonanruf nach Potsdam war ihm nicht gelungen, weil die Anlagen hier durch den Luftangriff zerstört waren. Die Bahnverbindung war von hier aus bis Babelsberg unterbrochen. Über zerfetzte Trümmerstraßen mußte man sich den Weg bis Babelsberg bahnen. Und nun beginnt das sonderbare Spiel der Zufälle oder, wenn man will, der Bezüglichkeiten.

Maria war mit der S-Bahn über Westkreuz nach Gesundbrunnen gefahren und hatte, da sie möglichst rasch zum Ziel gelangen wollte, sich gefreut, in Westkreuz ohne Verzögerung Anschluß zu finden. Als sie sich in Gesundbrunnen nach der Verbindung nach Reinickendorf und dem weiteren Weg zur Kaserne erkundigte, wurde ihr von einem Herrn, der zufällig Bescheid wußte, geraten, nicht mit der S-Bahn bis Reinickendorf zu fahren, weil sie von dort eine dreiviertel Stunde Wegs zu Fuß habe, sondern zurück bis zum Bahnhof Wedding und von dort mit der Elektrischen die Müllerstraße heraufzufahren. Schon kam ein Zug in dieser Richtung. Auf dem Bahnhof Wedding verfehlte sie den rechten Ausgang und verlor dadurch einige Minuten Zeit. Als sie auf der Straße sich bei einem Polizisten erkundigte, gab er ihr den Rat, mit der U-Bahn bis zum Bahnhof Seestraße und von dort mit der Straßenbahn bis zum Spandauer Berg zu fahren, von wo es nur fünf Minuten bis zur Kaserne sei. Sie hatte das Glück, daß eine U-Bahn in dem Augenblick einlief, als sie den Bahnsteig erreichte, und fand auch sofort eine Straßenbahn, die um diese Zeit nur alle zwanzig Minuten verkehrte. Während sie nun die kurze Strecke zur Kaserne ging, lief ein Soldat wie gehetzt an ihr vorbei. Eine Sekunde lang meinte sie, es könnte Wolfgang sein, als der Soldat, ohne im Laufen inne zu halten, sich umdrehte, und ihr zurief: »Warte am Kasernentor!« Es war Wolfgang. Schon nach wenigen Minuten stand er vor ihr. »Mutti«, rief er, »mir ist eben das Schlimmste passiert, was einem Soldaten passieren kann, ich habe mein Soldbuch verloren. Aber –« damit zeigte er es vor, »ich habe es wieder.« Er erklärte dann, daß er in der Telefonzelle der Kaserne, in der er wieder einmal vergeblich einen Anschluß nach Potsdam anzumelden versucht hatte, plötzlich den Sammelpfiff für seine Kameraden gehört habe, mit denen er in Richtung nach Eberswalde in Marsch gesetzt wurde. Er war hinausgestürzt und dann mit den übrigen in die Elektrische eingestiegen, die kurz darauf an der Elektrischen, in der sich Maria befand, vorbeigefahren war. Dort hatte er den Verlust seines Soldbuches entdeckt, war auf der nächsten Haltestelle abgesprungen und zur Kaserne zurückgerannt. Das Soldbuch war schon gefunden und in der Wache hinterlegt worden.

Man male sich einmal das Zickzack der Bewegungen aus. Wären die Verschiebungen wie die glatten Verkehrsanschlüsse auch nur um eine Minute anders gelaufen, hätten die beiden einander nie getroffen. Hätte er nicht das an sich unbegreifliche Versehen, sein Soldbuch in der Telefonzelle liegen zu lassen, begangen, wäre er mit den übrigen Kameraden in der Elektrischen an Maria endgültig vorbeigefahren. Man kann also sagen, daß die Widrigkeiten und Erschwerungen auf den Wegen der beiden nur dazu beitrugen, den tieferen Wunsch zu erfüllen, um sich wirklich zu treffen. Keine Berechnung wäre imstande gewesen, dies zu erreichen, und keine Phantasie würde ausreichen, einen derartigen Vorgang in einer erfundenen Erzählung glaubhaft zu machen. Wir haben in dieser sonderbaren Kette von Stunden ein Zeichen dafür gesehen, daß Wolfgang den Krieg überlebt. Er selbst hat es nicht anders empfunden. Unabhängig davon wird es für ihn eine Beruhigung gewesen sein, zu erfahren, daß wir und unser Haus bei dem Luftangriff, von dem er bis dahin noch nichts gewußt hatte, unversehrt geblieben waren. Aber trotz dieser inneren Gewißheit verlangt man mehr und mehr nach einer konkreten Bestätigung. Wir wissen als letztes nur, daß er als Sanitäter mit dem Genfer Ausweis des Internationalen Roten Kreuzes nach Eberswalde unterwegs war.

Dieser Tage kam der Fahrradhändler Bock aus der Nachbarschaft zurück, der mehrere Wochen jenseits der Elbe in amerikanischer Gefangenschaft war. Dagegen ist von andern aus dem letzten Aufgebot noch keinerlei Nachricht. Die Mutter von Wolfgangs Freundin Waltraut Rohde ist vergeblich mehrere Tage lang zu dem einen und andren Gefangenenlager in der Nähe Berlins gepilgert, ohne irgend etwas über den Verbleib ihres Mannes in Erfahrung zu bringen. Als sie bei mir war und von den Eindrücken dieser Irrwanderung sprach, glich sie einer erloschenen Flamme. Waltraut selbst ist bei Verwandten jenseits der Elbe. Der Ort liegt in jenem Gebiet, das jetzt nachträglich von russischen Truppen besetzt wird.

Bei dem Luftangriff vom 14. April ist auch Wolfgangs Paddelboot, das von ihm so sehr geliebte, auf der Werft verbrannt. Nun ist von jenen Tagen nur noch sein Fahrtenbuch erhalten. Es liegt auf dem Schreibtisch von Maria. Wir vermeiden, viel von Wolfgang zu sprechen; jeder hängt seinen eigenen Gedanken nach. Man redet sich immer wieder mit dem billigen Trost aus, daß es sein Gutes habe, wenn er nicht hier ist, solange die Verhältnisse für uns alle, aber auch für entlassene, junge Soldaten im besonderen, noch ungeklärt sind. Ich denke oft an ihn und habe das unbedingte Gefühl, daß er es seiner Art, seinem Wesen und seiner Begabung nach wohl wert wäre, sich ein eigenes Leben zu erwirken. Aber was weiß man? Wir sind alle länger unterwegs als der Reiter über den Bodensee und wissen nicht, wer das Ufer erreicht.

Immer wieder werde ich von der Vorstellung heimgesucht, man müsse unter das vergangene Leben einen Strich ziehen. Man sollte freiwillig alles auslöschen, was an gewesenem Leben hinter einem liegt, und ohne die alte Last in die neue Zeit steigen, die für uns mit der Stunde des 27. April begonnen hat. Man sollte, da die Bomben und das Feuer des Krieges alle Papiere, Briefe, Bilder der Vergangenheit heil belassen haben, von sich aus tabula rasa machen. Mit nichts als einem blank gefegten Tisch anfangen. Warum zögert man noch, obwohl man weiß, daß alle Brücken nach rückwärts abgebrochen sind? Fürchtet man sich vor dem endgültigen Schluß oder vor dem neuen Anfang? Täglich bestätigt sich, daß die Mechanik des Lebens trotz allem weitergeht; denn das Leben bleibt in seinen Unauffälligkeiten im Gang. Man ist zum Friseur gegangen und hat sich die Haare schneiden lassen, man hat das Erstaunen genossen, wieder und noch einmal ein warmes Bad zu nehmen, man hat den Zahnarzt aufgesucht, um die unterbrochene Behandlung aufzunehmen und fortzusetzen. Es werden sogar Vorräte eingekocht und Holz gesammelt in Hinsicht auf den Winter - als ob es eine neue Sicht, eine neue Dauer gäbe! Aber ich glaube nicht, daß die Nerven des Herzens sich ins alte Leben zurückverwandeln, unsichtbar ist der Strich vollzogen. Und wie man kaum noch weiß, daß es Lachen gibt, fehlt von innen her die Lust am Leben.

Schon war der längste Tag. Die Gestirne fliegen sehr hoch durch die Nacht. Wie fremd die hellen Nächte sind. Man ist sehr allein.

*

Wie lange bin ich schon auf der Reise, wie entfernt liegt das Leben. Wenn ich auf dem Balkon unseres Hauses im Liegestuhl sitze, der eines Platzes auf einem großen Schiff würdig ist, meine ich, auf einer Fahrt im Meer der Luft hinzutreiben. Der Stuhl steht so gerichtet, daß ich von ihm aus nichts von Häusern, Straßen und Stadt sehe. Der Blick umfaßt zur Seite die aneinandergereihten Laubkronen von Lindenbäumen, die in einer welligen Linie dahinziehen, und vor mir, an der klaren Fläche des Hauses mit den drei Fensterblenden meines und Annes Zimmers entlang, öffnet sich der Raum in die Weite des Himmels. Gestern abend, als ich so im bewegenden Schweigen der Natur saß, stand die Mondsichel senkrecht über dem dunklen Gefüge eines Baums, der sich aus einem der nachbarlichen Vorgärten schmal und hoch umbuscht wie ein fremdländischer Wuchs erhebt. Die wuchtige Masse ist an den Rändern und gegen die Wipfelhöhe aufgelockert, so daß der Himmel durchscheint. Wenn ein Windstoß den Baum erreicht, beginnt das zarte Spiel der Blätter an den äußersten Zweigen und setzt sich langsam bis in die träge Tiefe der grünen Schatten fort. Während der Wind der Dämmerung auch mir über das Gesicht strich, ruhte das Auge aus im Schauen. Die Straße mit ihren kargen Geräuschen lag jenseits wie Uferlärm der Erde: Ich war ins Diesseits der Welt entrückt, wo die Sichel in schrägem Fall über die farblose Kuppe des Baums hinzog, bis sie, rascher als erwartet, hinter dem Dachfirst unseres Hauses verschwand. Ein kleiner Schwarm von Schwalben kreiste im raschen Wirbel zwischen den Wipfeln und der Hauswand wie auch heute am frühen Morgen, als ich auf meinem Reisebalkon frühstückte. Wieder nahmen die Schwalben bei ihrem kreisenden Rundflug oft die Richtung auf die vorspringende Dachecke des Hauses, und eine von ihnen, die wie schwirrende Pfeile in unbekanntes Ziel stoßen, rührte ein jedes Mal mit den Flügeln leicht dagegen oder schlug mit dem Schnabel eilig auf das Blech der Regentraufe, als wollte sie beweisen, wie genau sie die Wegmarke des Fluges innehielt. Am Abend des gleichen Tages kam der Mond fast eine Stunde später und höher im Bogen an den Platz über dem Baum. Die Schwalben kreisten lange hoch im Blau, bis eine - oder waren es zwei, die sich abwechselten? - wieder zur nahen Ecke am Dachfirst des Hauses schwirrte, und nun zweifle ich nicht mehr daran, daß sich dort ein Nest befindet, denn jede krallte sich für Augenblicke fest, man sah den wippenden Schwanz, während sie wohl Nahrung in die Schnäbel der wartenden Jungen trug.

Die Schwalben rufen in mir das Bild der kleinen Dachstube im Hause Ödenstein wach, von der ich hoch über dem Bodensee Stunden und Tage ihrem fliehenden Steigen und Fallen zusah, den einzigen Lebewesen zuweilen im wogenden Dunst der Nebelwelt. Oft habe ich den Figuren nachgesonnen, die ihr Flug in die Luft schnitt. Was ist Vergangenheit anderes als der Erlebnisstoff für unaufhörliche Vergegenwärtigung? Und jetzt ist Renate dort irgendwo am Bodensee, seit Monaten von jeder Verbindung mit hier abgeschnitten. Vielleicht nimmt ihr Auge zuzeiten auch den kreisenden Flug der Schwalben wahr, andere als es diese in Potsdam sind, aber von gleicher Bewegung, gleichem Schwung und Rhythmus getragene Geschöpfe, und so vermag ihr Anblick auch ein gleiches Gefühl der Sicherheit im Grenzenlosen, der Freiheit sogar, auszulösen. Oder sie sah den wandernden Mond in seiner uralten immer neuen Erscheinung zur selben Stunde, da ich sein Schweben aufnahm und unsere Gedanken begegneten sich in ihm und in den Bahnen der Gestirne.

Mich entführten die Schwalben noch in eine andere Heimat meines Herzens: in den Süden. Wie sie zu Aberhunderten um die Türme von San Gimignano lärmten und das verwitterte Stadtgemäuer umflogen. So ungestüm werfen sie sich auf ihrer Jagd einem Felsvorsprung entgegen, daß man meint, ihr kleiner Körper müsse daran zerschellen; aber blitzschnell, mit einer geschmeidigen Flügeldrehung weichen sie im letzten Augenblick mit schrillem Laut aus. Über jedem italienischen Landstädtchen segeln sie freudig nach Beute. Die größten Schwärme aber habe ich zu jeder Morgen- und Abenddämmerung in Siena erlebt. Ich wohnte über den steinernen Gassen und Winkeln im obersten Stockwerk eines Gasthofes mitten in der Dächerwelt. Damals ist Siena, die geliebte Stadt, für mich zu einem Ort der Schwalben geworden. Als ich zwei Jahre später wieder in Siena einkehrte, diesmal mit Maria, und im gleichen Quartier hauste, waren die Heerscharen der Schwalben nicht geringer geworden. Waren es die alten, waren es die jungen? Sie haben mich gewiß nicht wiedererkannt, wie der eine und andere Kustode des Museums, denen sich meine stillen Besuche eingeprägt hatten und deren einer sich meiner Vorliebe für Lorenzetti und die sogenannten Primitiven des Duecento und Trecento erinnerte und mir - nach einer Frist von zwei Jahren - die Photos brachte, nach denen ich damals gefragt hatte. So vieles wäre von Italien zu sagen, wie ich es aufnahm. Wollte ich nicht gemeinsam mit Renate, sobald sie ihr Abitur hinter sich hatte, an diese Stätten meines innigen Lebens fahren - und was wäre es für ein Schauen und Wiedererkennen geworden! Aber auch dies hat der unselige aller Kriege zunichte gemacht. Niemals wieder werde ich im Süden einkehren und einen lieben Menschen auf meinen Wegen dort geleiten können. Aber Siena steht unversehrt in meinem Inneren (und vielleicht auch unangetastet vom Krieg, dem Alleszerstörer), und seine Schwalben werden noch über der Dächerwelt kreisen zwischen dem Dom und der Signoria am Ovalen Platz. Wie sie hin und her schnellten, wie die Flügel zischten und surrten! Wie ihre zuckenden Schatten durch die Fenster des Zimmers stoben. Von unten durch viele Stockwerke getrennt drang das Brodeln der menschenvollen Gassen herauf, oben war noch ein Spiegel des Lichts und die klirrenden Schreie der Jagenden.

»Es rauschet so um der Thürme Kronen / Sanfter Schwalben Geschrei.« - Ich habe oft an diese Zeilen Hölderlins denken müssen. Sie stammen aus einem Gedicht der Spätzeit, über dessen schwer zu entziffernder Handschrift ich einmal - es war in der Münchner Staatsbibliothek im Sommer 1920 - gesessen habe. Damals war ich mit den Vorarbeiten für eine vierbändige Hölderlin-Ausgabe beschäftigt, die ich mit Friedrich Seebass, dem philologischen Mitarbeiter der Hellingrath-Ausgabe, gemeinsam herausgab. Ich erinnere mich noch deutlich, als sei es gestern gewesen und nicht vor fünfundzwanzig Jahren, des Gefühls, mit dem ich die Konvolute der Handschriften Hölderlins in den Händen hielt. Mein Blick hat nie ohne tiefere Bewegung auf den Papieren verweilt, die mit ausladenden Schriftzügen seiner Gedichte bedeckt waren. Vor diesen Blättern hatte er gesessen, sie waren das unmittelbare Zeichen seines Lebens. Neben großen Foliobogen der schwungvollen Reinschriften gab es dazwischengeheftet eine Unzahl von Konzepten, Entwürfen und Überarbeitungen. In dem Faszikel, das aus der Zeit des zweiten Homburger Aufenthalts herrührte, befanden sich noch eine Anzahl von Entwürfen und Fragmenten, die damals noch nicht transkribiert und veröffentlicht waren. Die Entwürfe, oft ineinander geschrieben und durch eine vorübergehende Neigung zur Steilschrift gekennzeichnet, wobei der

Schwung zum Schnörkel wird, gehörten der letzten Spätschicht seiner Hymnendichtung an. Die Bilder sind rein assoziativ nebeneinander gereiht, und es ist oft unmöglich, aus dem Zusammenhang den echten Text der sich verwirrenden Schriftzüge zu kombinieren. Es gibt Stellen, über denen man Stunden und Tage sitzt, ohne mit Sicherheit die genaue Lesart herauszubekommen. Die Möglichkeit zu Lesefehlern ist daher mehr als bei anderen Handschriften gegeben. Ein solcher Lesefehler unterlief mir mit bei der ersten Transkription der beiden Gedichtzeilen, indem ich aus der Handschrift übertrug: Es rauschet so um der Thürme Kronen / Rascher Schwalben Geschrei. Ludwig von Pigenot, der die Hellingrathsche Hölderlin-Ausgabe fortsetzte, korrigierte mit Recht diesen Irrtum. Es heißt einwandfrei bei Hölderlin »Sanfter Schwalben Geschrei«. Wenn ich diesen Ausdruck aber mit meinen Beobachtungen der Schwalben vergleiche, so habe ich sie niemals als sanfte Vögel empfunden. Ihr Flug hat für mich immer etwas Stählernes. Und so mag sein, daß ich unbewußt das von Hölderlin gewählte Kennzeichen des Sanften in das mir charakteristischer scheinende des Raschen übertrug und mich dementsprechend verlesen habe. Philologisch hat Pigenot selbstverständlich recht. Ich war beim ersten Lesen mehr Dichter als Philologe. Übrigens fällt mir in diesem Zusammenhang noch das Schwalbenbuch von Ernst Toller ein, das er während einer Festungshaft von 1922/23 schrieb. In diesen Versen findet sich kein Bild, das den Flug der Schwalben zu kennzeichnen versucht. »Der Schwalben Flug – wie unnennbares Nennen.« Das ist die einzige Aussage.

Aber genug mit Erinnerungen dieser und jener Art. Sie gehören nicht in diese Blätter, in denen aufgezeichnet sein soll, was unser Leben in diesen Tagen gilt. Aus der Geborgenheit, die jedes Verweilen in persönlichen Erinnerungen bringt, und aus der Verbundenheit mit der Natur, die ich in Augenblicken von der Abgeschiedenheit meines Balkons aus empfinde, reißt uns immer wieder neue Bestürzung über die Ungewißheit des einzelnen. Anfang der Woche wurde morgens um halb sieben mit besonderer Heftigkeit an unsere Haustür geklopft. Zwei junge Männer, von denen einer als Dolmetscher fungierte, holten Herrn Höpfner aus seiner Wohnung ab und fuhren mit ihm in einem Auto davon. Vermutlich hat es sich nur um eine Registrierung in seiner Eigenschaft als ehemaliges Parteimitglied bei der russischen Staatspolizei gehandelt, da er schon am gleichen Vormittag wieder zurückkehren konnte. Von anderen, die auf ähnliche Weise geholt wurden, ist eine größere Anzahl nicht nach Hause zurückgekehrt, obwohl seitdem schon Tage und Wochen verstrichen sind. Es handelt sich bei den Betroffenen vornehmlich um ehemalige Militärangehörige und um Parteimitglieder. Anscheinend halten sich Personen des Naziregimes, die ein schlechtes Gewissen haben, noch immer verborgen. So sollen sie es auch verstanden haben, unter anderem in die neuen Organisationen des Antifaschismus unterzutauchen. Dadurch sind die wahren Opfer des Faschismus, zu denen auch Suhrkamp als politischer Häftling gehört, Verdächtigungen ausgesetzt. Wenn es auch jedem, der nichts mit den Nazis zu tun hatte, schließlich gelingen wird, sich in seiner Haltung zu legitimieren, vergeht für den Nachweis geraume Untersuchungszeit, wobei auch erschwerend ins Gewicht fällt, der Sprache nicht mächtig zu sein und immer auf einen Dolmetscher angewiesen zu bleiben. Wie überall ist auch hier der einzelne den Möglichkeiten eines Irrtums ausgesetzt. Wie verlautet, soll sich ein Teil dieser Festgenommenen im weiteren Umkreis auf dem Lande befinden, andere, so wird erzählt, seien in Lager, die in östlicher Richtung liegen, gebracht worden. Möglicherweise hängt diese Aktion auch damit zusammen, daß unsere Stadt immer wieder als Ort für die seit anderthalb Monaten in Aussicht genommene Konferenz der Interalliierten Kommission vorgesehen ist. Es wurde auch davon gesprochen, daß sich die Großen Drei in oder bei Potsdam treffen sollen. Jedenfalls sind in der Berliner Vorstadt, aber auch in andern Bezirken eine Reihe von Häusern neu geräumt worden und die Bewohner der übrigen Häuser dieser Gegenden vielen Einschränkungen unterworfen. Die der Straßenseite zu liegenden Keller und Bodengelasse wurden abgeschlossen und plombiert, Straßenzugänge sind zeitweilig abgesperrt, der Verkehr nach Berlin über die Wannsee-Chaussee stark beschränkt. So liegt seit mehr als vierzehn Tagen eine Nervenunruhe über uns allen, die noch immer nicht abklingen will. Kummer und Angst wirken sich, wie es scheint, stärker aus als in den Wochen zu Beginn.

Inzwischen sind zahlreiche Kolonnen von Amerikanern und Engländern durch Potsdam gefahren, man sieht jeden Tag die angloamerikanischen Fahrzeuge. Einige Bezirke im Westen Berlins sind von den russischen Truppen und Kommandanturen den anderen Verbündeten überlassen worden, doch scheint sich deren Anwesenheit nur auf eine bevorstehende große Parade während der Zeit der Konferenz zu beschränken. Ich selbst habe im Gegensatz zu manchen andern niemals daran gezweifelt, daß die Kontrolle auf unserem Gebiet in Stadt und Land nach wie vor von der russischen Organisation ausgeübt wird.

Vor einigen Tagen wurde durch Anschlag des neuen Stadtmedizinalrats, eines jungen Mannes gegen Ende der zwanzig, bekanntgegeben, daß Typhusgefahr besteht und der Bevölkerung Schutzimpfung anempfohlen wird. Inzwischen erfahre ich von einem Arzt, daß es sich bei 150 gemeldeten Fällen, eine Zahl, die auf den ersten Anhieb in der Tat gefährlich anmutet, nur um drei echte Typhusfälle, im übrigen aber nur um Paratyphus handelt. In der Bekanntgabe, die bei der Bevölkerung lebhafte Beunruhigung hervorgerufen hat, heißt es auch, »die Gewässer um Potsdam sind verseucht«, und alles Baden und Fischen sei untersagt. Die Gewässer sind lediglich mit Paratyphusbazillen verseucht. Immerhin hat der Stadtkommandant einen öffentlich angeschlagenen Befehl erlassen, der das Fischen in den Havelgewässern mittels »Handgranaten und Minen« erneut verbietet.

In der letzten vierwöchigen Lebensmittelperiode, die in diesen Tagen zu Ende geht, erhielten wir außer der ständigen Brotration und kleineren Zuteilungen an Gemüse und Kartoffeln einmal auch etwas Fleisch, und zwar auf die Angestelltenkarte 50 und auf die Schwerarbeiterkarte 80 Gramm. Brotaufstrich, Käse, Fett, Marmelade waren bei uns nicht zur Verteilung gelangt. Wir sind mit Obst und Gemüse leidlich versorgt, das Maria bei Bauern in der Umgebung, die über Mangel an Arbeitskräften klagen, selbst erntet und mühsam heranschleppt. In der ersten Zeit mußte sie den Weg ins Dorf Bornim von anderthalb Stunden zu Fuß gehen. Inzwischen hat sie das Glück gehabt, wieder ein Fahrrad leihweise zur Verfügung zu haben. Man benutzt es mit Herzklopfen, weil von einzelnen Mitgliedern der Besatzungstruppen noch immer Räder zum eigenen Gebrauch abgenommen werden. Soweit die berufstätige Bevölkerung im Besitz von Rädern geblieben ist, mußten sie diese bei der Polizei gegen eine Gebühr von einer

Mark registrieren und plombieren lassen. Auf jede nur mögliche Weise versuchen die selbständigen Organe der Stadt, sich in den Besitz von Geldmitteln zu setzen, da ihre Kassen völlig erschöpft sind. Vermutlich ist in diesem Umstand auch der Grund dafür zu suchen, daß für jeden Bewohner ein Ausweiszwang von den Behörden angeordnet wurde. Sämtliche Ausweise, die vor der russischen Besetzung ausgegeben waren, müssen auf den Polizeirevieren neu abgestempelt werden, wobei das Hakenkreuz auf den Stempeln mit Tinte auszutilgen ist. Jedermann hat als Gebühr fünfzig Pfennige zu entrichten, so daß sich die Behörde bei einer Einwohnerzahl von über hunderttausend auf einfache Weise in den Besitz einer nennenswerten Summe bringt.

In der Stadtverwaltung ist der bisherige Oberbürgermeister Zahn in der Versenkung verschwunden. Er war weder Doktor noch ein Opfer des Faschismus und wanderte nun ins Gefängnis. An seine Stelle wurde Herr Paul, angeblich ein Schneidermeister aus Babelsberg, berufen, der der KPD angehörte. Er residiert im Neuen Stadthaus, dem ehemaligen Gebäude der Allianz Versicherung am Nauener Tor. Bürgermeister ist der frühere Redakteur Spiegel, SPD, aus Babelsberg.

Eine Reihe von Ämtern ist inzwischen verlegt worden. Die Stadtsteuerkasse wie auch das Kulturamt sind aus dem Stadthaus in das Gebäude des ehemaligen Rechnungshofes am Kanal gezogen. Man wartet, wenn man zum Dezernenten Dr. Hartung will, auf stickigen Korridoren, sein Amtszimmer hat Pappen statt Scheiben, und die Decke hängt in Fetzen. Das Wohnungsamt ist in unser Nachbarhaus Nr. 14 übersiedelt. Die Gewerbeaufsicht haust in zwei Räumen einer verlassenen Privatwohnung in der Brandenburger

Vorstadt. Die Abzufertigenden sitzen auf einer Bettstelle, während der Vorsteher seine Akten und Papiere auf einem leer gemachten Waschtisch ablegt. Das Geschäftsleben liegt brach. Einige Banken unterhalten behelfsmäßig kleine Geschäftsstellen, doch verdichtet sich die Meinung, daß, wie in Berlin, ausschließlich die frühere Reichsbank unter dem Namen einer Stadt- bzw. Provinzialbank zugelassen werden soll. Sämtliche Einlagen und Konten aus der Zeit vor der Besetzung bleiben gesperrt, ebenso ruhen, da es eine eigene Regierung nicht gibt, die Bezüge der Beamten und alle Pensionen. So bewegt sich das öffentliche Leben im schwebenden Zustand des Provisorischen.

Es ist Ende Juni. Jeder Tag hat seinen Morgen und Abend, jeder Tag bedeutet für uns Ungewißheit und Wagnis. »Ungewißheit und Wagnis« lautet der Titel des existenzphilosophischen Buches meines verstorbenen Freundes Peter Wust aus Münster, in dem es um die insecuritas humana geht. Sie ist, deutlicher vielleicht als in westlichen Gegenden spürbar, die organische Lage unseres Lebens geworden.

ANHANG

AUS EINEM BRIEF AN RENATE KASACK

Potsdam, 24. Juni 1945

(...)

Wenn Du eine der Postkarten erhalten hast, die ich Mitte April noch schrieb, so weißt Du, daß wir und unser Haus bei dem schlimmen Luftangriff vom 14. 4. verschont geblieben sind. Ein Drittel der Stadt ist ein Trümmerhaufen, der sich durch Artilleriebeschießung und Kriegshandlung nur wenig vergrößert hat. Das alte Stadtbild Potsdams gibt es seitdem nicht mehr: Garnison-, Nikolai- und Heilige Geistkirche sind nur Stümpfe (...)

In Berlin – wohin ich selbst zu Fuß noch nicht gelangt bin – sieht es besonders in der Innenstadt und in der Zoogegend bis Grunewald unsäglich aus. Auch das Haus mit unseren Verlagsräumen in der Lützowstraße ist bei den Kämpfen restlos bis in die Keller ausgebrannt. Das Haus von Nehers steht. In Wannsee und Nikolassee nur wenig Kampfspuren. Annas Haus in der Gerkrathstraße in Ordnung. (...)

Unmittelbar nach dem Einmarsch der Russen am 27. 4. hatten wir für etwa 24 Stunden in den Wohnungen des Hauses Einquartierung von 60 bis 70 Mann. Wir selbst brachten die Zeit im Luftschutzkeller und Omis Küche zu. Es wohnen noch weiterhin Kauffeldts bei uns in Wolfgangs altem Zimmer, in Deinem Zimmer wohnt jetzt Hanne, die aber bald wieder zu Omi nach unten ziehen will. Im Balkonzimmer wohnt Anne Mörike, die seit Mitte April zu uns übersiedelt ist. Die Familie Gösch, die Du wohl noch kennst und die ursprünglich in Deinem Zimmer wohnte, verließ, reichlich kopflos geworden, am 25. 4. Potsdam, um sich nach Mecklenburg durchzuschlagen. Vor ein paar Tagen erhielt ich von Herrn Gösch, der im Krankenhaus Glindow bei Werder liegt, die Nachricht, daß seine Frau und sein kleiner Junge bei Kämpfen auf dem Land ums Leben gekommen sind. (...)

Über all dies und unsere persönlichen Erlebnisse, und die Situationen des seelischen Schwebezustandes, in dem wir in diesen Wochen leben, habe ich Tagebuchaufzeichnungen gemacht, die ich gegenwärtig diktiere. Wenn es gelingt, die etwa 150 Seiten fertigzustellen und sie an Nossack gelangen zu lassen, wirst Du später irgendwann einmal auch in den Besitz dieser Blätter gelangen und im einzelnen alles nachleben können. (...)

Die Lebensmittel-Lage ist schwierig und wird noch schwieriger werden. Zum Glück für uns sind die geringen Vorräte, die wir uns abgespart hatten, bisher nicht requiriert worden, so daß wir immer noch satt wurden. (...)

Freilich ist alles beschwerlich genug, da wir keine Fahrräder mehr haben - übrigens auch kein Radio, kein Telefon, keinen elektrischen Strom, kein Gas. Wasser haben wir bereits seit etwa sechs Wochen wieder, wenn man es auch nur im abgekochten Zustand trinken darf. Von Krankheiten sind wir bisher verschont geblieben, abgesehen von kurzfristigen Darmstörungen, die allgemein üblich sind und sich auch ständig wiederholen werden. Sowohl das Trinkwasser wie die Broternährung und vor allem die Schwärme von Fliegen, die sich eingenistet haben und Bakterien übertragen, sind Gefahrenherde. Während die Ruhrfälle, meist tödlich, hier nur vereinzelt auftreten, scheint in einigen Bezirken Berlins allmählich mit epidemischem Charakter zu rechnen sein. Der Winter wird uns auch hier in Hinsicht auf Hunger und Seuchen vor große Schwierigkeiten bringen. Aus den Häusertrümmern sammeln wir, wie fast alle, Brennholz. (...)

Muttis Praxis ist wieder zugelassen worden - jeder Betrieb mußte neu angemeldet und zugelassen werden - sie hat viel zu tun. Heute ist sie nach Berlin unterwegs zu Hibi, die verhältnismäßig gut über die Angriffstage hingekommen ist. Ihr Mann arbeitet auf dem dortigen Magistrat. Natürlich ohne jede Entschädigung, wie fast überall, weil der Mangel an Bargeld sich mehr und mehr fühlbar macht. Sämtliche Konten sind gesperrt, ich glaube kaum, daß sie wieder für Auszahlungen freigegeben werden, und neues Geld wird, vernünftigerweise, nicht mehr sinnlos gedruckt. Ich nehme an, daß man zunächst auf diese Weise das vielfach gehortete Bargeld aus der Bevölkerung in den Verkehr bringen will. Postverbindung mit Berlin besteht nicht, auch nicht innerhalb Berlins. Dagegen kann man von hier aus bis in weitere Umgebung hin Briefe postalisch befördern lassen. Nach Berlin läuft man über Wannsee und Zehlendorf zu Fuß, von der Krummen Lanke aus besteht seit kurzem U-Bahn-Verkehr in viertelstündlichem Abstand bis zum Hohenzollernplatz. An sich fahren auch Autobusse stündlich oder zweistündlich von Wannsee, doch muß man viele Stunden anstehen und gelangt zu Fuß besser und schneller fort.

Suhrkamp hat sich trotz aller Anstrengungen verhältnismäßig gut erholt. Er hat jetzt infolge seiner Leidenszeit im KZ-Lager den Ausweis »Opfer des Faschismus«, der ihm, mit Recht, einige Vorteile gewährt. Er wohnt in der Wohnung von Dr. Poczka, der selbst nach der Evakuierung des Krankenhauses verschollen ist. Frau Feder und ihre Tochter, die völlig obdachlos wurden - Potsdam hatte 28.000 Obdachlose durch den Fliegerangriff -, ist durch Marias Hilfe jetzt gut untergebracht. Sie genießen als Halbjuden entsprechenden Schutz. (...)

Im Juli hoffe ich endlich wieder an meinen Roman gehen zu können. Wer hätte jemals gedacht, daß all die Bilder von der Stadt darin, die visionär meine Phantasie gesehen hat, inzwischen gleichsam buchstabengetreu von der Realität eingeholt und erreicht werden konnten. Und dieses ist das unheimlichste Erlebnis, das ich in der letzten Zeit gehabt habe. Wenn Ihr, die wie Du und Maria Luther z. B. die bisherigen Teile des Romans kennt, Euch vergegenwärtigt, daß das Leben dort in der Stadt in allen seinen Einzelheiten (mit Ausnahme der Liebesbeziehung zwischen Robert und Anna) das am meisten wahrheitsgetreue Existenzbild von uns selber gibt, so werdet Ihr manches verstehen. Ein Unterschied besteht allerdings: Während es in der Stadt meines Romans keine Musik geben kann, haben wir hier, nachdem wir wieder die Kraft zu hören hatten, Gelegenheit zu herrlichen Kammermusikveranstaltungen in Potsdam (Cembalo, Bach, Händel, Telemann usw.)

Wir sind dankbar, daß wir die erste Phase mit der kriegerischen Eroberung und den ersten Wochen der Besatzung so gut hinter uns gebracht haben, und hoffen, daß wir die zweite Phase, die noch manche Schwierigkeiten nicht nur in Hinsicht auf Lebensmittel, Krankheiten und Winterkälte bringen wird, auch überstehen. Hoffentlich dürfen wir auch unsere Wohnung weiterhin behalten, denn es ist selbstverständlich, daß viele Wohnungen gebraucht werden, für die Besatzung oder für die möglicherweise hier in Potsdam tagenden Kommissionen der Kontrollmächte. Erst in einigen Monaten, hier sogar vielleicht erst im Frühjahr, wird man wieder etwas festeren Boden unter den Füßen spüren, um dann energisch am Wiederaufbau mitzuwirken, sowohl vom Verlage aus als auch in meiner kulturellen Mission als Schriftsteller und Poet. Die Russen haben viel Verständnis für kulturelle Dinge und eine große Schätzung für den Künstler, für den »Poeten«, wie ich es selbst wiederholt erlebte. Es ist möglich, daß sich in der Bodenseegegend die Verhältnisse schon früher konsolidieren. Wait and see, beobachten, die Ohren und Augen aufhalten und abwarten, das gilt auch für Dich. Wir sind uns völlig darüber im klaren, daß jede Brücke in die uns bisher vertraute Vergangenheit abgerissen bleibt und man sich völlig auf das Neue einstellen muß. Wie gut, daß wir alle ein reines Gewissen haben und uns in jeder Sekunde der letzten anderthalb Jahrzehnte innerlich und äußerlich gegen die Nazis eingestellt haben. Gegen die PGs geht man in Berlin zum Teil scharf vor - was nach Lage der Dinge mir persönlich auch berechtigt erscheint -, in Potsdam ist man noch etwas zurückhaltend, aber ich glaube, auch dies wird sich bald ändern. In diesem Punkte muß auch tabula rasa, reiner Tisch gemacht werden. Zunächst werdet Ihr auch noch nicht wissen, unter welcher Kontrollherrschaft Euer Gebiet endgültig stehen wird. Erst dann kann man darangehen, Pläne für die eigene weitere Zukunft zu machen. (. . .)

FORTSETZUNG DER »DREIZEHN WOCHEN«

11. September 1945

Zögernd nur greife ich zu einem neuen Stoß leeren Papiers. Wäre es nicht ratsam, es unbeschrieben zu lassen? So wie ungezählte Wochen vergingen, ohne daß ich eine Eintragung auf den Tageblättern machte, weil die tägliche Bewältigung des zu Lebenden alle Kräfte und alle Sinne beanspruchte. Weil jede Sicht auf eine wahrende Zukunft hin erstickt wurde.

Noch immer keine Nachricht von den Kindern, von den Freunden, die in einem freundlicheren Gebiet weilen und an der Fortsetzung ihres Lebens beteiligt sein können, während wir im Nebelloch sitzen.

Am 10. August war Afred Mohrhenn gekommen, Freitag, den 11., über hatten wir gute Gespräche und Lektüre. Er hatte die 190 Seiten der »Dreizehn Wochen« gelesen, die nicht ohne Eindruck auf ihn waren. Man hatte in all der Unsicherheit, die uns Potsdamer mehr als die Berliner betraf, für Stunden aufgeatmet, hatte sich wieder der eigentlichen Welt des Geistes genähert. Sonnabend früh machte er sich mit Anne auf den Weg zu Fuß nach Berlin - die Glienicker Brücke und die Chaussee nach Wannsee waren nach Beendigung der durch die Konferenz bedingten Absperrungen wieder passierbar. Gegen zwölf Uhr mittag wurde heftig an der Haustür gerüttelt - ein Polizist forderte Einlaß. Ich ging hinunter. Im Treppenflur gleich eröffnete er mir, daß unser Haus geräumt werden müsse. Frist sei bis Sonntag abend 20 Uhr. An Sachen und Möbeln dürfe alles mitgenommen werden. Die schlimme Botschaft verschlug mir jedes Wort. Nun war also eingetreten, was als Alpdruck seit Wochen auf uns lag. Schon seit Tagen war Straßenzug nach Straßenzug beschlagnahmt worden, nun hatte das Schicksal auch uns ereilt. »Grausamkeit.« Alles bisher umsonst. Betäubt ging ich nach oben. Betäubt hörte Maria die Botschaft und wollte es nicht glauben, daß nun auch wir aus unserem so lange bewahrten Dasein gerissen werden sollten. »Unser Haus, unser geliebtes Haus«, stammelte sie, »es kann doch nicht wahr sein.« Tränen erstickten ihre Stimme. Meine alte Mutter starrte mich schreckensverzweifelt an; ich mußte ihr den Plan ausreden, unten im ehemaligen Luftschutzkeller weiter wohnen bleiben zu können, wozu möglicherweise eine Erlaubnis erteilt worden wäre. Seit 1927 hatten wir darin gewohnt. Wenn die Kinder einmal kämen, hätten sie kein Zuhause mehr. Wenn es im Kriegsgeschehen . . .

Wie unglücklich traf es sich, daß Anne nicht da war. Ich versuchte, ihr eine Nachricht nach Berlin zu senden, die sie indessen nicht erreichte. Wir erfuhren, daß die gesamte Jägerallee, die Alexandrinenstraße und von der Kaiser Wilhelmstraße die Hausnummern 1-14 für die Russen geräumt werden mußten. Was tun? Wo anpacken? Wohin? Während wir Mittag aßen, kam der alte Niederastroth völlig verstört, ratlos - auch er war mit seiner kranken Frau von der Räumung betroffen. Hanne sicherte eine Notunterkunft im Civil-Waisenhaus, der alten Fellenbergschen Heimat - der Eßsaal, in dem man zu dritt oder viert hausen und auf jeden Fall einen Teil der Möbel abstellen konnte. Um meiner Mutter zu helfen, benachrichtigten wir ihr früheres Mädchen, Grete, die bei dem Apotheker Branstedt in der Spandauer Straße in Stellung war. Sie hat sie redlich unterstützt und ihr ein Mansardenstübchen dort verschafft. Maria hatte Frau Rohde zum Helfen beim Packen gebeten, und dabei ergab es sich, daß wir bei ihr in der Sigismundstraße 13 anderthalb Zimmer haben können - wo auch einige Sachen unterzubringen wären.

Dr. Stechele hatte uns für den Nachmittag einige Jungens vom Viktoria-Gymnasium verschafft, die am Nachmittag einen Teil meiner Bücher in die Verlagsfiliale in der Waisenstraße schafften. Dr. Christians, der Arzt, erschien, schenkte eine Handvoll Zigaretten - welche Hilfe! - Einen Teil der Sachen brachten wir im Keller von Buhses unter. Maria war völlig fassungslos, warf die Flinte ins Korn und wollte fast alles in der Wohnung lassen - es schlug uns alles über dem Kopf zusammen. Die Zimmer begannen, sich um uns zu drehen, wie Vögel, denen die Flügel gestutzt waren, lief man trippelnd auf und ab. Am Sonntag früh ging ich kurz nach 7 zur Fahrbereitschaft, um einen Transportwagen zu erbitten. Dort wurde erst für Montag einer zugesagt, gerüchteweise verlautete, die Frist werde vielleicht bis Montag abend verlängert. Dennoch erschien schon gegen 9 Uhr ein Wagen mit drei Mann von der Kohlenfirma Krüger - der dann den ganzen Tag für uns gefahren ist. Viele Hände halfen beim Packen und Richten - in aller Eile entschieden wir uns, für uns das Quartier bei Rohdes zu wählen, Hanne und Anne (wie auch Kauffeldts) im Civil-Waisenhaus mit einem weiteren Teil unserer Möbel zu lassen. Es war nicht einfach, die Möbelleute bei guter Laune zu halten und sie zu bewegen, wenigstens einen Teil von Holz und Kohlen in zwei Sonderfuhren zu transportieren. Suhrkamp hatte mir einen Helfer, Herrn Freuer, verschafft, der auf dem Wagen von Stichnote von 10 Uhr früh bis 10 Uhr abends Bücher und kleinere Dinge, Lebensmittel vor allem, lud und wegbrachte. Man brauchte zehn Hände und einen konzentrierten Kopf - und wurde von Stunde zu Stunde vor fast unlösbare Fragen gestellt. Am späten Vormittag bildeten die Russen vor der Einmündung der Jägerallee in die Kaiser-Wilhelm-Straße eine Absperrung und ließen keinen der gepackten Wagen heraus - entgegen der ersten Zusage. Auch kein Handwagen mit Betten und Sachen durfte passieren. In aller Eile schafften wir (während die erste Fuhre beladen vor dem Haus stand) Massagebett und Marias Arbeitsgegenstände auf die gegenüberliegende Straßenseite. Dann halfen wir im Wettlauf mit den eilenden Stunden, Kohlen in Säcke zu packen, nachdem die Möbel glücklich ohne Zugriff in die Sigismundstraße gelangt waren, wo Frau

Rohde und Waltraut tatkräftig und hilfreich eingriffen. Inzwischen hieß es, daß bereits um 18 Uhr die Häuser geräumt sein müßten. Wir hatten eine große Fuhre Holz für Herrn Freuer zur Sigismundstraße fertig gepackt, als Stichnote kam und die Nachricht brachte, daß Suhrkamps ebenfalls bis zum Abend aus dem Haus Poczkas in der Behlertstraße hinaus müßten, und daß er nun dringend des Helfers bedürfe. In dem unablässigen Kommen und Gehen schlichen sich auch marodierende Leute ein, die das Zurückgelassene mit keckem Griff an sich zu raffen suchten. Während die letzte, fünfte Wagenfuhre gepackt wurde, hielten vor dem Haus mehrere Lastwagen voller Menschen, die von den Russen aufgegriffen waren, weil sie keinen neugestempelten Ausweis besaßen. Sie hielten annähernd zwei Stunden, und die Inhaftierten baten um Wasser. Ein Kerl, der die elektrischen Lampen bei uns und meiner Mutter abmontierte, nachdem Frau Rohde ihn dazu von der Straße her aufgefordert hatte, wünschte gleichfalls als Lohn zu erben – im Nu war es ein Kleeblatt extravaganter Gestalten, die auf Zehenspitzen durch die Räume tanzten, aus unrasierten Gesichtern wispernd spähten, und schließlich, der eine mit einem Tisch, der andere mit einem Küchenschemel, der dritte mit einem Stuhl jagend abzogen. Auch einer der Möbelleute, ein Pole, griff, was greifenswert war – behauptete immer, die Frau hätte es erlaubt, wobei »die Frau« bald meine Mutter, bald Maria darstellte. Vieles schenkten wir auch weg – unüberlegt und völlig nervenerschöpft. Kurz vor 20 Uhr saßen wir mit restlichen Möbeln auf der Straße, wo uns Frau Lange (von gegenüber) einen Imbiß und etwas Warmes brachte – sie hatte mit ihren Hausbewohnern viele Eimer Eierbriketts »gerettet«, d. h. für sich. Anne kam gegen 19 Uhr aus Berlin.

Maria und ich kamen spät zu Rohdes, in deren Wohnzimmer wir die Nacht schliefen. Hanne und Anne, ebenso meine Mutter, waren im alten Hause über Nacht geblieben, da bislang keine Russen erschienen waren. Die Frist, so hieß es nun allgemein, war bis zum nächsten Abend verlängert. So ging der Spuktanz am Montag weiter. Allenthalben waren weitere Straßenzüge beschlagnahmt - überall zogen die Menschen überlastete Ziehwagen - überall verzweifelte Gesichter - Unwissenheit - Vertriebene. Viele durften nichts mitnehmen, andere stellten wahllos auf den Straßen Möbelstücke ab. Die Nachricht verbreitete sich, daß ganz Potsdam in Kürze geräumt werden würde und die Bewohner teils in Magdeburg, teils in Schwerin untergebracht werden sollten. Was hatte da Räumen und Packen noch für einen Sinn? Rohdes hatten uns mit großer selbstverständlicher Mithilfe aufgenommen.

Donnerstag, 13. 9.

Recht allmählich kehre ich in den Tageslauf zurück. Noch immer überwiegen die trostlosen Stunden, ohne Ausblick, ohne Glauben an eine Hoffnung. Die Welt der Umgebung ist nichts als ein Kulisse. Meine Gedanken kreisen oft um Wolfgangs Rückkehr - käme sein Leben doch wieder an. Vielleicht würde mich das Junge in ihm noch einmal aktivieren. Denn Suhrkamp und die Vorstellung, in die Betriebsmühle des Verlages zu münden, bieten vorerst keine Gewähr, einen Sinn meines Lebens zu finden. Ich sehe allenthalben nur Krampf zur Beschäftigung, kein wirkliches Tun.

Blicke ich vom Schreibtisch auf, liegt vor mir der sonnengesättigte Park, unbetretbar, mit den Augen zugänglich, in der strahlenden Klarheit der Herbstfarben. Das Gelbgrün der Bäume, das Geschehenlassen der Natur, unbeirrt von dem Unsinn der Ameisenmenschen; das kreatürliche Vegetieren; der Zauber des Planlosen.

Freitag 14. 9.

(...)

Vision für die Stadt hinter dem Strom:

Die Toten als Ankläger des Lebens.

Gestern Besuch von Lisa Loock und nachmittags, abends von Hibi. Gespräche Schwarz in Schwarz.

Heute Gespräch mit Anne über die Gestaltung der Zukunft, hervorgerufen durch den Erlaß, daß nach dem 30. 9. niemand mehr nach Berlin zurückkehren kann, weil ihm keine Lebensmittel-Ausweise zugeteilt werden.

Für Dr. D[ornseiff]: Kontrolle der Wörter und Bezeichnungen aus der vergangenen Epoche.

Das Verfahren zunehmender Entmündigung, wie es die russische Verwaltung anstrebt und ansetzt, scheint für den Deutschen die einzige Methode, die zweckversprechend ist. Die Westmächte setzen im Deutschen mehr westliche Eigenschaften voraus, als er besitzt.

Sonntag, 16. 9. 45

Bei Peter Suhrkamp, den ich in einer beweglicheren Gelassenheit als sonst antraf. Er sprach gedämpft, mehr fragend als richtunggebend. Keine Rede war von irgendwelchen Verlags-Bezügen und seinen Andeutungen vor einer Woche gegenüber Anne im Hinblick auf mich. Es war ein

Gespräch – fast nahm er sich Sokrates zum Muster. Ihm ist das Urtümliche unserer Situation (seit April) in einigen Bildern aufgefallen, z. B. der einfache Dörfler, der breit auf den Stufen des Hebbel-Theaters saß, Rast haltend, unbekümmert um Stätte und Ort der zerstörten Weltstadt – oder der rückkehrende Soldat, zerlumpt, allein am U-Bahn-Gitter am Anhalter Bahnhof lehnend und eine Rübe vom Feld langsam essend – als ginge ihn sonst die Umwelt nichts an. Das Diebstahl-Lehrerpaar der Frau Franke, ergraute Leute, die plötzlich zu Diebereien neigen – und was die Ursache davon wäre: nämlich die kommunistische Ur-Anlage seit Adam, der nicht »mein und dein« kennt (wie wir übereinstimmten). Ihn bewegten die Fragen, wie sie mich und jeden Geistigen bewegen, wohin der Kurs, die Richtung mit uns selber gehen soll. Er stimmte mir ohne weiteres zu, daß ein Anschluß an die Zeit früher (1939 bzw. vor 33) unmöglich sei – im Gegensatz zu 1918, wo jeder den Zustand von 1914 herzustellen suchte. Er schweifte zwar ab, man müßte an die Urzeiten anknüpfen, was ich ablehnte. Er berichtete von sich, daß es ihm auf das Sein, die Existenz ankäme – was er darin symbolisierte, daß es ihm mehr entspräche, allein nach Berlin zu wandern, zu radeln, statt eines der mühsam wieder in Gang gebrachten Verkehrsmittel von früher zu benutzen. Vor uns liegt Finsternis (weiß Gott!), und nur aus der eigenen Seelenkraft könne erhellend Licht auf den Weg fallen. Diese Seelenkaft bedürfe der Anreicherung durch die Natur (daher seine einsamen Gänge, wo er zu sich selber sich sammle). Soweit gut. Die Frage, inwieweit jeder Individualist oder Kollektivwesen sein müsse, sein solle, zu der dies alles Prolegomena waren, blieb in der Schwebe. Ich neige mehr und mehr dazu, daß sich niemand dem Zuge der Kollektivität als Schicksal entziehen können wird. Er neigt zum Katakombendasein der einzelnen Fackelträger. Da wir aber diese Mitgift, das Gift des Wortes in uns haben, gab ich Tolstois Weg als vorgezeichnet an - das Verstummen - oder zumindest die puritanische Pause. Ich betonte, ihm sekundierend, daß man nicht an die Pathetik des Tuns, die hastige Aktivität anknüpfen dürfe, die den Westen des Landes zweifellos erfülle (Tempo des Englischamerikanischen), und er gab zu, daß der Sinn für ihn in der Existenz (ich ergänze: in der Haltung zu sich und zum anderen) läge, ausgerichtet also im Gespräch (oder dem Rundbrief als fixiertem Gespräch, im gleichzeitigen Geben und Nehmen, im Kräfteaustausch also), sofern man dem Wort, als unserer Aufgabe, je einmal wieder trauen dürfe.

So wäre ein Sinn der gegenwärtigen Existenz z. B. die Stunde dieses Gesprächs gewesen. Keine Wirkung, Erziehung beabsichtigen, magische Kraft unbewußt strömen lassen - so faßt Peter Suhrkamp sich selber auf.

Also ein Drängen zur organischen Harmonie. Es ist innerer Modus - keine Lösung.

Herbstwind, Wolken, noch leidliche Wärme, auch Regen. - Gestern auf dem »schwarzen Markt« traf ich Prof. Schadewald und Ellen Cleve.

Heute Sonntag nachmittag das erste Gedicht dieser Zeit geschrieben. Stück I vom Totentanz. »Der Dichter wacht.«

Nachmittags Besuch von Erika Lindhorst, die sich für England naturalisieren lassen will (repatriieren) und mich als ev. Referenz angibt. Wohlan!

BRIEFENTWURF AN RENATE

Es ist Mitte September (würde ich an Renate schreiben), die Abende sind noch warm. Ich sitze an meinem Schreibtisch, aber es ist nicht wie früher. Das freundliche Zimmer in der Rohdeschen Wohnung ist weder fremd genug, noch heimisch genug. Es ist ein Zwischenstadium. Manche einsame Gedanken zwischen mir und Wolfgang; über ihn erfahren wir, daß er Mitte Mai in einem Gefangenenlager bei Küstrin war, seitdem nichts, und von Dir seit April nichts. Allmählich zeigen sich die Spuren der physischen und psychischen Entbehrungen, die mir dadurch gemindert werden, daß sie Dich auch weiterhin bei den Freunden am See hoffen.

Von Rudolf C. Neher kam vom 6. 9. Nachricht - sie sind glücklich in Hamburg. Wir sind einsam, und es ist mir gut, daß niemand weiß, wie mutlos wir werden. Nachdem wir unser Haus Mitte August verlassen mußten, ist Omi gestorben. Auch Tante Lena starb fast gleichzeitig. Manchmal glaube ich, daß wir den Winter überstehen, manchmal kann ich es mir nicht vorstellen. Auch geistig sehe ich alles, was mir Leben und Wesen bedeutete, fragwürdig an.

20. 9. 45

Zur Totenstadt: R[obert] notiert, daß das Betteln stärker wird. Der Bettlerorden der Zukunft.

Das magische Licht.

24. 9. 45

Der Herbst beginnt - die Kühle steigt. Gestern (Sonntag) in Berlin, mit dem alten dünnen Rad bis Nikolassee zu Frau Petz, wo ich Frau Duboys-Reymond kennenlernte, die jetzt die Schweizer Staatsangehörigkeit erworben hat und Anfang November in einem gesicherten Transport in die Schweiz fährt. Ich verabredete, ihr Grüße an H. Hesse usw. aufzugeben.

6. 10. 45

Suhrkamp übersiedelte nach Zehlendorf, Forststr. 27. (...)

Morgen muß ich nach Grunewald, es ist möglich, daß der Plan der Zeitschrift ins Rollen gerät. Bald bin ich recht begeistert, bald recht zweifelhaft. Es ist sehr schwierig, das Rechte zu wählen - im Grunde möchte ich nur Verse schreiben.

Die ersten vier Stücke des »Totentanz«-Zyklus jetzt geschrieben. Das Gastwohnen bei Rohdes ist weiterhin möglich. Nur die Furcht vor dem Winter. Schon drang Kälte ein - und wir sitzen ungeheizt, unheizbar, in Mantel und Decken. (...)

11. 10. 45

Ein Brief von Renate aus dem August kam. Sie ist in Hemmenhofen (Radolfzell) am Bodensee - schön, lebendig in Inhalt und Ton. Sie ist nun auf den ersten Stufen »eigenen Lebens«. Gut für sie. Und gut, daß sie dort am See, westlich, ist - und Leben empfängt. Durch eine besondere Gelegenheit konnten wir ihr heute schon eine Antwort geben, die Aussicht hat, sie zu erreichen, da sie in den gleichbesetzten Sektor geht. - Aber Wolfgang? - (...)

Suhrkamp war Montag hier, der nach Berlin übersiedelt ist. Gleiche Ansicht über Thomas Manns Entgegnung an Walter von Molo. Welche Unfairneß, welche Leichtfertigkeit, z. B. im Hinblick auf die Bücher zwischen 33 und 45.

Als ob es keine Katakombenkunst gegeben hätte. Und was bedeutet es wohl, daß die Neue Rundschau »seit Juni d. J.« wieder neu erstanden sei. Ich bin innerlich durcheinander, mag nicht mehr mich aktiv stellen zu all dem Widerwärtigen der Zeit, dem Grauen des Winters. Welche Schande, welche Schmach, unter die Deutschen gehören zu müssen. Ich fürchte manchmal, dies doch nicht überleben zu können. Infamitäten der Deutschen in unserem Haus: Linoleumbelag herausgerissen - Klingelleisten, alle Messingknöpfe, -schilder auf dem Flur! Sorgen um Geld - Inflationsgespenster. Innerlich wieder zurückgeworfen. Auch arbeitsunfähig - warum noch Totentanzgedichte schreiben, wenn man sie lebt?

Wir stehen ja erst am Beginn des völligen Untergangs.

11. 10. 45

Verzweiflung und Pechsträhne halten an. (...)

Nichts hat Reiz und Interesse. Die Zeitungen spielen in politischem Pessimismus. Die schlimme Zeit beginnt. Brotknappheit - Waltraut stand heute um ¾ 5 bereits an - 30 Brote wurden da ausgegeben, bei diesem Bäcker. Maria wieder wund. Ich sehe wirklich nicht ein, wozu ich noch weiterleben soll. Ich könnte noch einige Verse zum Totentanz schreiben. Für wen? Deutschland wird spätestens in den Enkeln völlig untergehen. Wie klug handelte Dr. Ahlmann, sich dieser Erdzeit rechtzeitig zu entziehen. Ich denke viel an die Stadt hinter dem Strom.

12. 10. 45, morgens

Wenn ein Mann im fünfzigsten Lebensjahr sich anschickt, freiwillig aus seinem Leben zu scheiden, so hat er seine Gründe. Ich könnte diese anführen - aber sie

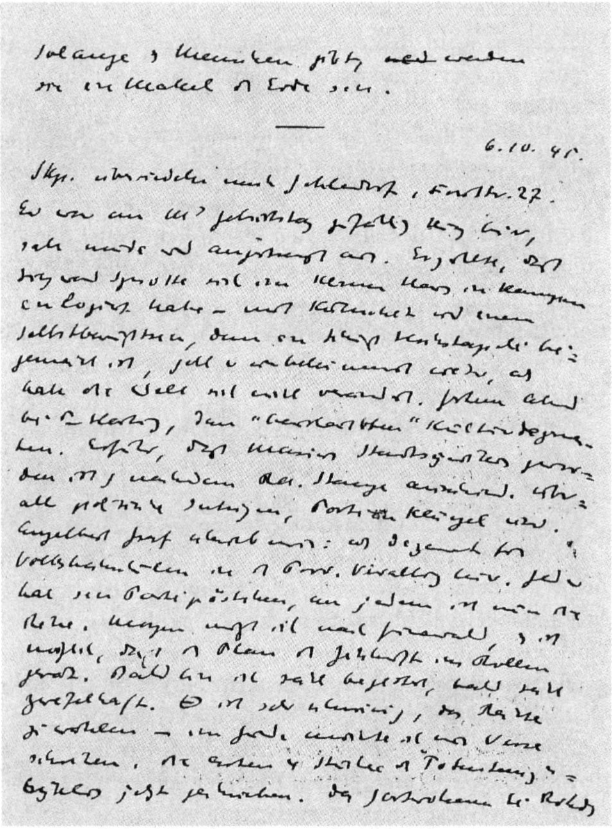
6.10.45.
Skg. übersiedelt nach Schlendorf, Forststr. 27.

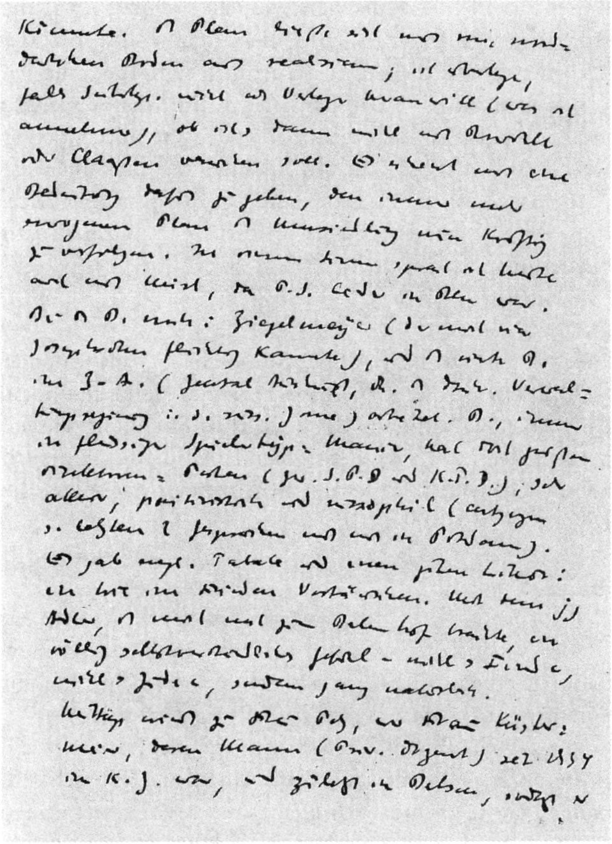

wären für einen Außenstehenden nicht stichhaltig, wie die Gültigkeit des Traums nur für den Träumenden Bestand hat. Es ist wohl die tiefere Beziehung zum Tode, die ich von Jugend auf hatte und die sich im Laufe der Jahrzehnte immer wieder in den entscheidenden Stunden meines Wesens offenbart hat: in der Entäußerung meines Selbst durch das Gedicht. Ich habe dem, was ich in meiner Dichtung von mir kundtat, nichts hinzuzufügen und nichts zu wiederholen. (...)

13. 10. 45, abends

Herbsttag, wolkig, kühle Regenschauer, im Zimmer nicht über 13 Grad. Maria nach Berlin zu Hetta Lindhorst, Anne ebenfalls in Berlin. Bin bedrückter Stimmung, Unheil liegt in der Luft; sehr besorgt und den Tränen innerlich nah im Gedanken, Gedenken an Wolfgang. Wie soll er die Kälte, die Verlassenheit überstehen? Ob er noch lebt? (...)

Mitte November

(...)

Der Verlag hat die britische Lizenz am 17. 10. erhalten, dadurch erhielt Suhrkamp aktiven Auftrieb. Nun kommt jedermann und noch einer dazu herbeigelaufen. (...)

(...) Viele Briefe, Nachrichten kommen, seitdem die Postgrenzen geöffnet sind. Hans H. König lebt, schickte einige gute Gedichte, auch kleine Aufsätze, ein netter darunter über ein Loerke- und ein Kasackporträt. Er ist gelokkert geworden, hat die Stille des halben Jahres gut genutzt, innerlich. Sehr erfreulich! Warme herzliche Briefe von Neher und Nossack. Renate ist in Lahr als Serviermädchen im Gange. Offiziers-Kasino. Sie hat sich gut und recht, tapfer und lebendig entwickelt. (...)

(...) So ging es leidlich gegen die Verzweiflung in mir an - ich ergänzte einige Seiten zu den Dreizehn Wochen, die ich an Nossack sandte, schrieb auch das Kapitel der Totenstadt mit der Thomas-Mann-Szene. (...)

Mitte Februar 46

Bewußt lange nichts mehr notiert. (...)

Ich arbeite einiges. Auch am Roman (...).

Die Enttäuschung an den Deutschen ist grenzenlos, die Enttäuschung an der Zeit nach den Nazis nicht minder. (...)

Mich hält - ungern und schwer - nur noch die Arbeitsaufgabe am Roman. (...)

Hermann Kasack, 1. Februar 1948

NACHBEMERKUNGEN
von Günter Wirth

In Betrachtungen über das Werk Hermann Kasacks ist bemerkt worden, es sei dort oft genug die Stadt *am* Strom, Potsdam, zwischen Templiner See und Tiefem See, mit Brauhausberg und Ravensbergen, gegenwärtig, der Dichter sei also eigentlich ohne Potsdam so gar nicht zu denken.

Sicherlich wäre eine solche Bemerkung allein schon aus statistischen Gründen (um einen zentralen Begriff Kasacks zu gebrauchen) »gültig«. Denn immerhin hat er, von einigen Semestern seines Studiums in München und ein paar Monaten Kriegseinsatz in Belgien abgesehen, fast fünfzig Jahre in seiner Geburts- und Heimatstadt gelebt.

Einen noch deutlicheren Charakter des »Gültigen« erfährt diese Bemerkung freilich, wenn man sie im Lichte oder (richtiger:) im Schatten der Tatsache sieht, daß der Dichter Zeuge der Zerstörung der Stadt wurde. Er wurde unmittelbarer Zeuge der äußeren Zerstörung in der Nacht vom 14. zum 15. April 1945, die er, dann allerdings in der schon rational gebändigten Rückschau dieser Tage- und Nachtblätter, eindrücklich schildert. Und er wurde auch, jedenfalls in den Anfängen, Zeuge der inneren Zerstörung dieser Stadt, der Seele und des Geistes von Potsdam, in der Folge der Ereignisse, die den eigentlichen Gegenstand des hier vorliegenden Textes ausmachen, also in den »Dreizehn Wochen« des Frühsommers 1945. Sie hatte der innere Emigrant zunächst als Befreiung empfunden, um alsbald, mit seiner Frau vor einem sowjetischen Maschinengewehr und vor einem leeren Grab stehend, damit konfrontiert zu werden, daß es neue Bedrohungen äußerer, dann aber vor allem auch Versuchungen innerer Art gab. Letztlich ist der eigentliche Text dieses Buches, sein heimlicher, der, der gleichsam mit der geheimen Tinte des Visionärs geschriebene, davon bestimmt, schon früh Zeugnis von den befürchteten und geahnten Akten der inneren Zerstörung dieser Stadt, dieses Landes abzulegen.

Es läßt sich dies heute, nach dem Untergang der sozialistisch genannten Welt, ziemlich flüssig niederschreiben, jetzt, da die Kasernen unweit des (inzwischen restituierten) Kasackschen Hauses in der Hegelallee 13 nicht mehr von Sowjetsoldaten bevölkert werden, die Offiziersfamilien etwa aus der Helene-Lange-Straße längst nach Rußland zurückgekehrt sind. Kasack war damals - wie immer - weit davon entfernt, schnelle oder gar leichtfertige Urteile zu fällen, stand er doch noch *existentiell* unter dem Eindruck der nazistischen Barbarei und *intellektuell* gegen deren Propagandaklischees, einschließlich der antisowjetischen. So gehörte er zu *den* deutschen Bildungsbürgern, die bereit waren, denjenigen, die der Nazibarbarei (nicht nur mit Gewalt) ein Ende gesetzt hatten, das zu geben, was man »einen Bonus« nennt. Daher auch war Kasack nicht bereit, selbst nicht unter dem Eindruck dramatischer Ereignisse, in die er, wie schon angedeutet, ziemlich rasch gestellt worden war, womöglich die Verbrechen des soeben geschlagenen totalitären Systems gegenüber anderen der Sieger aufzurechnen. Allerdings - und das macht schließlich das eigentliche spezifische Gewicht dieser Texte aus - muß der Schriftsteller, für den die April- und Maitage 1945 auch insofern eine Zäsur sind, als er sich erst langsam wieder an seine schriftstellerischen Mittel, sich ihrer neu versichernd, herantasten muß, schon im Verlaufe der ersten der »dreizehn Wochen« nach dem Ende des NS-Regimes Beobachtungen machen und protokollieren, die mindestens ambivalent sind, »den Bonus« also in Frage stellen. Sie verweisen letztlich schon auf zukünftige Entwicklungen, deren

Charakter dann für ihn so eindeutig war, daß er hieraus Anfang 1949 die Konsequenz ziehen mußte, schweren Herzens *sein Potsdam* zu verlassen.

Mit den Augen des Schriftstellers

Was man bereits an den Tagebuchblättern von 1932/33, die uns Heribert Besch im Anhang seiner glänzenden akademischen Schrift über den Dichter vermittelt hatte (im Rahmen der Edition der Tagebücher von 1930 bis 1943), bewunderte, nämlich die von genauer Beobachtung instrumentierte, zuerst zurückhaltende, dann immer bestimmter werdende, jedenfalls aber stets scharfsinnige Analyse der Wirklichkeit - wir finden dies neuerlich in den Texten der Tage- und Nachtblätter von 1945, und wir finden es offenbar deshalb, weil Kasack die Wirklichkeit „mit den Augen des Schriftstellers« (Heinrich Böll) sah, und das heißt im Lichte oder im Schatten von Visionen, die ihn nach seinem eigenen Zeugnis in seiner Haltung bestimmten und zu seinem literarischen Schaffen inspirierten. In den Texten dieses Tagebuchs erinnerte sich Kasack kurz vor der Eroberung Potsdams durch die Rote Armee »einer Vision«, die er im Herbst 1944 zweimal erlebt hatte: »Damals sah ich Soldaten in fremder Felduniform auf dem Damm und der Rasenfläche unserer Straße marschieren, sah einzelne Gruppen hin- und herlaufen und hatte das unbestechliche Wissen, daß es sich um Russen handelte. Ich sah sie auch nicht nur für diesen Augenblick, sondern sie kontrollierten tagaus, tagein die Straßen. Da ich sonst keinerlei Anzeichen bei mir kenne, mit hellseherischen Fähigkeiten begabt zu sein, sondern lediglich zuweilen eine Kassandra-Witterung für den instinktiv logischen Verlauf von Ereignissen habe - also gleichsam aus einer beginnenden Kurve den noch unsichtbaren Ablauf der Entwicklung einigermaßen genau zu fixieren vermag, habe ich dieser zweifach erlebten Vision auch keine prophetische Bedeutung beigemessen. Nachträglich überrascht es mich indessen, daß die Wirklichkeit die Phantasie eingeholt hat. Es handelt sich um den gleichen Vorgang, von dem ich schon einmal anläßlich der Szenen sprach, die meine Phantasie der ›Stadt hinter dem Strom‹ vorwegnahm. Nun wurde es in diesem Falle mir noch drastischer vor Augen geführt. Jedenfalls war das Erscheinen der Russen für mich im Grunde nichts Neues. Es war vorausgewußt. Nicht vorausgewußt war die Art, in der sich die persönliche Berührung vollzog.«

Damit war für Hermann Kasack indes eine andere Einsicht verbunden, und sie hatte Konsequenzen für seine politische Existenz, erst recht natürlich für ihn als Schriftsteller, als Dichter. Nachdem Kasack eher zurückhaltend und tastend die Szene vor dem sowjetischen Maschinengewehr beschrieben hatte, fügte er dies hinzu: »Ich weiß, daß viele Menschen ähnliche Sekunden durchgemacht haben, mögen sie nun, je nach den Umständen des Kriegsrechtes, grausamer oder spielerischer gewesen sein. Uns ist, dies glaube ich sagen zu dürfen, jene Stunde über das Schreckerlebnis hinaus Gegenwart geblieben; sie ist als Faktum eingekerbt in Herz und Wesen - aber hat sie den einzelnen verändert? Ging das Leben für jeden von uns so weiter, als sei nichts geschehen? Oder ist, was weiter geschah und geschieht, nur ein geborgtes, ein zusätzlich geliehenes Leben?«

Hinsichtlich seiner politischen Existenz unter den sehr fragilen Bedingungen der Besatzung (was stets bedacht werden muß) ergibt sich von hier aus als unübersehbar, daß für diesen Schriftsteller eine Beobachtung und ein damit verbundenes Urteil alles andere überwiegt, nämlich die Enttäuschung über seine Landsleute: »Ich bin innerlich durcheinander, mag nicht mehr mich aktiv stellen zu all dem Widerwärtigen der Zeit, dem Grauen des Winters. Welche Schande, welche Schmach, unter die Deutschen gehören zu müssen. Ich fürchte manchmal, dies doch nicht überleben zu können. Infamitäten der Deutschen in unserem Haus: Linoleumbelag herausgerissen – Klingelleisten, alle Messingknöpfe, -schilder auf dem Flur! Sorgen um Geld – Inflationsgespenster. Innerlich wieder zurückgeworfen.«

Hermann Kasack erhob damit einen überaus strengen politisch-moralischen Anspruch, den er, der konsequente innere Emigrant, einzulösen imstande war und tatsächlich auch einlöste. Aus seinen Aufzeichnungen ersehen wir mit Bewegung, wie für ihn eine neue Zeit angebrochen war, nicht im Sinne der optimistischen Einforderung der Verwirklichung einer Utopie, sondern insofern, als die Kategorien und Konventionen der Vergangenheit, der nationalen und der abendländischen, ihm nicht mehr zu genügen vermochten, um jenen Problemen zu begegnen, die der »millionenfache Tod« unter den Völkern in zwei Weltkriegen hinterlassen hatte. »Das, was ich aufzeichne und nachzuzeichnen versuche, ist nichts anderes als ein Beispiel des Lebens in einer Krise der Zeit.«

Was durch die Zerstörung seiner Heimatstadt so und so Realität geworden war, wurde für Kasack zum Zeichen dafür, daß die persönliche und gesellschaftliche Existenz Züge des Provisorischen trage und tragen müsse, damit in solchem Provisorium eine Revision der bisher bestimmend gewesenen Auffassungen und Anschauungen erfolgen könne - mit dem Ziele (oder sollen wir sagen: mit der Vision?), hieraus angemessene Entscheidungen für eine einigermaßen menschenwürdige Zukunft zu fällen.

Die tödliche Verachtung für das NS-Regime und der ursprüngliche »Bonus« für die Eroberer als die Sieger über die Nazis haben also für Hermann Kasack nicht in erster Linie politische Dimensionen (er hätte sonst in seinen Aufzeichnungen nicht ausdrücklich darüber meditieren müssen, warum er eigentlich manche Gelegenheit, mit Exponenten der sowjetischen Administration ins Gespräch zu kommen und womöglich in die Ausübung der neuen delegierten Macht einbezogen zu werden, habe vorübergehen lassen). Wir haben es vielmehr mit Dimensionen geschichtsphilosophischer Distinktion und weltanschaulicher Verbindlichkeit zu tun, letztlich mit der Stringenz eines für Kasack gültigen Menschenbildes, und vor allem hat dies (man denke etwa an das Gespräch mit Peter Suhrkamp über das Europäische) viel damit zu tun, daß Kasack eine gewisse Ermüdung des Europäischen, des Abendländischen zur Kenntnis genommen hatte; jetzt sah er vor allem mit Hölderlin und Hermann Hesse die Horizonte der »Morgenlandfahrer« sich auftun; das Chinesische, das Asiatische meldete sich geschichtsnotorisch an. So mag Kasack auch im Einbruch der Sowjetsoldaten in das Zentrum des preußischen Militarismus - und unter ihnen waren nicht wenige (»Mongolen«) aus Asien - einen Wink des Schicksals gesehen haben, der auf paradoxe Weise das verifizierte, was der Dichter dann den Meister Magus in der »Stadt hinter dem Strom« feststellen läßt:

»Der Meister Magus wies darauf hin, daß die dreiunddreißig Eingeweihten seit längerem ihre Kräfte darauf konzentrierten, für den Gang der Wiedergeburten die lange abgeschirmte Region des asiatischen Feldes zu öffnen und zu erweitern, und daß sich ihre Anstrengungen zu verstärken schienen, damit sie für die Erstehung in Geist und Leib auch den Kreis des Abendlandes einbezögen. Dieser bisher nur allmählich und vereinzelt sich vollziehende Austausch zwischen asiatischem und europäischem Daseinsgut ist in einer Reihe von Erscheinungen wohl erkennbar. Der Magister Magus hatte keinerlei Namen erwähnt, doch meinte der Archivar später darin eine Anspielung zu hören auf Zeugen wie Schopenhauer, Karl Eugen Neumann, Hans Hasso von Veltheim, Richard Wilhelm, Hermann Hesse, aber auch Hölderlin, der in ›Mutter Asia‹ unseren dionysischen Ursprung erschaute, Friedrich Schlegel und Hammer, den Westöstlichen Divan Goethes, aber auch Angelus Silesius, Meister Eckart, Suso und die lange Reihe der Mystiker und Gnomiker.«

Revision im Provisorium

Leben im Provisorium und Revision »in Sachen« des bisher Gelebten, Gedachten und Geschaffenen, vor allem aber »in Sachen« jener Erfahrungen, die in der »Stunde Null« und gleichsam in articulo mortis in Krieg, Verfolgung und Eroberung gemacht worden waren – es mußte all dies für den Dichter den Bezug zu dem Werk herstellen, an dem er seit 1942 gearbeitet hatte und das sein Opus magnum werden sollte, eben zur »Stadt hinter dem Strom«. In der Tat finden wir diesen Bezug schon auf der ersten Seite des Tagebuchs, und es ist dies der wahrlich bemerkenswerte, der in Dr. Robert Lindhoff, dem Archivar und Chronisten der »Stadt«, autobiographische Züge des Schriftstellers als möglich erscheinen läßt, dies um so mehr, wenn wir noch einmal an die Schlüsselszene dieser Tage- und Nachtblätter aus dem Jahr 1945 erinnern, daran, wie Kasack und seine Frau, vors MG und leere Grab gestellt, schon nahe an die Pforten der Stadt hinter dem Strom gekommen waren, er freilich nicht als Chronist, sondern als »normaler« Bürger der Totenstadt . . .

Angesichts der Wucht all dieser Ereignisse, angesichts ihres alles umwälzenden Charakters überrascht dann auch nicht des Dichters Mitteilung, daß er in den frühen »dreizehn Wochen« nach der Eroberung der Stadt, auf dem gleichsam ersten äußeren Höhepunkt des Provisoriums, nicht in der Lage war, an dem Roman weiterzuschreiben. Ohnehin mußte er sich, nach der Zäsur im April/Mai 1945, nach dem, was wir über die Relevanz dieser Zäsur für die persönliche, politische und literarische Existenz Hermann Kasacks vermittelt bekommen haben, vergewissern, ob denn *die Vision,* die ihn 1942 mit der Niederschrift der Chronik der Totenstadt hatte beginnen lassen, die Vision nämlich »einer gespenstischen Ruinenstadt, die sich in das Unendliche verlor und in der sich die Menschen wie Scharen von gefangenen Puppen bewegten«, der jetzt im Zeichen der Ruinen der Wirklichkeit notwendigen *Re-Vision* standhalten würde.

So spiegelt das Tagebuch gewiß in erster Linie die ganz persönlichen und alltäglichen Erlebnisse und Widerfahrnisse Hermann Kasacks und seiner Familie, seiner Nachbarn, seiner Freunde in dieser neuen Wirklichkeit, und es bringt sehr genaue, jeglicher Revision standhaltende Mitteilungen zur zeitgeschichtlichen Atmosphäre in diesen bewegten Wochen. Es ist aber auch das missing link zwischen Kapitel 12 und Kapitel 13 der »Stadt hinter dem Strom« (es ist es übrigens auch insofern, als man *nicht* merkt, daß der »Strom« des Erzählens an dieser Stelle über eine Schwelle sui generis hinweggeführt werden mußte), war doch bei Kapitel 12 die Arbeit notwendigerweise unterbrochen worden, weil Kasack den verhafteten Verlegerfreund Peter Suhrkamp vertreten mußte, und mit Kapitel 13 setzte der Schriftsteller, in der persönlichen Existenz noch provisorischer, aus seinem Haus in der heutigen Hegelallee verbannt und bei Bekannten in der Sigismundstraße, heute Hans-Sachs-Straße unweit des Parks von Sanssouci untergekommen, die Niederschrift fort, um sie, in einem Brief an Brecht vom 4. Juni 1946 angekündigt, im zeitlichen Umfeld seines 50. Geburtstages, also vor genau 50 Jahren, abzuschließen.

Mit diesen Tage- und Nachtblättern (übrigens eine Genrebezeichnung – und mehr als dies –, die so kurz zuvor auch Theodor Haecker gewählt hatte) schrieb sich Hermann Kasack gleichsam wieder frei. Es muß doch beim genauen Lesen auffallen, daß der erste Überblick der Aufzeichnungen über die Tage nach der Stunde Null (wie schon einmal angedeutet) stilistisch eher zurückhaltend, tastend, wenn man so will: unprofessionell erscheint, gewissermaßen einem Vermerk für eine private Hauschronik gleichkommt. Später dann wird auch am Stil erkennbar, daß ein Schriftsteller am Werke ist, der in der Lage ist, einer Katastrophe zu begegnen, weil er eben gelernt hat, was diese bedeutete – und vor allem, was es bedeutete, noch einmal eine Chance zum Neuanfang zu erhalten. »Wir sind noch einmal davongekommen«, der Titel des Stücks von Thornton Wilder, den Kasack Ende 1948 in Frankfurt am Main treffen sollte, und »Vom moralischen Gewinn der Niederlage« (so der später viel zitierte Aufsatz des Remigranten Alfred Kantorowicz im »Sonntag«) waren damals sich polar oder auch komplementär verhaltende Haltungen, die so oder so im Alltag zu entdecken waren. Kasack hatte gelernt, er wollte die Chance wahrnehmen - wie der Chronist Dr. Robert Lindhoff, der noch einmal aus der »Stadt hinter dem Strom« hatte zurückkehren können, um als »Reisender ohne Gepäck«, als »eine Art Wanderprediger und Weltverbesserer« (Paul Distelbarth in der »Heilbronner Stimme« von 30. April 1948) seine Botschaft von der Wieder- und Neugeburt zu verkünden:

»Wenn in jenen Jahren, da der Archivar und Chronist der Stadt hinter dem Strom als Reisender auf Erden anzutreffen war, sich für viele Menschen des Abendlandes die Perspektive wandelte und ihr Denken sich an eine andere Größenordnung der Lebenswerte gewöhnte, so hing diese Veränderung nur insofern mit Roberts Kunde zusammen, als die Gleichnisse seiner Welt hinter dem nachbarlichen Strom den Bildern seiner Zeit entsprachen.«

Potsdamer Credo

Zwischen Templiner See und Tiefem See, am Fuße des Brauhausbergs und der Ravensberge: Es war dies nun aber nicht in erster Linie die (ohnehin geheime) Topographie in Prosaarbeiten Hermann Kasacks, es war dies ja - ich komme auf die einleitend lapidar getroffene Feststellung zurück - buchstäblich seine Heimat. Allerdings hat der Dichter den »Geist von Potsdam«, *seinen* Geist von Potsdam nicht demonstrativ zur Schau gestellt, und da er bei S. Fischer und dann bei Suhrkamp in Berlin tätig gewesen war, da er als Protagonist des neuen Mediums, des Rundfunks (und das hieß der Berliner Funkstunde), engagiert in

Erscheinung trat und natürlich auch sonst, publizistisch und kulturpolitisch, viel mit der deutschen Hauptstadt zu tun hatte und dort auch am kulturellen Leben teilnahm, mag der verwunderte Ausruf selbst der angesehenen Literaturwissenschaftlerin nicht überraschen, wenn auch Befremden hervorrufen: »Was, Kasack war Potsdamer? Er ist doch nur dort geboren. Ansonsten war er Berliner...«

Wenn man davon ausgeht, daß Kasacks autobiographischer Text für den Band »Jahr und Jahrgang 1896« (Hamburg 1966) zu den letzten Arbeiten gehört, die der Dichter vor seinem Tod Anfang 1966 geschrieben hat - vielleicht war es sogar *die* letzte -, wird man allerdings fasziniert sein von dem Bekenntnis zu seiner Heimatstadt. *Die* Partien dieses ohnehin bewegenden Textes, die am deutlichsten sein persönliches Profil zeigen, konfessorischen Charakter haben, beziehen sich auf eine Jugend in Potsdam, überhaupt auf die Potsdamer Jahre. Aus der Ferne ist er zu seiner »ersten Liebe« zurückgekehrt. Man wird dieses Potsdamer Credo nicht als Nostalgie des fast Siebzigjährigen ansehen und womöglich herunterspielen können (Potsdam kommt in dem Text ja auch an ganz anderen Stellen vor, etwa dort, wo er sich anläßlich eines England-Aufenthaltes erinnert, dort dem berühmten Alfred Wiener begegnet zu sein, dem jüdischen Emigranten und Begründer der Wiener Library: Zu ihrer Überraschung entdecken sie die Gemeinsamkeit ihrer Potsdamer Wurzeln ...).

Man muß nur einmal einen Blick in die von Besch herausgegebenen Tagebücher von 1930 bis 1943 werfen, um dort immer von neuem auf Potsdam und auf Potsdamer gestoßen zu werden, darauf auch, wie er sich mit der Geschichte der Stadt und seiner Familie in ihr vertraut machte. So notierte er am 19. September 1932:

»Wie gerne würde ich z. B. auf der Räuber-Schanze (Römerschanze bei P[otsdam]) Ausgrabungen vornehmen. Diese Sehnsucht deckt sich mit meiner inneren Veranlagung, die Ahnenwelt (geistig) ins Heute und in mich zu beziehen. –

Auch über das Sprachgemisch in Potsdam vor etwa 200 Jahren nachgedacht, das Haeckel ›babylonische Sprachverwirrung‹ nennt. Da waren Franzosen (réfugié), Russen (Kosacken) unter den ›langen Kerls‹, ziemlich viel; Schwyzer, viele Holländer, Engländer, Slaven-Reste usw. Wieviele Bastarde, Mischungen gab es da natürlich. Nein: Es gibt keine Potsdamer und keine germanische Rasse in irgendeinem heute lebenden Menschen rein!

Ob wohl das Hugenottenblut in mir vieles erklärt? Meine Haltung zum Staat etc., denn die Vorfahren mütterlicherseits müssen Ende des 17. Jahrhunderts hierhin gekommen sein. Väterlicherseits, wann wird mir nicht nachweisbar außer dem Namen, ist natürlich slawisches Blut da. Ich müßte ungefähr der siebte Sproß des französischen Einwanderers Huguenel sein.«

Und im Zusammenhang mit der auch ihm »verordneten« »Ahnenforschung« finden wir die Bemerkung Ende Mai 1933, er habe die Hauptlinie der Kasackschen Vorfahren »bis zur VI. Generation« in der Mark festmachen können.

Genau in diese autobiographischen Kontexte gehören die Tage- und Nachtblätter aus den »Dreizehn Wochen« 1945, die die Bindung des Dichters an seine Geburts- und Heimatstadt gerade auch um die »Stunde Null«, in der besonders zugespitzten Situation ihrer Zerstörung und ihrer Eroberung, eindrücklich bezeugen. Nehmen wir noch einmal auf, was ein tief getroffener Hermann Kasack über die Bombennacht des 14./15. April 1945 notierte:

»Wir gingen benommen ein Stück durch die Straßen, ohne einen Überblick über das Ausmaß der Zerstörungen gewinnen zu können. Viele Menschen irrten herum, verstörte Gesichter, neugierige, apathische. Wir kamen nicht weit. Ein neuer Einflug, so hieß es, sei gemeldet. Warnsirenen waren nicht mehr in Betrieb zu setzen. In den nächsten Tagen zeichnete sich das Bild der Zerstörung ab: die gesamte Altstadt war in ein Trümmerfeld verwandelt worden. Das historische Stadtschloß, der Palast Barberini, das Rathaus, viele Straßenzüge waren Haus um Haus vernichtet. Der Turm der Garnisonkirche ist am nächsten Tag eingestürzt. Die grünen Kupferplatten der Kuppel von der Nikolaikirche haben sich zunächst nach außen ausgebeult, bevor sie nach einer Reihe von Tagen nach innen abgesunken sind.

Der Angriff galt offensichtlich dem Bahnhofsgelände, das in kilometerweitem Umkreis durchpflügt worden war. Etwa zwei Querstraßen von uns entfernt zur Innenstadt hin, schien die Grenze der völlig zerstörten Bezirke. Die drei Häuser, die mit meiner Familie verknüpft sind, gibt es nicht mehr. Mein Geburtshaus an den ›Acht Ecken‹ in der Hohenwegstraße, das alte Huguenelsche Familienhaus von 1780 in der Humboldtstraße und das Haus neben der Hauptpost am Kanal, in dem meine Eltern von 1900 bis Anfang der dreißiger Jahre in jener Wohnung lebten, die zur Zeit Friedrichs des Großen von dem Flötenspielmeister Quan(t)z bewohnt war. Aus den Trümmern des Hauses, in dem die Eltern meiner Mutter gewohnt hatten, haben wir später Balken und Brennholz gesammelt...

Jeder Gang in die Stadt rief die untergegangenen Bilder wach. Immer wieder wird die Auswirkung der Zerstörung nahegebracht, wenn der Blick die Kuppeln und Türme der Kirchen sucht, die als leere Stümpfe aufragen, oder wenn einer der vielen Obdachlosen, achtundzwanzigtausend, nach einer Unterkunft, einer Schlafstätte fragt. Die siebentausend Toten der Stadt fragen nicht mehr.

Seit jener Nacht haben sich die Gespenster leibhaftig in unserer Stadt eingenistet. Der Ungeist des Schreckens und der Ruhelosigkeit ist über jeden gekommen.«

Das kann nur jemand so niederschreiben, der diese Stadt geliebt hat und liebt - und der übrigens schon längst vor dieser April-Nacht zwar keine Vision von ihrem Untergang gehabt hat, immer wieder aber eine Angst hiervor, wenn nicht eine Ahnung hiervon. Am 24. März 1943 schrieb Kasack »nach Mitternacht« (»wieder einflugfrei«) in sein Tagebuch: »Die Psychose nahm in unserem Potsdam letzten Sonnabend/Sonntag - ›Tag von Potsdam‹ in 10jähriger Wiederkehr - hysterische Ausmaße an. Hunderte flohen, weil sie gehört zu haben glaubten, am 20. oder 21. kämen die Flieger, um Potsdam in Schutt und Asche ... zu legen ... Es geschah ... nichts. Doch meine ich, daß wir ... bald wieder einen Ansturm zu überstehen haben werden ...«

Zeitlich zwischen dieser Tagebuchnotiz und der Beschreibung des zerstörten Potsdam liegt das schönste offene Bekenntnis des Dichters zu »seinem« Potsdam. Es findet sich in einem der wenigen Texte, die Kasack, der konsequente innere Emigrant, zwischen 1933 und 1945 veröffentlicht hat, und dieser Text »Das Birkenwäldchen« (Herbst 1944) war ein sozusagen operativer: In der »Neuen Rundschau« des Suhrkamp Verlags publiziert, sollte er dem verhafteten Verleger eine Botschaft übermitteln, die nämlich, »daß nur Vorsicht und Geduld eine Heilung des

›Patienten‹ erwarten ließen«. Diese Botschaft war in den Mantel des liebevollen Bekenntnisses zu Potsdam gehüllt: »Wir gingen über die Lange Brücke, die in zwei kürzeren Teilen die beiden schmalen Flußarme der Havel überquert, während das längere Stück über eine kleine Insel führt, an deren Grünfläche zur Rechten sich ein erst in den letzten Jahren neugeschaffener Staudengarten schließt. Dies sei ein schöner kleiner Weg für Sommer und Herbst, meinte ich. An der Bittschriftenlinde und dem großzügigen Bau des Stadtschlosses vorbei gelangten wir zum alten Marktplatz, der an italienische Stadtbilder erinnert, mit seinem Rathaus, der Nikolaikirche, dem Fortunaportal des Stadtschlosses, dem Palast Barberini. Als ich auf ein daneben liegendes Haus mit altem Mezzaningeschoß hinwies, das sich nahezu ein Jahrhundert im Besitz meiner Vorfahren befunden hatte, aber von den Geschwistern meines Großvaters in den achtziger Jahren veräußert worden war, sagte er nur: ›Das müssen Sie wiederkaufen.‹ Ich machte ihn in den Nebenstraßen bald auf die saubere Linie eines Türsturzes, bald auf ein Fenstersims aufmerksam, handwerkliche Einzelheiten, die ihm gefielen. Bei dieser Gelegenheit ergab sich, daß er in der kurzen Zeit seines neuen Aufenthaltes manche nicht gleich in die Augen springende Besonderheit wahrgenommen hatte, die dem Gesamtbild der Bürgerstadt eine eigene Note verlieh.«

In der Havelstadt verwurzelt

Hermann Kasack und Potsdam: Diese Aufzeichnungen aus dem Jahre 1945 verdeutlichen anschaulich, daß das intime Verhältnis des Dichters zu dieser Stadt nicht allein ein (im positiven Sinne des Begriffs) sentimentales war als eines zu der Stadt von Vater und Vorvätern, sondern ein geschichtsbewußtes und jeweils engagiertes hinsichtlich dessen, was in der Stadt, zu der er gehörte, los war (um es ganz alltäglich zu formulieren). Doch freilich: Zuerst einmal – wir hatten es auch schon an einigen frühen Tagebuchaufzeichnungen festmachen können – war Potsdam eben die Stadt seines Vaters und die seiner Vorväter.

Dr. Richard Kasack, sein Vater, war ein angesehener Potsdamer Arzt, der auch im gesellschaftlichen Leben der Stadt, als Stadtverordneter von 1906 bis 1918, eine Rolle spielte und sich als Koautor eines vielfach aufgelegten Diätkochbuchs einen Namen gemacht hatte. Mütterlicherseits kam die Familie aus hugenottischer Tradition. Die Huguenels waren zwar nicht unmittelbar nach dem Potsdamer Edikt in die Mark gekommen, gewannen aber im wirtschaftlichen, politischen und kirchlichen Leben Potsdams rasch großen Einfluß. So wurde der Lohgerbermeister Pierre Abraham Huguenel 1809 in die erste Potsdamer Stadtverordnetenversammlung gewählt; überdies wurde er einer der Vorsteher der Französischen Reformierten Gemeinde, deren Seelsorger damals der zweite Sohn des Malers Chodowiecki war. Kasacks Großonkel, Eugène Huguenel, der von Beruf Apotheker, aber so begütert war, daß er ihn nicht auszuüben brauchte, war seinen Neigungen im Umfeld naturwissenschaftlicher und geschichtlicher Forschungen nachgegangen. Er, der – eine Art Familienlegende – 1936 98jährig als damals ältester Bürger Potsdams verstarb, hat zahlreiche lokalgeschichtliche Arbeiten verfaßt, die heute noch mit Gewinn zu lesen sind; in anderem Zusammenhang habe ich ca. 20 solcher Studien aus den »Mitteilungen für die Geschichte Potsdams« nachweisen können. Auch die Familie von Hermann Kasacks Frau Maria, die Familie Fellenberg, war eng mit der Geschichte der Stadt, zumal mit der des Civil-Waisenhauses, verbunden; eine Schwester von Maria Kasack war zeitweilig mit Gustav Kiepenheuer verheiratet.

Überdies war es das angesehene Viktoriagymnasium, das für die Familie Kasack - wie für viele andere Familien der Residenzstadt - eine nicht geringe Rolle spielte. Richard Kasack hatte dort 1888 sein Abitur gemacht, u. a. zusammen mit Hans Poelzig, dem späteren bedeutenden Architekten, Paul Lensch, später als SPD-Reichstagsabgeordneter bekanntgeworden, mit Hugo Niederastroth, dem mehrfach in diesen Aufzeichnungen erwähnten Lichterfelder Oberpostrat (und Kasack setzte ihm auch in der »Stadt hinter dem Strom« ein Denkmal). Hermann Kasack finden wir ebenfalls unter den Schülern des Viktoriagymnasiums; im literarischen Verein der Schule engagierte er sich mit Vorträgen, u. a. über Nietzsche, und der Schachclub wurde von ihm 1912 mitbegründet (wie er denn auch in den zwanziger Jahren in Potsdam öffentlich als Schachspieler in Erscheinung treten und in den vierziger Jahren einen Essay zum Schachspiel vorlegen sollte). Wegen des Kriegsausbruchs 1914 mußte Hermann Kasack ein Notabitur machen. Schließlich hatte auch Wolfgang Kasack bis zu seiner Einberufung das Viktoriagymnasium besucht; als er dann nach der Rückkehr aus der Gefangenschaft 1947 das Abitur in Potsdam ablegte, hatte diese Schule einen anderen Charakter.

Nach seinen Studien in Berlin und München (wegen seiner Herzkrankheit beschränkte sich sein Kriegseinsatz auf einen mehr zivilen und kulturellen in Belgien) und einer kurzzeitigen Tätigkeit als Hilfslehrer in (Berlin-)Neukölln sehen wir Hermann Kasack erst als Lektor, dann als Kodirektor in einem der bedeutendsten literarischen Verlage, der gerade seinen Standort Weimar mit Potsdam (vom Ort her gleichsam gegen den zeitgeschichtlichen Trend) vertauscht hatte, im Verlag Gustav Kiepenheuer. In seinen Erinnerungen hat der Rundfunkpionier Alfred Braun berichtet, in der Potsdamer Wohnung Hermann Kasacks sei »eine feste, regelmäßige Sendung zeitgenössischer Autoren, die Stunde der Lebenden . . .,« begründet worden, und ebenso hob er hervor, daß Kasack mit großem Erfolg »eine ganze Serie hörspielmäßiger Manuskripte für den Kinderfunk« in Potsdam verfaßt habe. Überhaupt trat Kasack als Rundfunkautor - in Essayistik, Interviews, Hörspiel, auch (!) Unterhaltungssendungen - mit immer neuen Einfällen hervor und schrieb, was heute viel zu wenig bekannt ist, auf solche Weise Rundfunkgeschichte mit.

Vor allem aber war der Name Hermann Kasacks mit der expressionistischen Lyrik und mit Hölderlin-Editionen, aber auch Prosaarbeiten verbunden, und als Dramatiker war der 28jährige 1924 mit dem Schauspiel »Vincent« (also über Vincent van Gogh) in Stuttgart, dem Uraufführungsort, Leipzig, Essen und Köln, 1925 in Weimar erfolgreich gewesen, und 1925 gehörte er zu den maßgeblichen Verfechtern und Organisatoren der »Gruppe 1925«, eines Kartells politisch ganz unterschiedlich, ja gegensätzlich orientierter Autoren, die für die würdige Anerkennung der zeitgenössischen Literatur und dafür eintraten, »die Stimme zu wichtigen geistigen Ereignissen der Gegenwart vernehmen zu lassen«. Es kann daher nicht verwundern, daß in einem im Feuilleton der (konservativen) »Potsdamer Tageszeitung« vom 12. September 1925 erschienenen Aufsatz über Potsdam und die Musen, in dem u. a. auf

Friedrich II., Lessing und Schleiermacher hingewiesen worden war, festgestellt wurde: »Auch in unseren Tagen ist der neuesten Literatur so mancher bemerkenswerte Vertreter hinzugewachsen, der Potsdam seine Heimat nennt; es sei an *Hermann Kasack* erinnert, der schon seine feste Stellung in der Literaturgeschichte der Gegenwart errungen hat.«

Einige Monate zuvor war in dieser Zeitung der Name Hermann Kasacks in einem ganz anderen Zusammenhang genannt worden, in den Nachrichten aus dem gesellschaftlichen, dem geselligen Leben der Stadt. In den Berichten über den Potsdamer Rosenmontagsball konnte man unter der Überschrift »Menschen und Masken« lesen, es hätten an ihm auch bekannte Persönlichkeiten der Residenzstadt teilgenommen, Stadträte, Chefärzte, Bankiers, »die Herren Hartenau-Thiel, Gustav Goes, Herm. Kasack ... vertraten die Literatur von europäischem oder zumindest deutschem Ruf...« Es wird dies hier weniger wegen der Qualifizierungen angeführt (Hartenau-Thiel, der nicht einmal bei Adolf Bartels erwähnt ist, ist längst vergessen, und von dem Kriegsarchivrat Goes weiß man nichts mehr von seinem Bonifatius-Schauspiel, höchstens in den jeweiligen Fachkreisen von seinen militärgeschichtlichen Arbeiten und seinem Aufsatz über Kasack und Wilhelm Lehmann im »Gral« 1930/31), sondern deshalb, weil aus dieser (wie man heute sagen würde) »Klatsch«-Kolumne hervorging, daß Kasack eine in der Stadt bekannte, in ihr verwurzelte Persönlichkeit war, zugleich aber auch eine Persönlichkeit eigenen literarischen, eigenen intellektuellen Ranges, die man eben auch in der »Potsdamer Tante«, wie die Zeitung im Volksmund hieß, öffentlich zur Kenntnis nehmen mußte (im Potsdamer Adreßbuch von 1927 ist denn auch hinter seinem Namen und der damaligen Adresse, Wörther Straße 3, vermerkt: Direktor).

Hermann Kasack hatte also einerseits, was zum (Vor-) Urteil der zuvor zitierten Literaturwissenschaftlerin geführt hatte, eminente Beziehungen zu den führenden literarischen Gruppierungen und Zentren in der deutschen Hauptstadt und in anderen Städten, so zu Martin Raschkes »Kolonne« in Dresden; andererseits stand er im lebendigen Gedankenaustausch mit den bildungsbürgerlichen Kreisen seiner Heimatstadt, mit Lehrern und ehemaligen Mitschülern des Viktoria-Gymnasiums, von denen einige im wissenschaftlichen Leben ihren führenden Platz gefunden hatten, mit Niederastroth, seinem (Fast-)Nachbarn, mit dem Philosophen Constantin Brunner, dem jüdischen »Einsiedler« in der Königsstraße, später mit dem damals jungen, aus Bornstedt stammenden Maler Siegward Sprotte. Diese vielfältige, freilich stets eigenständig bleibende Einbindung Kasacks in *die* Kreise, Gruppierungen und Salons, in denen die Auseinandersetzung über die »geistige Situation der Zeit« (um den Titel von Jaspers' Schrift von 1931 anzuführen) gepflegt wurde, war es denn ja auch, die ihm schöpferische Anregungen vermittelte, die ihn, der in allen Verzweigungen des Literaturbetriebs, im Verlegerischen und Publizistischen, in Kritik und Wissenschaften, im Theater und im neuen Medium des Rundfunks, zu Hause war, später befähigte, seinerseits zum Anreger im großen Stil zu werden, als Förderer in der Edition des Werks von Gertrud Kolmar und Arno Nadel, dem Kantor der Berliner Jüdischen Gemeinde, von Paula Ludwig und Karl Wolfskehl, von Martin Raschke und immer wieder Oskar Loerke, also fast durchweg von rassisch Verfolgten, von äußeren und inneren Emigranten.

»... die Emigranten nach innen«

Kasack hatte die nationalsozialistische Gefahr früh erkannt. Schon nach den Septemberwahlen 1930, die für die NSDAP einen sensationellen Erfolg erbracht hatten, notierte er (am 24. September 1930) in sein Tagebuch: »Ich rechne absolut mit einer Art Diktatur der Nazis, die sich ohne größeren Putsch vollziehen wird, die einfach eines Tages da sein wird, fast ohne daß wir es merken ...« Welche Hellsichtigkeit in der Analyse des Schriftstellers! Folgerichtig heißt es dann am 30. Januar 1933: »Unangenehmes Gefühl: Dilettanten der Macht ausgeliefert zu sein. Armes, unglückseliges Deutschland. Welcher Kultur-Rückgang wird uns erwarten?« Der Schriftsteller Kasack sieht zunächst vor allem diese Gefahren, die kulturellen, die fürs geistige Leben; er wäre sogar bereit gewesen, soziale Fortschritte positiv zu bewerten. Doch das ist nur das Zögern einiger Wochen, und es ist nicht nur das faktische Berufsverbot, nicht nur die Verfälschung seines Hörspiels von 1932 »Der Ruf« (anläßlich einer Wiederaufführung des Werks des Potsdamer Autors am Vorabend des »Tages von Potsdam«), die ihn zum konsequenten Rückzug aus aller Öffentlichkeit, zur Absage an das Regime veranlassen. Schon 1933 findet sich in seinem Tagebuch der bekennerische Satz (und wo fände sich sonst, geschweige denn so früh ein solcher Satz): »Den Emigranten nach außen entsprechen die Emigranten nach innen.«

Waren es vor 1933 gerade auch bildungsbürgerliche Zirkel und »Salons« oder »Häuser« gewesen, in denen Kasack literarische und geistige Themen diskutierte, um sie dann in geeigneter Weise in seine Veröffentlichungen einzubringen, wurden diese Zirkel und »Salons« jetzt zum Refugium, in dem allein es möglich war, in Selbstverständigung gegenüber dem Regime, seiner Politik und »Weltanschauung« resistent zu bleiben. Hatte er 1937 und 1939 in Potsdam noch einmal Gelegenheit erhalten, öffentlich - genauer: *halb*öffentlich - aufzutreten, nämlich mit einer Lesung und einem Vortrag in der Ortsgruppe der Kantgesellschaft, so waren die Jahre zwischen 1939 und 1941 die schwierigsten für ihn, dem jetzt im Grunde allein bilaterale freundschaftliche Beziehungen, vor allem zu Oskar Loerke, blieben. Nach dem Tod Loerkes 1941 berief Suhrkamp Hermann Kasack als dessen Nachfolger, und wie wir schon gesehen hatten, mußte Kasack in der Zeit der Verhaftung Suhrkamps (April 1944) faktisch den Verlag leiten.

Die Wiederaufnahme verlegerischer Tätigkeit fiel in die Zeit, da sich die Peripetie des Kriegs und des Regimes anzeigte. Wie wir Tagebuchaufzeichnungen und anderen Berichten entnehmen können, hatte er sich u. a. mit Manuskripten von Manfred Hausmann und Hans Erich Nossack, der Sängerin Lore Schepers und von Ellida von Alten, der Timmermans-Übersetzerin, sowie der Gräfin und des Grafen Podewils und der jungen Luise Rinser zu beschäftigen, ohne sie alle noch zum Druck bringen zu können. Er selber gab bei Suhrkamp Seumes »Spaziergang nach Syrakus im Jahre 1802«, Gedichte Hölderlins (mit einem Text von Rudolf Alexander Schröder) und (zusammen mit seinem Freund Alfred Mohrhenn) eine zweibändige Tieck-Ausgabe heraus, vor allem aber (1943) den eigenen Gedichtband »Das ewige Dasein«. Am 12. März 1943 notierte der Dichter in sein Tagebuch (kurz vor dessen Abbruch, und erst in den »Dreizehn Wochen« sollte er auf sein Tagebuch zurückkommen): »...Versklavung der Gruppen wie des einzelnen... Dergleichen ist nur möglich unter einer

Tyrannis, die dafür Kriegsrüstung treibt (ob defensiv oder expansiv ist gleich); siehe Sowjetrußland, Deutschland. Die Herrschaft in Händen weniger... Alle übrigen: Sklaven, Regulierung nach Norm und mit der Illusionsvorspiegelung, daß jedermann Freiheit und Glück im Rahmen des für das Ganze Möglichen habe und erhalte...« Während Kasack dies notierte und damit gegenwärtige wie zukünftige Konstellationen mit ihren Versuchungen und Gefährdungen andeutete, während er von den Fronten, auch von der »Luft«-Front in der Heimat, die Totenmeldungen hörte, beschrieb der Dichter die von ihm geschaute »Stadt hinter dem Strom«, und als er seiner Chronistenpflicht wegen Suhrkamps Verhaftung nicht mehr nachgehen konnte, war dies womöglich auch dem Überwältigtwerden durch die Wirklichkeit des Todes geschuldet...

Realismus ist eine Haltung

Wir hatten jedenfalls gesehen, daß das Verhältnis, das intime Verhältnis Hermann Kasacks zur Vater-, Geburts- und Heimatstadt kein sentimentales war – es sei denn in dem Sinne, in dem er in einem »Märkischen Abend« der Berliner Funkstunde am 20. Juni 1928 Fontane, Alexis, Moritz Heimann vorstellte und zu Kleists »Michael Kohlhaas« sagte: »Hier ist das märkische Element ein Bestandteil der seelischen Eigenart des Menschen.« Nein, das Verhältnis des Dichters zu Potsdam war ein aktives, ein engagiertes. Er wußte, was dort los war, und er war dabei, er gehörte dazu, solange er es konnte, und auch in *der* Zeit, in der er sich – nach 1933 – gegenüber der herrschenden Realität in der Stadt resistent verhielt (resistent in der je graduelllen Bedeutung des Wortes), hatte er immer im Blickfeld, was »in unserem Potsdam« so oder so geschah.

Diese Feststellung ist nun, wie die Leser/innen sich haben überzeugen können, erst recht gültig für jene »Dreizehn Wochen« früher tiefgehender Veränderungen in der seit April 1945 zerstörten Stadt. Kasack erweist sich dort nämlich als genauer Beobachter dessen, was nach der Zerschlagung des NS-Regimes und nach der Eroberung der Stadt durch sowjetische Truppen in der Stadt vorgeht, und manche ältere Potsdamer/innen, die das Manuskript gelesen hatten, haben die Authentizität von Kasacks Protokollen aufgrund der eigenen Erlebnisse, Erfahrungen und Kenntnisse gern bestätigt.

Aus den Aufzeichnungen Kasacks geht überdies hervor, daß er jetzt, nach der Zäsur, offenbar auch bereit war, wieder und nunmehr eigentlich erst recht am gesellschaftlichen, vor allem am geistigen Leben der Stadt teilzunehmen. Dies stieß freilich zunächst auf mancherlei Hindernisse, etwa auf solche, die Kasack sich selber auferlegte, wenn er Zurückhaltung im Kontakt zu Vertretern der Besatzungsmacht übte, oder auf objektive, wenn er alsbald nach der Zerschlagung des NS-Regimes mit dem übriggebliebenen Repräsentanten der alten Verwaltung, Dr. Bestehorn, der übrigens auch als Lokalhistoriker mit germanischen Deutungen der eher slawischen Vergangenheit Potsdams hervorgetreten war, zusammentraf und dessen Lethargie zu verspüren bekam - eine begründete, wie sich bald herausstellen sollte, denn es war klar, daß Bestehorn ziemlich rasch seinen Platz räumen mußte. An seine Stelle als Oberbürgermeister trat (und dies war auch in anderen Städten des besetzten, nicht nur des sowjetisch besetzten Deutschlands so) ein offenbar korruptes Element. Schließlich folgte ein Exponent der KPD. So genau, wie der Zeitgenosse Hermann Kasack bei unübersichtlicher Nachrichtenvermittlung der Zeit die Abfolge der politischen Prozesse in Potsdam verfolgte und registrierte, hat dies m. W. kein Historiker später vom sicheren Port der Erforschung abgeschlossener Entwicklungen her geleistet...

Wahrscheinlich war es gut so, daß Kasack nicht vor die versucherische Frage gestellt worden war, ob er unmittelbar administrative Verantwortung in seiner Heimatstadt übernehmen solle und wolle. Unter günstigeren Auspizien, ihm angemessenen Bedingungen konnte sich demgegenüber seine wohl 1946 einsetzende Mitarbeit im Kulturbund zur demokratischen Erneuerung Deutschlands vollziehen, durfte er doch dort zunächst davon ausgehen, daß ein Intellektueller seiner geistigen Statur, seiner absoluten Integrität sein Proprium im öffentlichen Leben einbringen könne.

Für einige Zeit jedenfalls konnte der Schriftsteller bildungsbürgerliche Refugien hinter sich lassen und im Kulturbund der Mark Brandenburg - zusammen mit Persönlichkeiten wie Karl Foerster und dem katholischen Theologen Max Rauer, dem (mit S. Fischer verbunden gewesenen) Schriftsteller Bernhard Kellermann und den Kunsthistorikern Ludwig Justi, August Grisebach und Willy Kurth - Einfluß auf die Neugestaltung des kulturellen Lebens nehmen. Bis 1949 gehörte Kasack (zuletzt als 1. Stellvertreter des Vorsitzenden, des Malers Otto Nagel) zum engeren Führungskreis des Kulturbundes in der Mark Brandenburg, gehörte er zu den Gesprächspartnern der sowjetischen Militäradministration und Johannes R. Bechers (zumal im Zusammenhang mit der Wiederaufnahme der Tätigkeit des P.E.N. in Deutschland) sowie Bertolt Brechts nach dessen

Rückkehr aus der Emigration. Wir finden dies – um es neuerlich zu betonen, weil es wichtig genug ist – widergespiegelt in der Zusammenarbeit Peter Huchels, den Kasack 1937 in der Potsdamer Kantgesellschaft kennengelernt hatte, mit dem Potsdamer Verleger Stichnote und eben mit Hermann Kasack bei der Vorbereitung der ersten Hefte einer neuen Zeitschrift, die Anfang 1949 unter dem Patronat von Becher und dem Literaturhistoriker Paul Wiegler bei Rütten & Loening in Potsdam herauskam: »Sinn und Form«.

Überhaupt ist 1948 das Jahr, in dem Kasacks Einfluß in der Potsdamer Öffentlichkeit und über sie hinaus in der sowjetischen Besatzungszone einen gewissen Höhepunkt erreicht. Die starke Resonanz seines Romans »Die Stadt hinter dem Strom« in den großen Zeitungen und in den Rundfunkstationen der Westzonen, die Hermann Glaser in seiner Kulturgeschichte der Bundesrepublik herausstellt, wirkt damals noch positiv auf die sowjetische Besatzungszone zurück. In der Potsdamer (überparteilichen, von dem früheren Chefredakteur des »Königsberger Tageblatts«, Franz Steiner, herausgegebenen) »Tagespost« bemerkte Peter Nell, der in den fünfziger Jahren im Kulturministerium der DDR tätig war, am 5. Mai 1948: »Hermann Kasack darf nicht klagen, daß ein Prophet in seinem Vaterlande nichts gelte. Vom ersten Tag des Erscheinens an war die Nachfrage nach seinem Buch von den Gestorbenen auch in Potsdam sehr groß ...« Im Berliner Rundfunk diskutierte Kasack u. a. mit Wolfgang Harich, im »Sonntag« wurde der Potsdamer Schriftsteller geradezu hymnisch von Lth. (= Lieselotte Thoms) porträtiert, und in der Zeischrift »Deutschunterricht« erschien im Heft 2 des ersten Jahrgangs 1948 eine tief lotende Rezension der »Stadt hinter dem Strom« von Inge Diersen, und wenn die Rezensentin auch einige kritische Bemerkungen machte, dann waren diese jedenfalls nicht von politischen Normen bestimmt. Inge Diersen hat die eigentliche Problematik und Dramatik dieses Opus magnum, Abendland und Asien, so klar herausgearbeitet wie wenige damalige Rezensentinnen und Rezensenten, auch wenn sie im »ganzen Schlußteil des Romans« weniger die Botschaft, von der vorhin die Rede war, entdeckt hatte, sondern eher »etwas Bedrückendes, eine müde Resignation«. Freilich hat sie dann hinzugefügt: »Wie gesagt, das wird alles nur als Stimmung deutlich, und es mag für die künstlerische Reife dieses Buches sprechen, daß seine grausamste und vielleicht unbewußte Erkenntnis in einem Stimmungsgehalt umgesetzt wird, der jenseits aller Reflexion ergreift.«

Auch die Rezension der »Stadt hinter dem Strom« von Gerhart Pohl (im »Aufbau« 7/1948) muß als eine positive Würdigung registriert werden, wiewohl die Rubrizierung des Romans unter dem Begriff des »magischen Realismus« zu späteren Fehldeutungen (auch von mir) Anlaß geben konnte: »›Die Stadt hinter dem Strom‹ ist das Spiegelbild unserer ›verlorenen‹ Epoche zwischen zwei Welt-Zeitaltern, da die Gesetze des einen kraftlos verblassen und die des anderen noch keine allgemeine Gültigkeit haben. Darüber hinaus ist das Buch eine großartige dichterische Vision alles Werdens, Daseins und Vergehens - ein Meisterwerk des magischen Realismus.«

Noch im Dezember 1948 wurde Kasacks Stimme, diesmal im kulturpolitischen Diskurs des Potsdamer Kulturbundes, mit Respekt zur Kenntnis genommen, und zwar ausgerechnet im Zusammenhang mit einem Vortrag des »Literaturoffiziers« Alexander Dymschitz im überfüllten Kulturbund-

Haus in der Potsdamer Mangerstraße über Formalismus und Realismus. Vor Hunderten von Besuchern dieses turbulent verlaufenen Diskussionsabends (ich nahm, gerade aus dem Sächsischen in Potsdam eingereist, an ihm teil) konnte Kasack die unübersichtlichen, gerade deshalb nicht ungefährlichen Fronten dahingehend transzendieren, daß er gegen Versuche, den Realismus zu normieren, ebenso lapidar wie überzeugend festhielt, der Realismus sei kein Stil, sondern eine Haltung. Merkwürdigerweise wurde dieser konfessorische Satz, den ich als Frontstellung gegen Dymschitz empfunden hatte, in den Potsdamer Tageszeitungen wie denn auch in der sowjetamtlichen »Täglichen Rundschau« vom 10. Dezember 1948 (dort hieß es sogar, »einzig der Dichter Hermann Kasack« habe auf der Höhe der Diskussion gestanden) pro Dymschitz gedeutet.

Kurz zuvor, am 8. November 1948, hatte er in seinem Tagebuch notiert (in dem, das noch der Veröffentlichung harrt – und es ist dies gleichsam die Fortsetzung der »Dreizehn Wochen«):

»Bin nervös, zerfahren; auch das Herz quält wieder... Dankbar aber: daß das Zimmer warm ist und hell – während die Westberliner im kalten und dunklen sitzen. Die Polaritäten innerhalb Berlins und Deutschlands nehmen ständig zu. Wie soll man in dieser Situation das arbeiten, was für eine Zukunft sinnvoll ist...?«

Und Ende 1948, im Resümee des Jahres, heißt es dort: »...viel unwilliges Nachdenken über die kindlichen Affektionen der Zonenzeit Deutschlands. Meine Vermutungen bleiben bestehen, daß Berlin, sobald es abstrakter Begriff für die Allgemeinheit geworden ist, als leeres Strandgut der Rus. Bs. Macht (also der Russischen Besatzungsmacht, G.W.) überlassen werden wird.«

Kasack reflektierte die atmosphärischen Strömungen der Zeit sehr genau, und er hatte genügend Anlaß, solchem Pessimismus Ausdruck zu verleihen.

Nicht viel später, im Januar 1949, verließ Hermann Kasack schweren Herzens seine Geburtsstadt. Ich hatte damals und auch später in öffentlichen Äußerungen im Verlauf des Dymschitz-Abends den Anlaß gesehen, in offenbarer Verkennung der damaligen öffentlichen Reaktionen in Potsdam und Berlin (die, wie ich freilich erst jetzt dem Tagebuch Kasacks, unveröffentlicht in Marbach liegend, entnehme, auch von ihm als »Sensation« empfunden worden waren). Als entscheidend für den fluchtartigen Weggang aus Potsdam hat der Dichter in seinem autobiographischen Text von 1965/66 angegeben: »Als sowjetische Funktionäre mich Januar 1949 zu Spitzeldiensten zu verpflichten suchten, war es das letzte Zeichen, die Zone endgültig zu verlassen.« Kasack war korrekt genug, Ende April 1949 in einem Schreiben an Otto Nagel diesem offiziell mitzuteilen, daß er seine Funktionen im Kulturbund und als Vorsitzender des Goethe-Ausschusses in der Mark Brandenburg niederlege; ja, er ließ sogar die Möglichkeit offen, Potsdam als zweiten Wohnsitz beizubehalten (und er berief sich hierbei auf das Beispiel Wilhelm Furtwänglers, der in der Tat bis 1951 einen zweiten Wohnsitz in der Potsdamer Fasanerie gehabt hat). Als Hermann Kasack im Oktober 1949 den (West-)Berliner Fontane-Preis annahm (Juroren waren Persönlichkeiten wie Bürgermeister Dr. Friedensburg, die Schauspielerin und CDU-Stadtverordnete Hilde Körber sowie der in Stahnsdorf bei Potsdam wohnhaft gewesene Schriftsteller Wolfgang Goetz, die ihrerseits nach 1945 im Kulturbund und seinem Umfeld tätig gewesen waren), gehörte er von nun an in die Welt »hinter dem Strom«, war er letztlich eine literarische Unperson, und wenn er in literaturgeschichtlichen Überblicken genannt wurde, waren es die Stichworte der »Enthistorisierung«, des »Irrealen« und »Irrationalen«, des »magischen Realismus«, die für ihn in Anwendung gebracht wurden. »Mit einem Realismusbegriff, der ... enthistorisierte, konnte die politisch-erzieherische Funktion der Literatur innerhalb der revolutionären Umwälzungen nicht wahrgenommen werden«, (ver)urteilte Ursula Reinhold (in: Literarisches Leben in der DDR 1945 bis 1960. Literaturkonzepte und Leseprogramme, Berlin 1980). Einzig der Remigrant Eduard Claudius, der zeitweilig in Potsdam seinen Wohnsitz genommen hatte, erwähnt (in seinen Memoiren) Kasack mit Respekt.

Immerhin konnten in den beiden ersten Heften von »Sinn und Form« Arbeiten von Hermann Kasack erscheinen, in Heft 1 »Der Webstuhl« und die Einführung zu einer von ihm vorgenommenen Auswahl von Arbeiten Oskar Loerkes aus dem Nachlaß sowie in Heft 2 die Einleitung zu Gedichten der von den Nazis ermordeten Gertrud Kolmar. Es ist also noch einmal gleichsam der »ganze Kasack«, der Dichter, Literaturhistoriker und Herausgeber, nicht zuletzt der Anreger und Freund, der in Potsdam, wo »Sinn und Form« (es sei wiederholt) damals herauskam, präsent ist, als er selbst die Stadt zu verlassen im Begriff ist ...

Rettungen

»Der Webstuhl« gehört, wiewohl eine eigenständige dichterische Arbeit, die freilich weniger eine Erzählung pur als eine gelungene Melange aus Reportage, Chronik und kulturgeschichtlichem Kommentar, aus Museumsführer und allerdings auch Erzählung ist, noch in den Umkreis der »Stadt hinter dem Strom«. Es wird in faszinierender Weise gezeigt, wie ursprünglich, in »gläubigen Zeiten«, der Teppich handwerklich im patriarchalisch-priesterlichen Milieu, zumal zu liturgischen Zwecken, hergestellt wurde und damals einen »gültigen« Charakter gehabt hatte. Im Laufe der Zeiten, in Analogie zu den realen historischen Prozessen, wurde der Teppich fabrikmäßig hergestellt, was zur weitgehenden Säkularisierung des Teppichkults führte. Schließlich - es können hier ja nicht die Subtilitäten dieses Textes differenziert nachvollzogen werden - war aus der fabrikmäßigen Herstellung die anonym-unübersichtliche des Konzerns geworden - mit all den Erscheinungen der Anarchie, des Überflusses usw. Letztlich werden Häuser, Gärten, ja Felspartien, Berge von Teppichen bedeckt: Eine künstliche Natur war im Entstehen begriffen. Die Katastrophe blieb unabwendbar, obwohl nicht geklärt werden konnte, ob es sich um eine Explosion oder ein Attentat gehandelt hatte. »Das Faktum genügt, weil es einen organischen Vollzug sichtbar macht. Es bildet das folgerichtige gewaltsame Ende eines Unternehmens, das im Laufe der Geschichte die Maße seiner Struktur sprengte.« Das Unternehmen war, um den Schlüsselbegriff Kasacks formal negativ zu gebrauchen, ungültig geworden.

Diesen Text hatte Kasack noch in Potsdam geschrieben, offenbar als spontane Reaktion auf reale Prozesse, deren Unausweichlichkeit er spürte. Als man diese Erzählung damals las (ich notierte das Erscheinen von »Sinn und Form« mit Kasacks Erzählung in der »Märkischen Union«, Potsdam, vom 21. Januar 1949), konnte man nicht ahnen, welche Analogien der Dichter zu gegenwärtigen und zu künftigen Prozessen - bewußt oder unbewußt - gefunden hatte. Irgendwie hatte man aber das Gefühl, daß hier nicht nur die Vergangenheit gerichtet und Gegenwärtiges gestaltet werde; vor allem spürte man, es werde prophetisch in die Zukunft geblickt. Es war dies aber mehr eine Ahnung, die dann vom Enthusiasmus »historischer Entscheidungen« verdrängt wurde. Heute fühlt man sich selbst gerichtet, wenn man Kasacks Text neuerlich liest.

Um dies hier noch hinzuzufügen: Nach seiner Übersiedlung nach Stuttgart hat Kasack 1952 den (umstrittenen satirischen) Roman »Das große Netz« und 1953 die Erzählung »Fälschungen« publiziert. Als Präsident der Deutschen Akademie für Sprache und Dichtung (1953 bis 1963) hat sich Kasack vor allem als Anreger und Herausgeber (es war schon die Rede hiervon) betätigt, und er ist auf Reisen u. a. nach England und Skandinavien, aber auch nach Moskau (wo er Boris Pasternak traf) als Repräsentant humanistischer deutscher Literatur aufgetreten. 1955 und 1964 kamen noch zwei wichtige Gedichtbände heraus: »Aus dem chinesischen Bilderbuch« (mit Arbeiten von Caspar Neher) und »Wasserzeichen«. Die letzten Jahre bis zu seinem Tode am 10. Januar 1966 war er fast vollständig erblindet.

Potsdam, sein Potsdam, die Stadt am Strom, konnte er nicht wiedersehen. »Die Stadt hinter dem Strom«, sein Opus magnum, sollte dagegen im Herbst 1989 die Leser/innen in der DDR, auch in seiner Heimatstadt, erreichen: Der Roman kam bei Reclam in Leipzig heraus, erstmalig in der DDR, und es sollte wohl, im Rahmen analoger Bemühungen dieses Verlags (ich habe 1988 dort Wiechert herausgegeben), signalisieren, daß eine Neubewertung dieses Autors und vor allem seines Hauptwerks in der DDR endlich am Platze sei, also eine Revision der bisher gegen ihn ausgesprochenen Urteile. In der Tat geriet die Publikation bei Reclam im Herbst 1989 zum Signal, zum Signalement einer Wende im politischen Leben der DDR, nein, der DDR selbst, und von der »Stadt hinter dem Strom« her nahm damals der Leser dieses Buches von 377 eng bedruckten Seiten (und erstanden für drei Ostmark) an der Revision dieser Gesellschaft und seines eigenen Verhältnisses zu ihr teil (sich womöglich daran erinnernd, daß er 1946 die Fortsetzungen im »Tagesspiegel« verschlungen und das NS-Regime seinem Urteil unterworfen hatte).

Allerdings geriet dieser Prozeß der Neubewertung kultureller, zumal auch literarischer Sachverhalte im Osten Deutschlands in den Sog der raschen, auf Wiedervereinigung drängenden politisch-gesellschaftlichen Entwicklungen, was im konkreten Falle Hermann Kasacks (aber auch in ähnlich gelagerten Fällen aus dem bildungsbürgerlichen Milieu - Rudolf Hagelstange, Nordhausen, oder H.W. Sabais, Weimar) dazu führte, daß es letztlich ein mehrfacher, sich überschlagender Paradigmenwechsel zu dieser Neubewertung nicht oder nur in Annäherungen kommen ließ.

In Potsdam gab es indes eine kleine Schar Unentwegter, die bereit war, Hermann Kasack in seine Heimatstadt heimzuholen und damit seiner Bedeutung für die Stadt im engeren, für die deutsche Kultur im weiteren Sinne gerecht zu werden; vornehmlich galt dies für ein Symposium der Potsdamer Universität 1993...

Hermann Kasack hat (es war dies schon angedeutet worden) in der alten Bundesrepublik viel dafür getan, die Werke von Autor/innen herauszubringen, die der Vergessenheit anheimzufallen drohten. Als er 1953 als einer der Nachfolger des mit ihm befreundeten Publizisten Rudolf Pechel, also auch eines Mannes, der 1945 im Osten

Deutschlands ein solcher der ersten Stunde gewesen war, als Mitbegründer der CDU und als Chefredakteur der »Neuen Zeit« vom Herbst 1945 bis Anfang 1946, zum Präsidenten der Deutschen Akademie für Sprache und Dichtung in Darmstadt gewählt worden war, nahm er alle nur denkbaren Möglichkeiten wahr, einerseits auf die seinerzeitige kulturelle Situation in der alten Bundesrepublik einzuwirken und der Akademie ihrerseits einen Rang in diesem Gefüge zu verleihen; andererseits ging es ihm, vielleicht sogar gegen den Trend mancher restaurativer Tendenzen in den fünfziger Jahren, darum, das Erbe äußerer und innerer Emigranten zu sichern, zu bewahren, vor allem aber zu publizieren und zu erforschen, also zu »retten« im Sinne dessen, was Herder 160, 170 Jahre zuvor mit seinen so genannten »Rettungen« in Angriff genommen und verwirklicht hatte (übrigens auch hinsichtlich des Jesuiten Jakob Balde, den Kasack in diesem Text zitiert).

Was Hermann Kasack getan und in der Zurückstellung mancher eigener literarischer Pläne tatsächlich geleistet hat, nämlich zu »retten«, das sollte jetzt auch für ihn getan und geleistet werden - und das hieße, das zu »retten«, also zu publizieren, was von ihm an Manuskripten, zumal autobiographischer Art, vorhanden ist, noch dazu dann, wenn es sich um so brisante Texte handelt, die sicherlich auch, was in diesen Nachbemerkungen an den Anfang gerückt worden war, zur Erhellung seines Werks beitragen, die aber vor allem auf eigene Weise ein zeitgeschichtliches Dokument sind, analog jenem, das 1995 Aufsehen erregte: Ich denke an das weitläufige und erschütternde Tagebuch Victor Klemperers aus dem Dresden von 1933 bis 1945, und es ist dies auch in einem ganz anderen Zusammenhang denkwürdig: Wie Klemperer während all der Jahre zwischen 1933 und 1945 dem nachging, was er LTI nannte, also Lingua tertii imperii, und was er bereits 1947 in einem später immer neu aufgelegten Buch vorführte, so auch handelte Kasack, er in der Zusammenarbeit mit dem bedeutenden Leipziger Philologen Franz Dornseiff.

Vor allem aber sind diese Texte ein zeitgeschichtliches Dokument für die Stadt am Strom, zwischen Templiner See und Tiefem See, am Fuße des Brauhausbergs und der Ravensberge, im Licht und Schatten des »Birkenwäldchens«, zwischen Hegelallee und Hans-Sachs-Straße, unweit des Parks von Sanssouci . . .

Einige Abschnitte der biographischen Würdigung Hermann Kasacks folgen einem Aufsatz des Verfassers in der Zeitschrift »Deutschunterricht« 10/1993 (Berlin).

ERLÄUTERUNGEN

Im folgenden geht es um Erläuterungen, die nur im Ausnahmefall Bildungsgut vermitteln wollen. In erster Linie sollen Materialien dargeboten werden, die die Verflechtung Hermann Kasacks mit seiner Heimatstadt Potsdam und mit den unterschiedlichen Bereichen der Literaturgesellschaft anschaulich machen. Ebenso wird *Zeitgeschichtliches* insofern herangezogen, als es die *zeitgenössischen* Mitteilungen eines Schriftstellers, der nicht nur Visionär, sondern auch genauer Beobachter und Analytiker der Realitäten war, erweist oder erhellt. Für Unterstützung habe ich vor allem Herrn Prof. Dr. Wolfgang Kasack zu danken.

10

unseres Hauses - Kaiser-Wilhelm-Straße 13, heutige Hegelallee 12. Hermann Kasack und seine Familie wohnten in dem Haus, das damals noch seinem Vater gehörte, seit 1927 - zuvor Wörther Str. 3 (Menzelstr.)

unsere Stadt Potsdam - zu Hermann Kasack und Potsdam vgl. u. a.: Jahr und Jahrgang 1896 - Egmont Zechlin, Hermann Kasack, Walter Abendroth, Hamburg 1966 (hrsg. von I. Karsten, W. Keller, E. Schramm); Günter Wirth, Hermann Kasacks Wirken im geistigen Leben Potsdams, in: Helmut John, Lonny Neumann (Hrsg.), Hermann Kasack - Leben und Werk, Frankfurt am Main u. a. 1994

11

Wenn es unten an der Haustür klopft - nach der Wende 1989/90 sind zahlreiche autobiographische Berichte über Erlebnisse aus der frühen Besatzungszeit in Potsdam veröffentlicht worden, u. a.: Franz Fabian (Hrsg.), Aber der Wagen, der rollt... Potsdamer erinnern sich, Berlin 1995

13
Johanna - Johanna Fellenberg, älteste Schwester von Kasacks Frau Maria. 1895 geboren, lebt sie heute (seit etwa zehn Jahren in einem Pflegeheim) in Berlin. Sie - von Beruf Postangestellte - schrieb das Typoskript von Kasacks *Stadt hinter dem Strom*
Else, Frau und Fräulein Kauffeldt - noch nichts Näheres ermittelt
Masius - H. M. Masius war Rechtsanwalt und Notar in Potsdam, wohnhaft Nauener Straße 25 (heute Friedrich-Ebert-Straße); im Adreßbuch von 1947 findet sich sein Name nicht

14
Höpfner - Wilhelm Höpfner war Polizeibeamter (1939 Assistent)
Büros der SS - laut Adreßbuch von 1938/39 hat es bis dahin in Potsdam noch keine SS-Büros gegeben

16
von ihrem Chef handgeschriebenes Blatt - es war üblich, solche Bescheinigungen in den Wohnungen zu übergeben, in denen sowjetische Offiziere oder Zivilangestellte untergekommen waren. Ein in der UdSSR bekannter Schriftsteller wie Bruno H. Bürgel bekam im Mai 1945 eine ähnliche handgeschriebene Bescheinigung, am 4. Juli 1945 eine erneuerte, schließlich diese: »Stab der Sowjet-Besatzungstruppen, 11. Sept. 1945. Diese Bescheinigung wurde Herrn Bruno H. Bürgel, wohnhaft Neubabelsberg, Merkurstr. 1, auf Grund des Befehls des Stabes der Sowjetbesatzungstruppen in Deutschland ausgehändigt. Marschall der Sowjet Union Shukow hat befohlen: Es ist der Militärverwaltung, den sämtlichen Militärkommandanten, Truppenteilen und deren Vertretern streng verboten, den Schriftsteller Bruno H. Bürgel irgendwie zu stören, ihm Hindernisse zu machen sowie seine Wohnung zu besetzen. Malinin, Generaloberst. Stabschef der Sowjet-Besatzungstruppen in Deutschland.« - Ich verdanke dies Herrn A. Zenkert, Potsdam

18
Oelkers - Winfried Oelkers hatte ein Lebensmittelgeschäft in der Lindenstraße 64
Sommerfeld - heute polnisch

19
Dr. Bestehorn - Dr. Friedrich Bestehorn (1888-1946), (in Potsdam geborener) Verwaltungsmann (zuletzt Oberverwaltungsrat) und Lokalhistoriker nationalistischer Prägung (Deutsche Urgeschichte der Insel Potsdam, Potsdam/Berlin 1936). Von dem ursprünglich in der DVP beheimateten Bestehorn stammte die Idee, die Reichstagssitzung am 21. März 1933 feierlich in der Garnisionkirche eröffnen zu lassen (»Tag von Potsdam«). In der Todesanzeige (Der Märker vom 22. Januar 1946) heißt es, er sei »in der schwersten Zeit unseres Lebens für immer von uns gegangen«. - Bestehorn, der seit 1937 das Kriegs-Wirtschafts- und Ernährungsamt geleitet hatte, hatte am 25. April 1945 nach der Flucht des bisherigen Oberbürgermeisters Friedrich dessen Geschäfte übernommen. »Nach dreistündigem Verhör beauftragte Oberst Werin ... am 30. April Dr. Bestehorn mit der Leitung der Stadtverwaltung. Für die einzelnen Ressorts wählte Bestehorn, wie er schrieb, ›die fähigsten älteren Berufsbeamten aus, die auch politisch im nationalsozialistischen Staat nie aktiv hervorgetreten waren‹.« So: Manfred Uhlemann, Hoffnungen - Wege - Irrwege, Potsdam 1945-1989, 1994, S. 25 (der Autor kann sich auf einen Archivfund - Lebenslauf des Oberverwaltungsrates Dr. Friedrich Bestehorn vom 22. Oktober 1945 - beziehen)

21
Napola - Nationalpolitische Erziehungsanstalt, NS-Internatsschule zur Ausbildung der militärischen und administrativen Eliten des Regimes; das Führungspersonal der etwa 30 Anstalten unterstand zuerst der SA, dann der SS. 1991 erschien in Berlin: Hans Müncheberg, Gelobt sei, was hart macht. Aus dem Leben eines Zöglings der Nationalpolitischen Erziehungsanstalt Potsdam. Napola Potsdam - Neuzelle, Saarmunder Straße 23
Werin - Andrej S. Werin (1907-1973), als damaliger Oberst Stadtkommandant von Potsdam nach Besetzung der Stadt, nahm nicht nur 1945 noch unter kriegsmäßigen Bedingungen Einfluß auf die Besetzung der administrativen Funktionen, sondern auch nach den Wahlen im Herbst 1946. »Auf der zweiten Sitzung (der am 14. Oktober 1946 konstituierten Stadtverordnetenversammlung, G. W.) am 12. November

1946 kam es zur Wahl der elf ständigen Ausschüsse der Stadtverordnetenversammlung, die Wahl des Oberbürgermeisters wurde jedoch mit den Stimmen der CDU und LDP gegen die Stimmen der SED vertagt. Auch auf der dritten Sitzung am 5. Dezember 1946 kam es erneut zur Vertagung, dies allerdings verbunden mit der Bekanntgabe des Wunsches des sowjetischen Stadtkammandanten Oberst Werin, die Wahl am 10. Dezember 1946 in seiner Gegenwart vorzunehmen. So wurde dann verfahren und am 10. Dezember 1946 der bisherige Oberbürgermeist Walter Paul einstimmig gewählt.« Nach: Manfred Uhlemann, a. a. O., S. 47 f.

25
Gorgo - eines der drei schlangenartigen Ungeheuer der griechischen Sage, für die der versteinernde Blick charakteristisch war. Das Gorgonische kommt bei Kasack oft als Metapher vor

29
Anne - Anne Mörike, Sekretärin bei Peter Suhrkamp und enge Mitarbeiterin Kasacks im Verlag, seine Stütze. Sie hatte, während Suhrkamp verhaftet wurde, im Keller des Verlags ihn womöglich gefährdende Briefe verbrannt. Am 24. Januar 1946 schrieb Suhrkamp in einem Brief, Fräulein Mörike sei »wieder zu den Ihren nach Württemberg« gegangen. »Das ist ein Verlust aus meiner Gefängnis- und Krankenzeit.« Nach: Siegfried Unseld (unter Mitwirkung von Helene Ritzerfeld), Peter Suhrkamp. Zur Biographie eines Verlegers..., Frankfurt am Main 1991², S. 111. Sie lebte dann in Stuttgart, u. a. als Redakteurin der seit 1948 herausgekommenen deutschen Ausgabe von *Reader's Digest,* und ist vor einigen Jahren verstorben. Gegenüber Wolfgang Kasack hat sie noch vor ihrem Tode zugestimmt, daß sie bei einer evtl. Veröffentlichung dieses Tagebuchs mit vollem Namen genannt werde. Vgl. S. 13

34
Werner-Alfred-Bad - benannt nach Werner Alfred Pietschker, aus dessen Erbteil das Bad in der heutigen Hegelallee 1913 erbaut worden war. Pietschker wurde 1887 in Bornstedt als Sohn des dortigen Pfarrers

geboren und war nach Studien an der Technischen Hochschule Berlin einer der deutschen Flugpioniere, der 1911 mehrere Weltrekorde aufstellte und am 15. November 1911 in (Berlin-)Johannisthal, wo heute eine Straße an ihn erinnert, tödlich verunglückte. Es wird dies so ausführlich gewürdigt, weil Kasack in seiner Kindheit vom Fliegen fasziniert war

35
Es gibt weder Zeitung noch Radio - in Potsdam erschienen Zeitungen erst (und dies zunächst nur zweimal in der Woche) ab 15. September 1945 (Volkswille, KPD) bzw. ab 20. Oktober 1945 (Der Märker, SPD). Zuvor waren Nachrichtenblätter der Roten Armee herausgegeben worden (einer ihrer Redakteure war der spätere marxistisch-leninistische Historiker und DDR-Diplomat Stefan Doernberg, der Angehöriger der Roten Armee war); diese wurden im allgemeinen öffentlich ausgehängt. Seit Mitte Mai 1945 gab es allerdings schon ein *Mitteilungsblatt der Stadt Potsdam.* Auf die Berliner Zeitungen wird noch zurückgekommen. - Die erste Radiosendung kam am 13. Mai 1945 aus dem Berliner Funkhaus in der Masurenallee (übrigens an dem Tag, an dem erst der Sender der Dönitz-»Regierung« seine Sendungen einstellte). Sechs deutsche Emigranten, ein sowjetischer Major und 600 der »Alten« hätten damals den Sendebetrieb getragen, berichtete Markus Wolf in einem Brief vom 4. Juni 1945 an seine Eltern in der UdSSR (an dem Tag, an dem er zu Hans Mahle, Fritz Erpenbeck, dem früheren Pfarrer Matthäus Klein u. a. in der Berliner Masurenallee stieß). Am 18. Mai 1945 wurde aus dem Großen Sendesaal das erste Konzert übertragen (die verbindenden Texte sprach Victor De Kowa). Vgl. hierzu: Willi A. Boelcke, Die Macht des Radios (1924–1976), Frankfurt/Main, Berlin, Wien 1977, u. a. S. 526; Markus Wolf, Die Troika, Berlin und Weimar 1989, S. 290 ff.

36
Garber - noch nichts Näheres ermittelt

37
Landgericht - Kaiser-Wilhelm-Straße 8 (ebenfalls Amtsgericht)

39
Als am Abend jenes 14. April - im Bericht des Oberkommandos der Wehrmacht vom 15. April 1945 wurde dies so beschrieben: »Potsdam, die historische Residenz Friedrich des Großen, war das Ziel eines britischen Terrorangriffs. Erhebliche Teile der Altstadt mit ihren historischen Bauten, darunter die Garnisonkirche, wurden vernichtet. Die Personenverluste sind erheblich.« In: »Das Oberkommando der Wehrmacht gibt bekannt ...«. Der deutsche Wehrmachtbericht, herausgegeben von G. Wegmann. Dritter Band, Osnabrück 1982, S. 538. - 1751 Tonnen Bomben sollen auf Potsdam abgeworfen worden sein, der Angriff habe rund 5000 Tote gefordert. Diese Angaben nach: Manfred Overesch, Das III. Reich. Eine Tageschronik, (Düsseldorf 1983) Augsburg 1991, S. 603. - Vgl. auch Hartmut Knitter, »Flammen, nichts als Flammen«, in: Sigrid Grabner, Knut Kiesant (Hrsg.), 1000 Jahre Potsdam. Das Buch zum Stadtjubiläum, Berlin 1992, S. 194 ff. Von Hartmut Knitter gibt es eine detailreiche Studie: Zum Bombenangriff der Royal Air Force auf Potsdam am 14./15. April 1945, in: Beiträge zur Potsdamer Geschichte, Potsdam 1969, S. 173 ff. Eine ergreifende Schilderung des Angriffs auf Potsdam auch in: Hanna Grisebach, Potsdamer Tagebuch, Heidelberg 1974. - Am 14. April (!) 1942 hatte Hermann Kasack unter dem Eindruck von Luftwarnmeldungen in sein Tagebuch notiert: »Heute beunruhigt mich diese Meldung nicht: gestern ... brachte sie meine Fassung eine ¾ Stunde lang um: Ich glaubte das zerstörte Schicksal Lübecks für Potsdam vorauszuempfinden. In der Zeit habe ich mich geirrt. Im Faktum: hoffe ich nur, mich zu irren ...« Auf den Tag, auf die Nacht drei Jahre später ...

42
Der Turm der Garnisonkirche ... Die grünen Kupferplatten der Nikolaikirche - vgl. hierzu: Andreas Kitschke, Kirchen in Potsdam. Berlin 1983, S. 31 und S. 24 (die eigentliche Zerstörung der Nikolaikirche ereignete sich während der Kampfhandlungen)
Die drei Häuser - Eugène Huguenel, Hermann Kasacks Großonkel, hatte um 1906 im Verein für die Geschichte Potsdams einen Vortrag gehalten: Was uns die Humboldtstraße und der Alte Markt in Potsdam erzählen. Am 24. April 1917 sprach er in diesem Verein über:

Jugenderinnerungen eines nahezu achtzigjährigen Potsdamer Bürgers; der Vortrag wurde nach dem Tode Huguenels (1936) in den Mitteilungen des Vereins abgedruckt. Das Haus neben der Hauptpost: Am Kanal 15, das architektonisch eindrucksvolle Haus mit den »Acht Ecken« (es waren eigentlich vier, von denen eines 1956 rekonstruiert wurde) Ecke Hohewegstraße (heute Friedrich-Ebert-Straße), Schwertfegerstraße

Flötenspielmeister Quantz – Johann Joachim Quantz (1697–1773), Flötenvirtuose und Komponist, seit 1741 am Hofe Friedrichs des Großen, der Quantz in Dresden als Mitglied der dortigen Stadtkapelle kennengelernt hatte und zeitweilig von Quantz (u. a. Leiter der Hauskonzerte Friedrichs) unterrichtet wurde. Er komponierte ungefähr 300 Flötenkonzerte, 200 Flötensonaten, ferner Lieder und Kirchenlieder; Verfasser einer Flötenschule (1752) und einer Autobiographie. Grabmal auf dem Alten Friedhof in Potsdam

43

Haus der Eltern meiner Mutter – vermutlich Luisenstraße 68

Die siebentausend Toten – vgl. hierzu die später angenommenen offiziellen Zahlen bei Overesch. Erläuterung zu Seite 39

45

Herr Herrmann – Friedrich Herrmann, Herstellungsleiter beim S. Fischer Verlag und beim Suhrkamp Verlag (bei letzterem auch noch nach Übersiedlung nach Frankfurt am Main). Enger Mitarbeiter S. Fischers, Gottfried Bermann Fischers und Peter Suhrkamps; als solcher mehrfach in dem 1955 von Hermann Kasack herausgegebenen Tagebuch Oskar Loerkes erwähnt, dort auch, daß Herrmann am 19. Oktober 1934 in der Trauerfeier für S. Fischer im Verlag einer der Redner war (Oskar Loerke, Tagebücher 1903–1939, hrsg. von Hermann Kasack, zuerst Heidelberg/Darmstadt 1955; hier zitiert nach suhrkamp taschenbuch 1242, Frankfurt am Main 1986, S. 323)

Klein-Machnow – heute Kleinmachnow; in Zeitungsveröffentlichungen 1945 und 1948 noch Klein-Machnow

In den Tagen vom 23. bis 26. April – am 24. April 1945 meldete das Oberkommando der Wehrmacht: »In der Schlacht um die Reichshauptstadt stießen die Bolschewisten trotz erbitterten Widerstandes unserer Truppen und Volkssturmeinheiten bis in die Räume südöstlich Brandenburg, südlich Potsdam, nördlich Königs Wusterhausen in die Randgebiete der östlichen und nördlichen Stadtteile vor...« A. a. O. Dritter Band, S. 554. – Vgl. die Erläuterungen zu S. 53 f.

47

das zunehmende Bedürfnis, Tagebuch zu führen – im Nachwort bzw. Kommentar zu: Horst Lange, Tagebücher aus dem zweiten Weltkrieg, Mainz 1979, hat sich Hans Dieter Schäfer hierzu aus literaturwissenschaftlicher Sicht geäußert und zahlreiche Beispiele angeführt. Auf solche und andere autobiographische Mitteilungen hat dann auch das große Werk Walter Kempowskis, Echolot, aufbauen können

48

»Anch' io sono pittore« – (it.) Auch ich bin Maler. Angeblicher Ausruf Correggios (um 1494–1534) vor Raffaels Heiliger Cäcilie

»auch ich einmal in Arkadien« – lat. Inschrift (Et in Arcadia ego) auf einem Grabhügel in einem Landschaftsgemälde von Nicolas Poussin (1594–1665), Motto von Goethes *Italienischer Reise,* vgl. auch Schillers Gedicht *Resignation*

Zwei Tage nach dem Bombenangriff – »Vom 13. April an rechnete die deutsche Führung mit dem Beginn der Großoffensive aus dem Küstriner Brückenkopf. Der Angriff begann am 14. April mit der üblichen gewaltsamen Aufklärung... Um 4.00 Uhr morgens begann am 16. April die Offensive mit einem 30minütigen Artilleriefeuer, das von Luftangriffen auf die rückwärtigen deutschen Stellungen begleitet wurde. Der Wetterbericht versprach Sonnenschein und Höchsttemperaturen zwischen 14 und 20 Grad...« Nach: Richard Lakowski, Das Ende der Naziherrschaft in Brandenburg. Mit einer Dokumentation, in: Dietrich Eichholtz (Hrsg.), Verfolgung – Alltag – Widerstand. Brandenburg in der NS-Zeit, Berlin 1993, S. 415

51

sämtliche Brücken um Potsdam – die Glienicker Brücke wurde nur teilweise zerstört, 1949 (»Brücke der Einheit«) wieder aufgebaut. Vgl.

Sigrid Grabner, Glienicker Brücke, in: a. a. O., 1000 Jahre Potsdam, S. 242 ff.

53 f.

der Langen Brücke – sie wurde am 24. April 1945 gesprengt. Vgl. Hartmut Knitter, a. a. O. 1969, S. 198

Entwicklung der Lage, Richtung Nedlitz – in dem bis Mitte 1995 herausgekommenen Potsdamer Stadtmagazin *POTZ* 4/1995 wurden Berichte der an den Kämpfen um Potsdam unmittelbar beteiligten sowjetischen Truppeneinheiten (u. a. 63. Panzerbrigade, 5. Mechanisiertes Korps, 511. Haubitzen-Artillerie-Regiment, 185. selbständiges Garde-Nachrichten-Bataillon) erstmalig deutsch publiziert. Aus ihnen geht hervor, wie genau Kasack im einzelnen die sowjetischen Truppenbewegungen (etwa um Nedlitz, Bornstedter Feld, Bornim) registriert hat. Im folgenden geben wir ein von Potsdamer Wissenschaftlern für das Stadtmagazin POTZ hergestelltes Kalendarium der Kämpfe um Potsdam wieder, das für die Kasackschen Beobachtungen (wie auch schon zuvor für die Mitteilungen Herrmanns) herangezogen werden kann. Dabei ist davon auszugehen, daß der am 18. April 1945 herausgegebene Befehl zur Einnahme Potsdams vorsah, daß diese eigentlich schon in der Nacht vom 20. zum 21. April 1945 erfolgen sollte. – »23. April 1945: Die 4. Gardepanzerarmee nimmt Saarmund aus der Bewegung und stößt auf Potsdam vor. 24. April 1945: 6.20 Uhr: Beginn der Artillerievorbereitung zur Einleitung des Übersetzens über den Teltowkanal. 7.00 Uhr: Übersetzen der Hauptkräfte der 4. Gardepanzerarmee über den Teltowkanal. 13.00 Uhr: Panzer und Artillerie rollen über erste fertiggestellte Brücke. Gegen 17.00 Uhr: Zwei Panzerbrigaden der 4. Gardepanzerarmee besetzen Nowawes und erreichen gegen Abend die Havel, andere Truppenteile dringen aus Richtung Rehbrücke in die Teltower Vorstadt ein und erreichen abends die gesprengte Lange Brücke. 25. April 1945: Südöstlich von Potsdam Kampf um Havelübergang. 12.00 Uhr: Das 6. mechanisierte Gardekorps forciert den Fluß und setzt den Angriff auf Potsdam fort, von Dallgow aus erreicht die 175. Division Nedlitz. 26. April 1945: Besetzung Bornims und Vorstoß über Bornstedt in Richtung Potsdam durch die 175. Schützendivision. 27. April 1945: Die 175. Schützendivi-

sion dringt über den Neuen Garten ins Zentrum vor, von der Ostseite der Havel kämpfen sich die Soldaten der 1. Ukrainischen Front ins Stadtzentrum vor. 10.30 Uhr: Begegnung der Truppen im Stadtzentrum; bis in die späten Abendstunden wird die deutsche Gruppierung im Stadtzentrum aufgerieben und zerschlagen. 28. April: Letzte Kämpfe in der Brandenburger und in der Berliner Vorstadt (u. a. um die Unteroffiziersschule in Eiche). Potsdam gilt auch ohne Kapitulation als befreit, nachdem sich letzte deutsche Truppenteile Richtung Westen bzw. Berlin (über Wannsee) auf der Flucht zurückziehen. 29. April 1945: Letzte deutsche Truppen ziehen sich unter Sprengung der Glienicker Brücke Richtung Wannsee zurück.«
Nowawes - Babelsberg

55
Suhrkamp besuchte uns - Peter (eigentlich Heinrich) Suhrkamp (1891-1959), einer der bedeutendsten deutschen Verleger dieses Jahrhunderts. Suhrkamp (ursprünglich Lehrer, u. a. auch an der Odenwald-Schule und in Wickersdorf, und Dramaturg) war am 1. Januar 1933 in den S. Fischer Verlag eingetreten und im Herbst 1933 Vorstandsmitglied geworden. 1936 erwarb er den Verlag von den Erben, die Deutschland verlassen mußten, und leitete ihn, seit 1942 erzwungenermaßen als Suhrkamp Verlag, vorm. S. Fischer, später ohne den Zusatz, bis zu seiner Verhaftung im April 1944. Kasack, der schon früh Gottfried Bermann Fischer hatte beraten müssen, war am 1. April 1941 Nachfolger Oskar Loerkes als Cheflektor geworden und übernahm nach Suhrkamps Verhaftung, selber zeitweilig von Einberufung bedroht, die Verlagsleitung. Als am 9. Februar 1945 Suhrkamp todkrank aus dem Konzentrationslager Sachsenhausen entlassen worden war, ging er nach Potsdam, wo ihm Kasack, Werner E. Stichnote und die Familie von Arnim halfen. Nach Krankenhausaufenthalt (den Luftangriff überlebte Suhrkamp im Städtischen Krankenhaus, das auch zerstört wurde) blieb er bis Ende September 1945 in Potsdam. Am 17. Oktober 1945 erhielt Suhrkamp als erster Berliner Verleger die britische Lizenz; Kasack blieb Verlagslektor. Ein Jahr später erfolgte die Lizenzierung für die amerikanische Besatzungszone - seit Herbst 1947 war der Verlag Einzelfirma unter dem Namen Suhrkamp Verlag vormals S. Fischer in

Frankfurt am Main; dort wird dann der Verlag am 1. Juli 1950 ins Handelsregister eingetragen. - Hermann Kasack, Bild eines Verlegers (1951), in: Hermann Kasack, Mosaiksteine. Beiträge zu Literatur und Kunst, Frankfurt/M. 1956, S. 309 ff. Dort Nachwort von Peter Suhrkamp mit Würdigung gerade auch des Lektors und Verlegers Kasack: »Er hat es (das Verlagslektorat, G. W.) sieben Jahre in schwerster Zeit verwaltet, die Bedrohung ging damals für uns beide manchmal bis zum äußersten. Er hat viel dazu getan, daß die Tradition des Verlages fortgeführt wurde.« A. a. O., S. 405. - Vgl. auch: Siegfried Unseld, a. a. O.; Wolfgang Kasack, Leben und Werk von Hermann Kasack. Ein Brevier, Frankfurt am Main 1966; Peter de Mendelssohn, S. Fischer und sein Verlag, Frankfurt am Main 1970. - Wolfgang Kasack (a. a. O., S. 66) berichtet: »Bereits am 30. Mai 1945 erhielt er (Hermann Kasack, G.W.) eine Bescheinigung des Kulturdezernenten der Stadt Potsdam über die kulturelle Bedeutung des teilweise dorthin übersiedelten Verlages.« Dies wird im Blickfeld sein müssen bei den zahlreichen folgenden Erwähnungen Suhrkamps und seines Verlags in Potsdam

56
Die Patientinnen von Maria - Maria Kasack geb. Fellenberg (1896-1983). In den Potsdamer Adreßbüchern von vor dem Krieg und von 1947 wird Maria Kasack (mit Angabe der jeweiligen Wohnadresse) als Staatlich geprüfte Masseuse bzw. Masseurin geführt: Sie war dies seit 1932. Er habe gewußt, schreibt Peter Suhrkamp im Nachwort zu den *Mosaiksteinen* (a. a. O., S. 403), »daß Maria, Kasacks Frau, als Heilgymnastikerin hart arbeitete, damit die Familie ihr Auskommen hatte ...« Dies galt vor allem für die Zeit bis 1941

57
im Laufe des Mittwoch - damit ist offensichtlich der 25. April 1945 gemeint

58
auf den Weg nach Bornim - Kriegsende und Eroberung in Bornim sind u. a. dargestellt, in: Maria Milde, Berlin Glienicker Brücke. Babelsberger Notizen, Berlin 1978 bzw. 1991

61
sagenhafte Armee von Westen - »Die 12. Armee löste sich befehlsmäßig von dem an der Elbe stehenden britischen und amerikanischen Gegner und griff mit umgekehrter Front die Berlin einschließenden sowjetischen Kräfte in Richtung Potsdam an. Nach schweren Verlusten erreichten ihre Truppen - es handelte sich in der Mehrheit um Divisionen aus eingezogenen Jahrgängen 1928/29 - die Linie Ferch - Beelitz und blieb hier liegen. Zusammen mit den Flüchtlingen der 9. Armee sowie den Resten der ausgebrochenen Potsdamer Garnison gingen die Überreste der 12. Armee auf die Elbe zurück, wo sie sich den amerikanischen Truppen gefangengaben.« Nach: Richard Lakowski, a. a. O., S. 422

62 ff.
Kaiser Wilhelmstraße - so Kasacks Schreibweise
Augustastraße - heutige Weinbergstraße

65
in Romanen von Lew Tolstoi - Leo (Lew) Graf Tolstoi (1828-1910). Die Erzählung *Chadschi (Chadži) Murat* entstand um 1900, deutsche Übersetzung von August Scholz 1912 bei S. Fischer (1923 45.-48. Auflage)

69
im Grunde war der Tod - ähnlich hatte Hans Erich Nossack, auf den wir noch zu sprechen kommen, in einem Brief an Hermann Kassack (13. Dezember 1943) von einem Luftangriff auf Hamburg berichtet: »Ich war im Kontor und ich war auch oben geblieben im dritten Stock, ja, ich stand sogar gerade am halbgeöffneten Fenster, weil ich hinaushorchen wollte, ob nicht bald Schluß wäre. So sicher fühlte ich mich dem Gehör nach. Und da war es eigentlich schon zu spät, ich sprang nur noch in den Mauerwinkel neben der Balkontür. Die erste Serie Bomben fiel vielleicht 100 mtr entfernt, die nächste 20 mtr, es war wie ein Heranschreiten, und ich dachte, der nächste Schritt gilt dir. Dann war es nur ein Wanken der Mauern, Feuerschein und umherfliegender Schutt. Dann der vierte Schritt 50 mtr hinter mir in den Fleet und auf die Brücken. Ich zog dann scheinbar in aller Ruhe

meinen Mantel an und packte ohne Hast meine Aktentasche und ging dann langsam die Treppe hinunter zu einem Ship-Chandler in den Keller. Dort gaben sie mir gleich zwei große Gläser Schnaps. Es soll niemand mit seinen guten Nerven prahlen, wie ich es immer getan habe. Erst eine Viertelstunde nachher begannen mir die Knie zu zittern und ich habe zwei Stunden gebraucht, um diese feigen Organe wieder in die Gewalt zu kriegen. *Dieser Bruchteil einer Sekunde zwischen der zweiten Serie und der dritten war wohl etwas viel,* also nicht der Einschlag selber, sondern das, was unmittelbar vorher kommt . . .« Es haben diese Erfahrungen und Beobachtungen viel mit der Atmosphäre der *Stadt hinter dem Strom* zu tun

73
Es war spät am Nachmittag - Peter de Mendelssohn hat in seinem Buch über S. Fischer (a. a. O., S. 1336) berichtet, Kasack habe Geschäftsunterlagen des Verlags retten können, unter denen sich auch der Brief- und Telegrammwechsel des S. Fischer Verlags mit Leo Trotzki befunden habe. Geht man davon aus, daß diese Unterlagen wie manche andere (vgl. S. 75) in Kasacks Haus untergebracht waren, wagt man nicht, an die Folgen einer möglichen Entdeckung von Trotzki-Briefen durch sowjetische Offiziere oder Kommissare zu denken.

74
Hunecker -noch nichts Näheres ermittelt

80
bei einem Luftangriff auf Hamburg - gemeint ist einer der schweren Angriffe auf Hamburg, die, 1943 beginnend, etwa 55 000 Opfer forderten

81
Tawarisch, Tawarisch - phonetische Wiedergabe von (russ.) Towarischtsch, heute gewöhnlich als Genosse übersetzt

83
Ich dachte an das Chinesische Bilderbuch - 1955 erschien in Frankfurt am Main (mit Zeichnungen von Caspar Neher) der Gedichtband *Aus dem*

Chinesischen Bilderbuch. Die Bemerkung könnte sich auf die Gedichte *Allein* (S. 20) oder *Zeitwende* (S. 26) beziehen

101
russischer Ehrenfriedhof - dieser hat so bis 1949 bestanden und erfuhr dann eine Neugestaltung

102
mein altes Zimmer mit Büchern - es gibt eine eindrückliche Schilderung dieses Zimmers von Peter Suhrkamp in seinem Nachwort zu den *Mosaiksteinen*, a. a. O., S. 403: »Wir saßen miteinander am Schreibtisch ... Ein großes Photo von einem Säulentorso darauf fesselte mich zwischendrin immer wieder ... In den Bücherregalen, die drei Wände einnahmen, dominierten die Werke von Zeitgenossen zwischen 1910 und 1935 sowie Zeitschriften und Verlagsalmanache aus den zwanziger Jahren. Die Sammlung wirkte dennoch wie eine von langher und langsam gewachsene Bibliothek ... Es war das Studier- und Arbeitszimmer eines Privatgelehrten, jedoch nicht düster oder grau, sondern biedermeierlich hell ... Ich kann nicht sagen, woher mir die Impression von späten Arbeitsnächten in dieser Stube kam. Vielleicht war es ... das Schweigen, das die Atmosphäre bestimmte. Vielleicht ging der Eindruck von dem schmalen zartgliederigen Mann mit dem müden, dabei doch hellen Gesicht aus, in dem die Brillengläser die Augen eher abblendeten und verdeckten als konzentrierten ...«

104
Der Satz von Brecht - im zweiten Dreigroschen-Finale (zweiter Akt der *Dreigroschenoper*) meditiert Macheath darüber, wovon der Mensche lebe. Er kommt zu dem Ergebnis: »Wie ihr es immer dreht und wie ihr's immer schiebt / Erst kommt das Fressen, dann kommt die Moral.« - Hermann Kasack hatte mit Brecht seit den frühen zwanziger Jahren in Kontakt gestanden; er gilt ja auch als so etwas wie der Entdecker Brechts, sind doch fast alle Buchpublikationen aus der Frühzeit Brechts mit Kiepenheuer aus der Zeit Kasacks verbunden. Schon 1946 standen Brecht und Kasack wieder im Briefwechsel; Brecht schickte auch Pakete aus

den USA. Am 4. Juni 1946 schrieb Kasack an Brecht: »Ich sitze ununterbrochen über der Beendigung meiner großen Prosa, die zu 9/10 fertig ist und die ich unbedingt vor meinem 50. Geburtstag hinter mich gebracht sehen muß . . .« (zitiert nach: Wolfgang Kasack, a. a. O., S. 79). In Heft 9/1946 von Herbert Sandbergs und Günther Weisenborns *Ulenspiegel* schrieb Kasack über Brecht, auch in der *Schwäbischen Landeszeitung* vom 9. Januar 1947

Loerke – Oskar Loerke (1884–1941) stammte aus dem Westpreußischen, sein Studium an der Berliner Universität brach er nach seiner ersten Buchveröffentlichung 1907 ab und wurde freier Schriftsteller, seit dem ersten Weltkrieg Lektor bei S. Fischer und später bei P. Suhrkamp, in der zweiten Hälfte der Weimarer Republik zugleich Sekretär der Abteilung Dichtkunst in der Akademie der Künste. Loerke, der schon 1913 den Kleistpreis erhalten hatte, veröffentlichte vor allem sieben Lyrik-Bände und schrieb, zumal für die *Neue Rundschau,* zahlreiche Essays. Kasack publizierte aus dem Nachlaß u. a. einen Gedichtband, das Tagebuch und einen Band mit Rezensionen, R. Tgahrt Arbeiten Loerkes aus der *Neuen Rundschau*

105

Am Samstag abend waren Maria und Anne noch zu Suhrkamps gegangen – Unseld zitiert in seiner Biographie bzw. biographischen Dokumentation Briefe Hermann Kasacks an seine Tochter Renate vom 14. und vom 19./20. Februar 1945, aus denen die Schwere der Erkrankung Suhrkamps hervorging. Es war schon erwähnt worden, daß das Potsdamer Krankenhaus zerstört worden war. Unseld (a. a. O., S. 109): »Suhrkamp weigerte sich, mit den Ärzten und anderen Patienten evakuiert zu werden. Später wurden der Chefarzt und viele Patienten von dieser Station aus verschleppt. Suhrkamp wohnte in Potsdam bei Werner Stichnote und danach im Arnimschen Haus.« Da die Arnimsche Villa in der damaligen Straße der SA, der späteren Karl-Marx-Straße (Nr. 25), lag, d. h. also ziemlich weit entfernt von Kasacks Haus, wird Suhrkamp zu diesem Zeitpunkt noch bei dem Verlagsbuchhändler Werner E. Stichnote, Am Neuen Markt 8, gewohnt haben. Auf Stichnote kommen wir zurück. Frau von Arnim war übrigens die Schwester Henning von Tresckows, einer der Schlüsselgestalten des militärischen Widerstands gegen Hitler

108
Gardemajor Jermakow - es war noch nichts Näheres zu ermitteln, abgesehen davon, daß laut *SBZ-Handbuch* nach 1945 ein sowjetischer Offizier dieses Namens in Berlin im technischen Dienst tätig war

110
ein bekannter Professor für Kulturgeschichte - höchstwahrscheinlich handelt es sich hierbei um Jewgenij Fjodorowitsch Ludschuweit, einen sowjetischen Offizier, der als Retter von Sanssouci gilt und 1965 die Ehrenbürgerrechte von Potsdam erhielt. Bei Besuchen in Potsdam suchte er auch Karl Foerster auf. Vgl. Eva Foerster und Gerhard Rostin, Ein Garten der Erinnerung, Berlin 1982, S. 359, 365. Der bekannte Bildhauer W. Stötzer schuf eine Porträtbüste (1971)

111
Bild meines Vaters - Dr. Richard Kasack (1870-1941) war ein in Potsdam geborener und mit Potsdam verbundener bekannter Arzt, Sanitätsrat. Zeitweilig war er Stadtverordneter, und er hatte zahlreiche Ehrenämter, so als Beisitzer im Vorstand des Schutzverbandes der Ärzte des Bezirks Potsdam; er war auch Vertrauensarzt des Städtischen Wohlfahrtsamts. Vgl. das Nachwort
endeten erst am 2. Mai - »General Weidling vollzog den unausweichlichen Schritt und kapitulierte am 2. Mai 1945 um 6.30 Uhr.« Richard Lakowski, a. a. O., S. 423. Diese Feststellung bezieht sich auf die verbliebenen Truppenreste im Umfeld der Reichskanzlei, hatte daher aber Signalwirkung überhaupt. Vgl. die Erläuterung zu S. 53 f.

112
Wilhelmplatz - heutiger Platz der Einheit; die Kreisleitung der ehemaligen Partei war ursprünglich im Stadtschloß

114
Waisenstraße - die spätere Dortustraße (so seit 1948)

115
Lindenapotheke - Lindenstraße 48/49

116
Dr. Diehl - Hermann Diehl (1884-1946), Oberstudiendirektor, wohnhaft Kurfürstenstraße 54, als Direktor des Viktoriagymnasiums Anfang der dreißiger Jahre (aus Fürstenwalde) berufen. Als im *Volkswillen* im Oktober 1945 die Gründung des Kulturbundes zur demokratischen Erneuerung Deutschlands, in dem Kasack später - bis Anfang 1949 - eine bedeutende Rolle spielen sollte, mitgeteilt wurde, wurde der frühere Heidelberger Kunsthistoriker Prof. Dr. August Griesebach (richtig: Grisebach) als Präsident genannt, ferner u. a. der Maler Otto Nagel, der Verlagsbuchhändler Stichnote, der Chemiker Dr. Otto Liebknecht (ein Bruder Karl Liebknechts), der evangelische Pfarrer Lahr, der katholische Pfarrer Dr. Allendorff, der Bühnenschriftsteller Dr. Glogau (von Beruf Zahnarzt) und eben Oberstudiendirektor Diehl. Diehl, der vor 1933 der Deutschen Demokratischen Partei angehört hatte, gehörte auch zu den Mitbegründern der CDU in Potsdam

117
Dr. Stechele - Studienrat Dr. Wolf Stechele, Potsdamer Pädagoge, der auch zu den führenden Mitgliedern der Ortsgruppe Potsdam der Kantgesellschaft gehört hatte; sowohl für 1939 wie für 1949 wird Kantstraße 19 als seine Adresse angegeben. Als die Klasse, zu der Wolfgang Kasack gehörte, seit Februar 1943 Dienst als Luftwaffenhelfer auf dem Bornstedter Feld leisten mußte, kam der Englischlehrer Dr. Stechele regelmäßig einmal in der Woche mit dem Fahrrad die sechs Kilometer freiwillig, um dort Kunstunterricht zu geben, »letztlich um den zum Wehrdienst gezwungenen Kindern durch geistige Nahrung zu helfen« (Wolfgang Kasack am 2. Februar 1996)
Dr. Typke - Näheres war noch nicht zu ermitteln, abgesehen davon, daß sich 1959 ein Wolfgang Typke, Köln, bei Hermann Kasack nach der Adresse des Vereins ehemaliger Viktorianer in Berlin (West) erkundigte
der alte Niederastroth - Hugo Niederastroth (1870-1947), hervorragender Vertreter des Potsdamer humanistischen Bildungsbürgertums, Klassenkamerad von Kasacks Vater am Vikoriagymnasium, Oberpostrat, Verfasser eines Bands von Gedichten, der 1921 unter dem Titel *Stille Gesänge* in der Gropiusschen Hofbuchhandlung Potsdam erschienen war. In der

Tagespost vom 14. September 1947 veröffentlichte W. Bacmeister einen Nachruf, in dem es hieß: »Den Menschen, die das Glück hatten, ihm nahezutreten, schenkte er aus einer Fülle des Wissens und einem unerschöpflichen Fonds humanistischer Bildung.« Dem »Stillen im Lande« (Bacmeister) hat Kasack, mit Niederastroth ständig im Gespräch und dessen Schachpartner (Niederastroth wohnte in der Jägerallee 40, also »um die Ecke«), in der *Stadt hinter dem Strom* dort ein Denkmal gesetzt, wo er von »dem alten weißhaarigen Oberpostrat aus der Havelstadt« schreibt, »der mit weiser Gelassenheit noch einige Stellen in lateinischer Sprache aus den Tuskulanischen Gesprächen zitierte«
Seume-Ausgabe - Johann Gottfried Seume, Spaziergang nach Syrakus im Jahre 1802, Berlin 1941

118
mit Herrn Hegemann - Werner Hegemann (1881-1936), Architekt und Schriftsteller (in der Emigration verstorben), schrieb u. a.: Das steinerne Berlin, Amerikanische Architektur und Städtebaukunst sowie Großessays (Fridericus oder Das Königsopfer, Der gerettete Christus oder Iphigenies Flucht vor dem Ritualopfer, Napoleon oder Der Kniefall vor dem Heros). Hegemann und Kasack waren gut bekannt
Bischof Eylau - richtig: Rulemann Friedrich Eylert (1770-1852), von Haus aus reformierter Kirchenmann, kam (nach theologischen Studien in Halle und ersten Pfarrdiensten) auf Empfehlung Steins 1806 als Hof- und Garnisonprediger nach Potsdam, einer der hauptsächlichen Befürworter der altpreußischen Union, Berater und Seelsorger Friedrich Wilhelms III., 1818 Bischof, auch Mitglied des Staatsrats. In den Mitteilungen des Vereins für die Geschichte Potsdams schrieb Professor Gropler über Eylert (Band V, Heft 9)
die Hegemann verwendet hat - diese Feststellung bezieht sich wohl vor allem auf Hegemanns Napoleon-Buch, auf den »Kniefall« Napoleons in der Potsdamer Garnisonkirche, konnte dort aber nicht nachgewiesen werden
Dr. Fricke - Dr. Hermann Fricke (1895-1982), ursprünglich Mitarbeiter in der Provinzialverwaltung der Provinz Brandenburg, Verfasser zahlreicher Schriften über Fontane, u. a.: Theodor Fontanes letzter Romanentwurf »Die Likedeeler«, Rathenow 1938, war Mitbegründer

und Leiter des Potsdamer Fontane-Archivs 1935 bis 1945. Auch nach der Wiederaufnahme der Tätigkeit des Fontane-Archivs in Potsdam nach 1945 blieb Fricke dessen Tätigkeit verbunden (u. a. Zur Pathographie des Dichters Theodor Fontane, in: Theodor Fontanes Werk in unserer Zeit, Potsdam 1966). Er verstarb in Badenweiler; Joachim Schobeß publizierte einen Nachruf in den *Fontane-Blättern* (Band 5, Heft 2, S. 167 f.). Fricke schrieb über Kasack: Der Dichter der Wandlung, in: Brandenburgische Beiträge, Uelzen 1955, S. 73 ff.

Provinzial-Landesverband - offensichtlich ist damit das Gebäude des Präsidenten des Regierungsbezirks Potsdam in der Provinz Brandenburg in der heutigen Friedrich-Ebert-Straße (also der heutige Sitz des Potsdamer Magistrats) gemeint (zwischen 1902 und 1908 erbaut)

119

Dr. Geber - Näheres war noch nicht zu ermitteln

Dr. Pflug - Dr. Hans Pflug (um 1900–1950), Schriftsteller (u. a.: Deutschland, ein Handbuch. Landschaft, Volkstum, Kultur), wohnte zeitweilig in Potsdam, war auch mit Jochen Klepper befreundet. Nach dem Kriege Dozent an der Pädagogischen Akademie Wuppertal

Trebbin - in und bei Trebbin (unweit von Luckenwalde) waren schon während des Zweiten Weltkriegs Gefangenenlager, das in Trebbin wurde nach Kriegsende zu einem Auffanglager für deutsche Soldaten, von dem aus sie in eigentliche Gefangenenlager, zumal in der UdSSR, verbracht oder entlassen wurden. Ich danke dem Evang. Pfarramt Blankenfelde für diese Auskunft

Freund Mohrhenn - Alfred Mohrhenn (1894–1955), Essayist und Erzähler, Dozent an der Pädagogischen Hochschule Berlin. Freund und Berater Hermann Kasacks. Über Mohrhenn hatte Kasack schon am 6. Dezember 1928 in der Berliner Funkstunde gesprochen, mit ihm hatte er 1943 Tieck herausgegeben, und zum 50. Geburtstag hatte er ihm ein Gedicht gewidmet (Das ewige Dasein, 1949, S. 78), in dem es heißt: »Sollten wir am Weg ermatten, / Wird der Freundschaft reiner Geist / Uns den Klang zurückerstatten, / Der uns zu uns selber weist.« 1956 gab Kasack Arbeiten Mohrhenns (Lebendige Dichtung) aus dem Nachlaß heraus

Hete und Gabriele Köppen – Frau und Tochter des mit Kasack ursprünglich eng befreundeten Publizisten und Schriftstellers Edlef Köppen (1893–1939). Köppen hatte in Potsdam das Gymnasium besucht, war nach Studien in Berlin und München im ersten Weltkrieg Offizier, arbeitete als Hersteller bei Gustav Kiepenheuer, gab mit Wolf Przygode (1895–1926) die Zeitschrift *Die Dichtung* (ab Folge 2 bei Kiepenheuer) heraus, wirkte ab 1925 an der Berliner Funkstunde, wo er im April 1933 beurlaubt wurde. Sein bekanntestes Werk war *Heeresbericht,* ein Antikriegsbuch, das Kasack in der *Neuen Badischen Landeszeitung* vom 29. März 1930 rezensierte. Zwischen den seit der Jugend befreundeten Kasack und Koeppen kam es seit Anfang der dreißiger Jahre aus offensichtlich politischen Gründen zu erheblichen Spannungen

124
in russischer Schrift »Ochrana« – Ochrana war eigentlich die (1881 begründete) zaristische Geheimpolizei. Kasack hat mit seiner genauen Beobachtungsgabe ein charakteristisches Zeichen dieser Zeit festgemacht, das in der spröden amtlichen Sprache des damaligen für die inneren Angelegenheiten zuständigen Ersten Vizepräsidenten der Provinzialverwaltung der Mark Brandenburg, Bernhard Bechler, eines aus dem Nationalkomitee »Freies Deutschland« gekommenen ehemaligen Offiziers und NSDAP-Mitglieds, in dessen Ansprache auf der 1. Konferenz der Landräte und Oberbürgermeister der Mark am 17. Juli 1945 in Brandenburg/Havel so benannt wurde: »Es dürfen ... keine Überspitzungen vorkommen. Dafür ein kleines Beispiel: Die Potsdamer Polizei hatte an ihren Mützen die rote Kokarde angenäht. So etwas geht nicht ...« (Berichte der Landes- und Provinzialverwaltungen zur antifaschistisch-demokratischen Umwälzung 1945/46. Quellenedition, Berlin 1989, S. 70)

126
Frau Graf / sie hatten zuletzt in der nahen Lindenstraße gesessen – gemeint ist Lindenstraße 54/55. Das Gebäude wurde um 1735 erbaut und der Stadtkämmerei übergeben, die es vermietete. 1808 bis 1811 war es der Sitz des ersten Potsdamer Stadtparlaments, dem auch Abraham Huguenel, ein Vorfahr Kasacks, angehört hatte, dann der des Stadtgerichts (Theodor

Storm), 1936 des »Erbgesundheitsgerichts«, 1943 des Gerichtsgefängnisses für politische Gefangene. »Hier warteten unter anderem Mitglieder der Widerstandsgruppe Römer/Sachse/Uhrig auf ihren Prozeß. Ende 1944, Anfang 1945 waren Mitglieder der Widerstandsgruppe Winkler in der Lindenstraße inhaftiert . . .« Seit Ende Juni 1945 war hier das Gefängnis des sowjetischen Militärtribunals und des Geheimdienstes NKWD, ab 1952 des Ministeriums für Staatssicherheit der DDR (1989 saßen - bis Oktober - 384 Menschen in Untersuchungshaft). Alle Angaben nach: Thomas Wernicke, Im Volksmund »Lindenhotel« genannt, in: a. a. O., 1000 Jahre Potsdam, S. 239 ff. - 1995 führte hier das Brandenburgische Literaturbüro Lesungen mit ehemals eingekerkert gewesenen Autoren durch, u. a. mit Horst Schüler, einem ehemaligen Potsdamer Journalisten, der 1950 verhaftet wurde, und Walter Kempowski

129

interalliierte Konferenz - tatsächlich fand das gleichsam Siegestreffen der »Großen Drei«, das dann letztlich den Auftakt zum kalten Krieg bildete, in Potsdam statt. Es begann am 17. Juli 1945, endete am 2. August 1945; Frankreich schloß sich am 7. August 1945, mit gewissen Vorbehalten, den Beschlüssen an. Vgl. u. a.: Ernst Deuerlein (Hrsg.), Potsdam 1945. Quellen, München 1968; ders., Deklamation oder Ersatzfrieden? Die Konferenz von Potsdam, Stuttgart - Berlin - Köln - Mainz 1970; Teheran, Jalta, Potsdam. Die sowjetischen Protokolle von den Kriegskonferenzen der »Großen Drei«, Köln 1968

Gewiß hatte Goethe recht - »Zeitungen wurden von Goethe zwar stets gelesen, außer während einiger Monate 1830, aber er machte nie ein Hehl daraus, daß er sie nicht schätze, ja, daß er ihren Wert als fragwürdig empfände.« Und dies trotz der Tatsache, daß er Merck bei der Herausgabe der *Frankfurter Gelehrten Anzeigen* unterstützt hatte. In den *Zahmen Xenien* ist zu lesen: »Wer hätte auf deutsche Blätter acht, / . . . / der wär um alle seine Zeit gebracht.« Nach: J. Zeitler u. a., Goethe-Handbuch. III. Band, Stuttgart 1918, S. 608 ff.

wieder in Betrieb gesetzten Rundfunk - vgl. die Angaben zu S. 35. Bereits 1945 gab es regelmäßige kürzere, zumeist halbstündige Sendungen des Rundfunks speziell für die Mark Brandenburg, seit 1946 den Landessender Potsdam *zwar gibt es Berliner Zeitungen, schon drei an der Zahl* - wenn Hermann Kasack damals drei Zeitungen wahrnahm, weil sie öffentlich ausgehängt wurden, dann kann man davon ausgehen, daß er die sowjetamtliche *Tägliche Rundschau* (seit 15. Mai 1945), das KPD-Zentralorgan *Deutsche Volkszeitung* (seit 13. Juni 1945) und die SPD-Zeitung *Das Volk* (seit 7. Juli 1945) sah. Als zweite Tageszeitung war in Berlin am 21. Mai 1945 die *Berliner Zeitung* (seit 20. Juni als Organ des Magistrats) herausgekommen. Seit 22. Juli 1945 erschien die *Neue Zeit* als Organ der CDU, seit 3. August 1945 *Der Morgen* als das der LDP. Nach dem Einmarsch der Westalliierten in Berlin brachten die Briten ab 2. August 1945 dreimal wöchentlich den *Berliner* heraus, und vom 8. August bis 11. November 1945 publizierte die US Army die *Allgemeine Zeitung*. Am 27. September 1945 kam mit dem *Tagesspiegel* die erste westlich lizenzierte deutsche Zeitung auf den Markt. Vgl. Kurt Koszyk, Pressepolitik für Deutsche 1945-1949. Geschichte der deutschen Presse. Teil IV, Berlin 1984; Peter de Mendelssohn, Zeitungsstadt Berlin, Berlin 1982 (überarbeitete Fassung der Ausgabe von 1959). Wir werden noch sehen, daß Kasack früh von der *Neuen Zeit* wußte

130
Da, wo du nicht bist, ist das Glück - sprichwörtlich geworden nach: Georg Phil. Schmidt von Lübeck, Lieder. Des Findlings Abendlied, 1807 - Melodie von Franz Schubert

131
Karlstraße - Neue Königstraße - Karlstraße, später Mauerstraße; Neue Königstraße, heutige Berliner Straße. Vgl. S. 12, 127 sowie 153

132
Und Caesars Wunsch - nach Shakespeare, Julius Cäsar (I,2): »Laßt wohlbeleibte Männer um mich sein« (Let me have men about me that are fat), nach Plutarch
Die Uhrzeit wurde . . . - das bedeutet, daß damals auch in der Zeit Moskau herrschte, Moskauer Zeit

133
»Für blauen Dunst . . .« - diese Verse müssen spontan formuliert sein. Auch unter den Widmungsgedichten Loerkes sind sie nicht zu finden. Mit Bruno Jacubeit und seiner Familie hatten Kasack und seine Familie ebenfalls freundschaftliche Kontakte. Jacubeit war Vorsitzender des Verbandes der deutschen Zigarrenindustrie - nicht unwichtig für den Raucher Kasack

134
Eduard Mörike - der bedeutende schwäbische Dichter (1804-1875)

141
vor einem Jahrzehnt in Selinunt - am 10. oder 11. April 1934 notierte Kasack in sein Tagebuch: »Am 21. 4. will ich die italienische Reise beginnen.« Sie dauerte bis zum 13. Juni 1934 und führte nach Rom, Süditalien, Sizilien, abschließend nach Montagnola zu Hermann Hesse. Hierüber liegt ein gesondertes (unveröffentlichtes) Tagebuch vor. Am 29. April 1935 hielt Kasack fest: »Vor einem Jahr auf der Fahrt nach Selinunt! Im Tagebuch der Reise nachgelesen.« 1938 war Kasack ein zweites Mal in Italien, vom 21. April bis zum 20. Mai 1939 ein drittes Mal, und zwar mit seiner Frau in der Toskana und in Umbrien (Notiz vom 22. Mai 1939). Es gibt zahlreiche Gedichte Kasacks, die sein Italien-Erlebnis bezeugen, so auch ein Gedicht: Selinunt / Gestürzte Tempelstätte (»Trümmer, in denen sich Jahrtausende neigen«), Das ewige Dasein, S. 241
Dammi una zigaretta - (it.) gib mir eine Zigarette; Zigarette it. eigentlich: sigaretta

142
Giovani d'onore - (it.) wörtlich: junge Leute von Ehre
»scrittore«, »poeta« - (it.) Schriftsteller, Dichter
»Un poeta tedesco« - (it.) ein deutscher Dichter
den auch sonst beachtlichen Essay - Gottfried Benn, Gesammelte Werke in acht Bänden, hrsg. von Dieter Wellershoff. Band 4, Wiesbaden 1968, S. 983 ff.
Tretjakow - Sergej Michajlowitsch Tretjakow (1892-1939), sowjetischer Schriftsteller (Futurist, Gruppe LEF, Literatur der Fakten), Zusam-

menarbeit mit dem Filmregisseur Eisenstein, Dramen, Romane, Prosa (Tausendundein Arbeitstag, 1934). In der Haft verstorben

143
Cecilienhof - 1913 bis 1917 im englischen Landhausstil von Paul Schultze-Naumburg im Potsdamer Neuen Garten erbautes Schloß für den Kronprinzen Wilhelm (1882-1951), der, 1923 aus dem Exil zurückgekehrt, durch Sympathien für die NSDAP schon am Ende der Weimarer Republik bekannt war. Schloß benannt nach Kronprinzessin Cecilie

144
die großen Meister des Ostens - an Asien war Kasack kulturgeschichtlich, religiös (Buddhismus), künstlerisch stark interessiert. Man vergleiche u. a. Tagebucheintragungen (etwa auch zu Vorträgen in der Potsdamer Ortsgruppe der Kantgesellschaft), seine eigenen Werke (Die Stadt hinter dem Strom, Aus dem chinesischen Bilderbuch), speziell den in Nr. 52 (1941) der *Neuen Rundschau* publizierten Essay über *Das Chinesische in der Kunst* (vgl. auch Mosaiksteine, S. 17 ff.)

150
Schröter-Schwarz, Ellen Cleve - Ellen Cleve, Gymnastiklehrerin, Bismarckstraße, (vermutlich) Johanna Margarete Schwarz, Masseuse, Sportlehrerin, Spandauer Straße 12 a (spätere Friedrich-Ebert-Straße)
Lichtenbergs - Potsdamer Familie, in verwandtschaftlicher Beziehung zu Georg Christoph Lichtenberg (1742-1799): Georg Lichtenberg, Regierungsrat, Allee nach Sanssouci 8, dessen Sohn Christoph - heute Arzt - mit Renate Kasack befreundet. »Renate und Christoph oft zusammen, guter Eindruck von ihm« (Tagebuch Kasacks vom 5. April 1940)
Der Zipfel Europa - »Die Selbstvernichtung, das Harakiri, das Europa im zwanzigsten christlichen Jahrhundert beging, bedeutete, wenn er (Robert Lindhoff, der Archivar, G. W.) den Meister Magus recht verstand, nichts anderes als die Vorbereitung dafür, daß sich der Erdteil Asien den Zipfel wieder zurückholte, der sich für eine Weile zu einem selbständigen Kontinent gemacht hatte.« So Kasack im 16. Kapitel der *Stadt hinter dem Strom*

meine Gedanken bei Renate und Wolfgang - Renate Kasack (1924-1967) lebte zu Kriegsende erst bei Freunden der Familie am Bodensee, war dann in Lahr. Sie studierte Philologie in Marburg und absolvierte eine Buchhandelslehre in Heidelberg, hat als Buchhändlerin sowie an der Pädagogischen Hochschule Eßlingen gewirkt. Zwei Widmungsgedichte Loerkes »Für Renate« (beide 1939) sind ihr zugeeignet: Die Botschaft, Der Funke (»Der Funke, der in keinem Herd gedeiht / Und keines Alten achtet, keines Jungen / bleibt Licht der Welt, dem Weltenlicht geweiht«). In: Oskar Loerke, Die Abschiedshand. Letzte Gedichte, Berlin 1949, S. 74 f.
Wolfgang Kasack, 1927 geboren, besuchte das Viktoriagymnasium von 1937 bis 1943/44, ab Februar 1943 Luftwaffenhelfer (dreimal in der Woche Schule), ab 2. Januar 1945 Sanitätssoldat, wurde am 30. April 1945 im Norden Berlins gefangengenommen, wäre beinahe von einem polnischen Soldaten erschossen worden, nach Fußmärschen im Lager bei Kujbyschew (Samara), von dort ins Gefangenenlager in Solnoje an der Wolga. »Ich wurde am 16. November 1946 entlassen, so früh, weil ich angefangen hatte, Russisch zu lernen, Küchendolmetscher war und der zuständige NKWD-Offizier diesen Jungen rettete. Beim Verhör hatte er menschlichen Kontakt gefunden, ergänzte die Liste der Heimkehrer des nächsten Transports Arbeitsunfähiger, den er als Sicherheitsoffizier betreute, um K.s Namen und brachte ihn im Offizierswaggon von Kusnezk bei Pensa bis Frankfurt/Oder« (Wolfgang Kasack am 2. Februar 1996). Nach dem Potsdamer Abitur studierte Wolfgang Kasack in Heidelberg (u. a. bei Nikolai von Bubnoff) Slawistik, war später u. a. der erste Chefdolmetscher der Botschaft der Bundesrepublik Deutschland in Moskau, wo ihn sein Vater 1959 besuchte (Hermann Kasack traf damals u. a. mit Pasternak und Fedin zusammen), und (bis zu seiner Emeritierung) Ordinarius an der Universität zu Köln. Von ihm stammen zahlreiche bedeutsame Veröffentlichungen zur russischen und sowjetischen Literatur (Gogol, Paustowski), auch zu Themen aus der Kirchengeschichte und vor allem der literarischen Emigration (u. a. auch die Biographie des in Berlin lebenden Wladimir Lindenberg). »Solnoje habe ich 1995 mit hohen Vertretern der Stadtverwaltung von Samara und den Schriftstellern Axjonow, Woinowitsch und Jewg. Popow wiedergesehen - eine Ehrung für den

deutschen Eröffnungsredner des Kongresses über die Dritte Emigration! Zeichen der überwundenen Kriegsfeindschaft, der Gemeinsamkeit über die Literatur...« (Wolfgang Kasack am 2. Februar 1996)

151
wie zu den alten Zeiten des Postverbands von Thurn und Taxis - am 6. Oktober 1945 war in der Potsdamer Zeitung *Volkswille* zu lesen, daß »von sofort an« in der gesamten SBZ wieder Postkarten, geschlossene Briefe sowie Postanweisungen bis zu 1000 Mark zugelassen seien. - Bei allen Postanstalten der SBZ einschließlich Berlins wurden am 5. Oktober 1945 rund 956 000 Briefe und 307 000 Postkarten, am 2. November 1945 1 846 000 Briefe und am 7. Dezember 1945 2 695 000 Briefe und 962 000 Postkarten aufgegeben. Ähnliche Steigerungsraten ergaben sich im Einschreibebriefverkehr und bei Zahlungen. Vgl. *Der Märker,* Potsdam, 23. Januar 1946 (bei den im Bericht angegebenen Daten ist wohl ein »bis zum« zu ergänzen). - Das aus Bergamo stammende Adelsgeschlecht hatte im alten Reich das Postprivileg, z.T. bis 1866
mein Vetter Gerhard - Dr. Gerhard Kasack, Rechtsanwalt und Notar, Werder, Der Hohe Weg 111

152
Mein Vetter Hans Loock - Hans Loock (1896-1945), Jurist (Amtsgerichtsrat), Verwandter Kasacks von den Huguenels her
Bahnhof Wildpark - nach der Fertigstellung der ersten preußischen Eisenbahn von Berlin nach Potsdam (um 1840) wurde die Verlängerung der Strecke nach Magdeburg (Mitte der vierziger Jahre) in Angriff genommen. Hierbei entstand um diese Zeit ein erster Bahnhof in Wildpark (unweit des Neuen Palais), Neubau um 1870, der Neubau des »Kaiserbahnhof« genannten Gebäudes zu Beginn unseres Jahrhunderts

153
nah gelegene Viktoria-Gymnasium - Staatliches Viktoriagymnasium, Kurfürstenstraße 53. Die seit dem 18. Jahrhundert bestehende gelehrte Schule wurde zur Zeit Humboldts Gymnasium. Den Namen Viktoria-

gymnasium erhielt die Schule 1878. Am 20. Oktober 1946 meldete die *Tagespost*, im Rahmen der Umbenennung von Potsdamer Schulen heiße das Victoriagymnasium (!) jetzt »Schule für Jungen IV mit Oberschule«. Später erhielt die Schule den Namen »Helmholtzschule« (Helmholtz war Absolvent des Gymnasiums), nach der Wende wieder Gymnasium. Vgl. auch: Hermann Rassow (Hrsg.), Königliches Viktoriagymnasium in Potsdam. Festschrift zur Feier der 100jährigen Anerkennung als Gymnasium ..., Potsdam 1912; Hans Kania, Geschichte des Viktoria-Gymnasiums zu Potsdam. Zur Zweihundertjahr-Feier, Potsdam 1939
Wasserbaudirektion - in diesem Kommandanturgebäude sollte Kasack später oft Gesprächspartner sein

155
vom 15. ab - gemeint ist wohl der 15. Juni 1945 (oder der 15. Juli 1945)
Reparationskonto, Kriegsbeute - auch hier registrieren wir wieder die historisch genaue Beobachtung durch Kasack, wenn wir etwa aus dem Artikel *Reparationen* des *Staatslexikons* aus dem Verlag Herder (7., völlig neubearbeitete Auflage von 1988. Vierter Band, Sp. 876 f.) zitieren: »Die 1945 in Jalta erstmals deklarierte Reparationsforderung der Anti-Hitler-Koalition des 2. Weltkriegs war bestimmt von dem Willen der UdSSR, möglichst umfassende Reparationen und Machtsicherungen zu erlangen ... Die am 31. 7. 1945 auf der *Potsdamer Konferenz* angesichts des rücksichtslosen Vorgehens der UdSSR in den von ihr besetzten Gebieten (Berufung auf Beuterecht) im Junktim der zentralen Streitpunkte (polnische Westgrenze und Reparationen) getroffene Kompromißentscheidung sollte für die künftige Gestaltung und Teilung Deutschlands und bei der Entwicklung des Ost-West-Konfliktes von nachhaltiger Bedeutung sein. Ohne Bezifferung einer Gesamthöhe und ohne Erwähnung laufender Entnahmen und von Zwangsarbeit wurden Reparationen für die UdSSR (auch zu Gunsten Polens) auf Demontagen und Beschlagnahme von Auslandsguthaben in der SBZ bzw. in ihrem Machtbereich fixiert ...«

156
Geschäftsräume des Verlages -sie wurden am 10. Mai 1945, also längst nach Abschluß der Kampfhandlungen, in Brand geschossen

157
meinem Drängen nachgegeben - vgl. hierzu die Mitteilung Wolfgang Kasacks über die Bescheinigung des Potsdamer Kulturdezernenten von Ende Mai 1945. Vgl. Erläuterung zu S. 55
Dr. Hartung - vermutlich Dr. Hugo Hartung (1902-1972), Schriftsteller, Journalist und Theatermann, hatte (1936 mit Schreibverbot belegt) in den dreißiger Jahren schon einmal in Potsdam gewohnt und war (nach Tätigkeit an den Städtischen Bühnen Breslau) am Kriegsende wieder nach Potsdam gekommen. Ob und wie lange er das Kulturamt geleitet hat, war noch nicht festzustellen. Hartung, der in der Immenseestraße 7 wohnte, hat bis zu seinem Weggang nach Berlin 1950 viele Vorträge in Potsdam gehalten und u. a. in der *Tagespost* (auch unter dem Pseudonym N. Dymion) Erzählungen sowie andere Beiträge publiziert (im Juli 1948 etwa waren fünf Veröffentlichungen, darunter eine über den schlesischen Dichter Paul Keller, nachzuweisen). Später wurde Hartung berühmt durch die (auch verfilmten) Romane *Ich denke oft an Piroschka* und *Wir Wunderkinder.* Aus dem Nachlaß ist 1979 der Roman *Die Potsdamerin* herausgegeben worden
vor allem Hermann Hesses »Glasperlenspiel« - Ende April 1942 war das Manuskript des Romans abgeschlossen, im Mai 1942 ging es nach Berlin. Im November 1942 kommt Suhrkamp nach Baden und bringt das in Berlin abgelehnte Manuskript zurück. Im März 1943 droht dem am 1. Juli 1942 umbenannten Verlag die Schließung. Hesse ist gezwungen, mit einem Schweizer Verlag abzuschließen (Fretz & Wasmuth AG., Zürich); dort kommt das Buch Mitte November 1943 heraus. Die erste deutsche Ausgabe liegt drei Jahre später (Ende November 1946) vor (in 20 000 Exemplaren). Vgl. Volker Michels (Hrsg.), Materialien zu Hermann Hesses Das Glasperlenspiel, Frankfurt am Main 1973
die Bücherreihe »die Gefährten« - die gemeinsam von Kasack und Alfred Mohrhenn 1943 herausgegebene und 1948 (im 4. bis 8. Tausend) wieder aufgelegte Tieck-Ausgabe erschien unter dem Rubrum »Die Gefährten« und sollte eine Buchreihe eröffnen, was dann aber so nicht realisiert wurde
europäische Bibliothek - auch sie kam nicht zustande. Helene Ritzerfeld, enge Mitarbeiterin Peter Suhrkamps, an Günter Wirth (4. März 1996):

»Peter Suhrkamp hatte sehr viele Pläne, als er als erster Verleger in Berlin die britische Lizenz erhielt ... aber keiner dieser Pläne wurde verwirklicht.« Zum Europa-Bild Kasacks vgl. die Erläuterung zu S. 150

158

Der Drucker – sicher ist damit Werner E. Stichnote gemeint. – Eine Ausgabe des Johannes-Evangeliums durch ihn konnte ich nicht finden

160

dessen Frau Marias Schwester war – Liesel geb. Fellenberg, jüngere Schwester Maria Kasacks, war nur kurze Zeit mit Gustav Kiepenheuer verheiratet, später mit dem Österreicher Erich Meixner. Sie nahm sich 1939 das Leben

habe ich dort den Verlagsbetrieb kennengelernt – hierüber schrieb Hermann Kasack: Erinnerung an Gustav Kiepenheuer, in: Vierzig Jahre Kiepenheuer. Ein Almanach, Weimar 1951. Vgl. den Nachdruck, in: Mosaiksteine, a. a. O., S. 289 ff. In diesem Aufsatz heißt es zur Verflechtung Gekas = Kiepenheuers mit Kasack und ihrem Freundeskreis: »Das Gesicht des Verlages in der ersten Hälfte der zwanziger Jahre wurde auch durch seine Mitarbeiter bestimmt ... Während meiner Zeit holte sich Geka neue Kräfte aus einem gemeinsamen Freundeskreis. So waren in der Leitung der Herstellung nacheinander beschäftigt Edlef Köppen, der später den großen Roman ›Heeresbericht‹ geschrieben hat, Wolf Przygode, der auch den ›Verlag der Dichtung‹ mit der gleichnamigen Zeitschrift als eine besondere Abteilung bei Kiepenheuer leitete, und Georg Kulka, dessen expressionistischer Gedichtband ›Der Stiefbruder‹ bei Strache in Wien und dessen einst erregender Konflikt mit Karl Kraus heute nur noch wenigen bekannt sein dürften. Sie alle zählen zu den Toten. Sie starben in den zwanziger Jahren mit Ausnahme von Edlef Köppen, der 1939 gestorben ist. Im Verlag gab es an Mitarbeitern noch Oda Weitbrecht, die später einige schöne Drucke in einer eigenen Handpresse gemacht hat, Ernst Angel, der die Propaganda für das Buch des großen russischen Regisseurs Tairoff ›Das entfesselte Theater‹ durchgeführt hat, gab es dann Friedrich Sternthal, der heute in Amerika lebt.«

wurde ein Jahr später vom alten S. Fischer - Samuel Fischer (1859-1934), der wohl bedeutendste deutsche Verleger in den ersten drei Dekaden des 20. Jahrhunderts. Der S. Fischer Verlag war 1886 gegründet worden. Vgl. u. a. Peter de Mendelssohn, S. Fischer und sein Verlag, Frankfurt am Main 1970

seinen Schwiegersohn Dr. Bermann-Fischer - Gottfried Bermann Fischer (1897-1995), ursprünglich nach Kriegsdienst im ersten Weltkrieg und Studium (u. a. bei Sauerbruch in München) Arzt, chirurgischer Assistenzarzt im Krankenhaus Berlin-Friedrichshain. 1925 trat er nach der Heirat mit Brigitte Fischer in den Verlag ein, den er seit 1932 leitete. 1936 Emigration (»mit dem verfemten Teil des Verlags«) nach Wien, dann gerade noch rechtzeitig nach Stockholm. 1942 Auswanderung in die USA, von wo aus er den Stockholmer Verlag leitete. Es kann hier nur angeführt werden, daß er 1947 den Emigrationsverlag mit dem in Deutschland verbliebenen Teil zusammenführte; es bedurfte dies allerdings der vertraglichen Klärung mit Peter Suhrkamp, für den 33 Autor/innen (u. a. Brecht, Hesse, Kasack, Reinhold Schneider und Rudolf Alexander Schröder) votierten. Seinen Lebensabend verlebte Bermann Fischer in der Toskana. Über seinen Eintritt in den Verlag schreibt er in seinen Erinnerungen: »Als sich allmählich der Nebel lichtete, engagierte S. Fischer als meinen Mentor den Dichter Hermann Kasack, der mich mit den jüngeren Autoren und mit den Gepflogenheiten im Umgang mit Dichtern und Schriftstellern bekannt machen sollte...« Gottfried Bermann Fischer, Bedroht - bewahrt. Weg eines Verlegers, Frankfurt am Main 1967 (hier zitiert nach Taschenbuch-Ausgabe von 1994, S. 41)

nach Loerkes Tod - 1941

Die gewaltsame Unterbrechung - 1944. Hermann Kasack hatte bis dahin im wesentlichen die ersten zwölf Kapitel des Romans geschrieben

161

Moritz Heimann - Moritz Heimann (1868-1925), Schriftsteller, Publizist und Lektor, Lektor seit 1896 bei S. Fischer und damit schöpferisch beteiligt an der Entwicklung des Verlags. Verfasser von Dramen, psychologischen Novellen, vor allem von Essays und Aphorismen. Für Oskar Loerke und Hermann Kasack wie für viele andere war er das

Vorbild eines Lektors. In der im Nachwort erwähnten Sendung der Berliner Funkstunde über märkische Dichter war auch Moritz Heimann, der in Kagel wohnte, Gegenstand der Würdigung. Bei der Beisetzung Heimanns hielt Oskar Loerke (Tagebuch vom 26. September 1925) die Ansprache. 1966 wurden Essays Heimanns von Wilhelm Lehmann (Die Wahrheit liegt nicht in der Mitte), 1986 von G. Mattenklott (Was ist das: ein Gedanke?) vorgelegt

Jakob Wassermann hat in seinen Selbstbetrachtungen - Jakob Wassermann (1873-1934), bekannter, nicht unumstrittener Dichter, der zu den Hausautoren von S. Fischer gehörte. Nachdem bereits 1921 erschienen war: *Mein Weg als Deutscher und Jude,* kamen 1933 die *Selbstbetrachtungen.* Hierzu Gottfried Bermann Fischer (a. a. O., S. 116 f.): »In den Jahren 1933 und 1934 war die Verlagsproduktion besonders reich und bunt... Ich veröffentlichte u. a. die Reden Franklin D. Roosevelts, René Schickeles Roman *Die Witwe Bosca,* Jakob Wassermanns *Selbstbetrachtungen,* den *Hahnemann* von Martin Gumpert...« Posthum erschienen von Wassermann 1937 *Bekenntnisse und Begegnungen*

Franz Blei in einem Hefte der von ihm und Paris Gütersloh herausgegebenen Zeitschrift »Die Rettung« - Franz Blei (1871-1942), Schriftsteller, Verfasser vor allem von Essays und historischen Porträtskizzen. 1933 Emigration, in den USA gestorben. Bekannt wurde vor allem das satirische Werk: *Das große Bestiarum der Literatur,* 1924

1960 gab Paris von Gütersloh eine Auswahl von Schriften Bleis heraus. Bleis Buch *Ungewöhnliche Menschen und Schicksale* hatte Hermann Kasack 1929 in der *Literarischen Welt* rezensiert

Paris (von) Gütersloh (Pseudonym), nach 1945 mit dem Vornamen Albert (1887-1973), österreichischer Schauspieler, Maler und Schriftsteller, 1945 Professor an der Akademie der bildenden Künste in Wien, frühe Schriften bei Jakob Hegner in Hellerau

Die Rettung. Blätter zur Erkenntnis der Zeit. Herausgegeben von Franz Blei und Paris Gütersloh, 1918 bis 1920, erst Wien und Selbstverlag (1. Jahrgang), dann Hellerau (2. Jahrgang)

die Innsbrucker Zeitschrift »Der Brenner« - 1910 begründete Halbmonatsschrift für Kunst und Kultur, auf immer verbunden mit dem Namen Ludwig von Fickers (1880-1967), dem Förderer Trakls, Däublers, Theodor Haeckers und Ferdinand Ebners

163
der inzwischen mit Dr. Landshoff - - Dr. Fritz Landshoff (1901-1988), bedeutender Lektor und Verleger. Nach seinen (ursprünglich medizinischen) Studien und seiner Promotion (über Theodor Fontane) war er in den Verlag Kiepenheuer Potsdam eingetreten, zuletzt (zusammen mit Walter Landauer) war er Direktor des Verlags schon in Berlin. 1933 emigrierte er in die Niederlande, wo er mit Querido (Landauer übrigens mit Allert de Lange) zusammenarbeitete und die Literatur von zumeist mit ihm befreundeten exilierten Autoren herausgab. Nach der Emigration Bermann Fischers ergab sich zunächst eine mehr technische Kooperation. Im Gegensatz zu Landauer hatte sich Landshoff nach der Okkupation der Niederlande retten können; er weilte gerade in England, blieb zunächst dort und ging 1941 in die USA, in die er u. a. die Verlagsrechte von Leonhard Frank, Feuchtwanger, Remarque, Anna Seghers mitbrachte. Bermann Fischer: »Er bat mich, die neuen Werke dieser Autoren für ihn in meinem schwedischen Verlag zu publizieren.« Später kam es auf schmaler finanzieller Basis zur Verschmelzung der beiden Verlage (Gottfried Bermann Fischer, a. a. O., S. 287). Die weitere Verlagsgeschichte kann hier nicht erörtert werden. Von Landshoff, der nach dem Kriege zunächst in anderen Bereichen, dann aber 1950 als Mitdirektor eines New Yorker Kunstverlags tätig geworden war, liegen Erinnerungen beim Aufbau-Verlag, Berlin 1991, vor: *Amsterdam, Keizersgracht 333*

165
Sakrow - Sacrow, am Jungfernsee gelegener reizvoller Ort, der die in Sichtverbindung stehenden Parklandschaften in und um Potsdam komplettiert; der Besitz - ursprünglich u. a. der Familie de la Motte-Fouqué - wurde um 1840 von Friedrich Wilhelm IV. erworben, der Park nach Plänen von Lenné, die Heilandskirche (1844) von Persius geschaffen. In der Zeit des Zweiten Weltkriegs wohnte hier die Familie von Dohnanyi. Nach dem 13. August 1961 war Sacrow abgeschnürt

166
die Marlitt oder Ganghofer oder - E. Marlitt, eigentlich Eugenie John aus Arnstadt (1825-1887), Verfasserin szt. vielgelesener, später (sogar noch

in letzter Zeit) verfilmter Unterhaltungsromane; Ludwig Ganghofer (1855–1920) - für ihn gilt Analoges (er war auch Kriegsberichterstatter im ersten Weltkrieg)

verzeichnet an Mitwirkenden - Franz (Franciszek) von Szpanowski, 1892 geborener, aus Polen stammender bekannter Violinvirtuose, der noch Schüler Joseph Joachims gewesen war; er war früh (1925) engagiert in Musiksendungen der Berliner Funkstunde; Komponist von Violinkonzerten, Orchesterwerken und Liedern

Professor Hans Chemin-Petit (1902–1981), aus einer angesehenen Potsdamer Musikerfamilie stammender Komponist und Dirigent, der bis zu seinem Weggang 1953 nach Berlin - wie Hermann Kasack - immer eng mit seiner Heimatstadt verbunden gewesen und geblieben war. Seit 1929 Theorielehrer an der Berliner Hochschule für Musik, 1965 bis 1968 deren stellvertretender Direktor. Seit 1968 Abteilung Musik der Berliner Akademie der Künste, ferner u. a. auch Leiter des Berliner Philharmonischen Chores. Komponist von Sinfonien (1. 1932), Opern (erste schon 1927, *Der gefangene Vogel),* Kantaten, Motetten, Liedern (u. a. auch nach Peter Huchel); Herausgeber des Chorbuches *Deutsche Volkslieder.* 1945 war Chemin-Petit der Reorganisator des Musiklebens in Potsdam, offensichtlich beginnend mit diesem Konzert, das Vera Grützner in ihrer *Potsdamer Musikgeschichte,* Berlin 1993, nicht erwähnt. Chemin-Petit hat mit seinen Oratorien-Aufführungen in Potsdam besonderes Aufsehen hervorgerufen. Immer hat er auch seine weltanschaulich-ästhetische Position klar herausgestellt, so in einem Aufsatz in der *Tagespost* vom 23. April 1947 mit der für ihn charakteristischen Überschrift *Form als Symbol.* In einem Interview mit dieser Zeitung am 12. März 1947 über eine konzertante Aufführung von Bruckners *Adagio* sagte Chemin-Petit: »Daß das Leben im Göttlichen seine Erfüllung findet, das ist ihm (Bruckner, G. W.), wie allen Mystikern, letzter Sinn alles Seins.«

167

Giordani - Tommaso Giordani (um 1730–1806), italienischer Komponist und »Wanderschauspieler« (Oper) u. a. in London, Dublin. Komponist zahlreicher Opern und Instrumentalwerke, beeinflußt von Joh. Christoph Bach

zwei Telemanns - Georg Philipp Telemann (1681-1767), produktiver spätbarocker Komponist, vor allem mit Magdeburg und Hamburg verbunden, Komponist u. a. von mehr als 50 Opern, 15 Messen
Friedhelm Wilksch usw., Xaver Hammer - hierzu konnten keine näheren Angaben ermittelt werden (abgesehen von Kurzresenzionen in der *Potsdamer Tageszeitung* im Dezember 1944, wonach Herbert Zydaziss unter Chemin-Petit an einem Weihnachtskonzert mitgewirkt hatte, und in der *Tagespost* im Juli 1948 sowie zuvor in der *Märkischen Union,* in denen der Cembalist Bittner und Friedhelm Wilksch, Viola da Gamba, als Mitwirkende bei Potsdamer Konzerten genannt wurden)
Der Raum im Konzerthaus - das Potsdamer Konzerthaus in der Nähe des Obelisken wurde 1945 »Haus der Offiziere« der Sowjetarmee. Konzerte mußten dann zunächst in der katholischen Kirche St. Peter und Paul, vor allem in der Friedenskirche und schließlich im Gemeindesaal der Nikolaikirche, als Sendesaal des Landessenders eingerichtet, veranstaltet werden. Pfarrer W. Posth von der Nikolaikirche (später in der Leitung der Evangelischen Kirche der Union) hat sich damals um das Potsdamer Musikleben, auch als Kritiker der *Märkischen Union,* verdient gemacht
Loerke sagte einmal vor vielen Jahren - Oskar Loerke, der selber gut Klavier spielte, hat sich (außer mit Bruckner - Buchveröffentlichung 1938) vor allem mit Bach beschäftigt, 1920 in einem Aufsatz *Wandlungen eines Gedankens über die Musik und ihren Gegenstand* und Mitte der dreißiger Jahre in einem Essay *Das unsichtbare Reich.* Beide Aufsätze wurden im Bach-Jahr 1950 von Kasack *(Johann Sebastian Bach. Zwei Aufsätze)* bei Suhrkamp herausgegeben. Im Geleitwort zitiert er aus Loerkes Testament: »Über Bach sind sicherlich noch etwa tausend Seiten vorhanden, ich habe aber in den beiden großen Aufsätzen ... mein letztes Wort über den Meister gesagt.« Vor allem aber steht in diesem Geleitwort (S. 6): »Einmal, beim Anhören einer Schallplatte, behauptete jemand, es sei schlecht gespielt. Da sagte Loerke das besinnliche Wort: ›Man kann Bach weder gut noch schlecht spielen, sondern nur richtig oder falsch.‹« - Zum Leipziger Bachfest 1938 hatte Loerke ein kleines Gedicht geschrieben
konnte auch Cortot nicht - Alfred Denis Cortot (1877-1962), französischer Pianist, Dirigent und Pädagoge, der sich besonders für Richard Wagner und für junge Komponisten einsetzte, gründete ein Trio mit Pablo

Casals und J. Thibaud sowie (1918) die Ecole Normale de Musique, die er bis zu seinem Tod leitete. Tagebuchnotiz Kasacks am 1. März 1938: »Karten zum Cortot-Konzert. Ich werde ihn zum ersten Male hören. Vielleicht: ein Wunder.«

168

Beachtlich, daß der Geiger Zernick – Helmut Zernick (1913–1970), bekannter Violinvirtuose, nach dem Kriege Konzertmeister an der Berliner Staatsoper, seit 1949 beim Sinfonieorchester des Westdeutschen Rundfunks. In der NS-Zeit hatte Zernick ein »Gauorchester« geleitet. Am 14. Januar 1946 berichtete *Der Märker* über das Neujahrskonzert des Potsdamer Kulturamts in der Friedenskirche: »An der Spitze des Potsdamer Kammerorchesters erschien gastweise Helmut Zernick, der als Potsdamer Sohn und mittlerweile sehr namhaft gewordener Geiger mit seinem schönen ... Ton alle Herzen unmittelbar gefangennahm ...« Am 22. Januar 1946 hieß es ebenfalls dort, die Potsdamer Pestalozzi-Feier sei vom Zernick-Quartett musikalisch gestaltet worden. Schon zuvor (21. September 1945) war im Berliner *Volk* berichtet worden, Zernick habe in Berlin ein Konzert mit Werken russischer Komponisten gegeben

Ernst Jüngers »Marmorklippen« – Ernst Jünger (1895 geboren), Auf den Marmorklippen, 1939; Afrikanische Spiele, 1936. Kasacks Auffassung wird von Jünger selber bestätigt, wenn dieser einmal zu den *Afrikanischen Spielen* gesagt hat: »Mich zog ... eine Zone an, in der der Kampf natürlicher Gewalten rein und zwecklos zum Austrag kam ...«

169

rückte für mich die Prosa von Franz Kafka – Franz Kafka (1883–1924) war für Kasack dichterisch (Die Stadt hinter dem Strom) wie im intellektuellen Diskurs prägend. Josef K. – Hauptgestalt des Romans *Der Prozeß* (1914 – aus dem Nachlaß 1925). *Beim Bau der chinesischen Mauer,* 1917 entstanden, Erstdruck in dem ebenso genannten, von Kasack erwähnten Nachlaßband von 1931 (Herausgeber: Max Brod und Hans-Joachim Schoeps), *Forschung eines Hundes* (1922; 1931), *Der Bau* (1923/24; 1931). – Kasack hatte schon früher Kafka und Jünger in der Zusammenschau bewertet. Am 14. März 1943 notierte er: »Der heutigen Entwicklung parallel (wie sie im Vorherrschen der kollektiv agierenden

Masse offenbar wird) läuft der Hang zur rationellen, verstandesmäßigen Analyse (Kafka, Jünger z. B. als Exponenten)...« Am 13. März 1942 war im Tagebuch von der »Ernst-Jünger-Kühle« die Rede. – Bereits am 8. Juni 1927 hatte Kasack in der Berliner Funkstunde (45 Minuten) über das Thema *Das moderne Ich: Gottfried Benn und Franz Kafka* gesprochen

Kierkegaard – Sören Kierkegaard (1813–1855), bedeutender dänischer Philosoph und Theologe, dessen Rezeption im 20. Jahrhundert in Theologie (vgl. Karl Barth und Romano Guardini) und Philosophie (Existentialismus) beträchtlich war

170

orphische Kunst – dem trakischen Sänger Orpheus (Sohn der Muse Kalliope) zugeschriebene Werke aus unterschiedlichen Zeiten, Hymnen, theo- und kosmogonische Dichtung, Argonauten-Epos

Michelangelo (Pietà Rondanini) – Michelangelo Buonaroti (1475–1564), 1555 begann er sein letztes bildhauerisches Werk, diese Pietà (Castello Sforzesco in Mailand), woran er noch einen Tag vor seinem Tod arbeitete. Am 17. August 1938 notierte Kasack: »Ich schrieb das Gedicht zu Michelangelos unvollendeter Pietà (Pietà Rondanini) und bin damit einverstanden ...« Abdruck: Das ewige Dasein, S. 244

»Blätter und Steine« – 1934 erschienen

die erste Phase der neuen Entwicklung – hier und im folgenden fällt auf, wie genau (genauer als mancher Zeithistoriker von heute) Kasack beobachtet, analysiert und gewertet hat, und dies in alles andere denn übersichtlichen Zeiten

171

Herr Dr. Zahn – Heinz Zahn, wohl ehemaliger Postangestellter, war von Mitte Mai bis Mitte Juli 1945 Oberbürgermeister; vgl. die Erläuterung zu S. 206

94 Prozent – zu dieser Problematik hat sich Dr. Bestehorn in dem erwähnten Lebenslauf aus dem Herbst 1945 geäußert: »Nach der Machtübernahme der NSDAP beantragte ich als einer der leitenden Beamten der Potsdamer Stadtverwaltung meine Aufnahme in die NSDAP und wurde im Jahre 1934 aufgenommen.« Dieser Schritt schien ihm als Berufsbeamten folgerichtig zu sein. Er meint, »ein Berufsbeamter ist etwas gänzlich anderes als ein Parteifunktionär . . . Der Berufsbeamte ist politisch überzeitlich, weil er aus seinem durch Beamtengenerationen hindurch entwickelten Berufsethos heraus sein ganzes Leben ›von Berufswegen‹ die von jedem guten Staatsbürger jeder möglichen innerpolitischen Staatsform geforderte Uneigennützigkeit sozial und wirtschaftlich lebt.« Nach: Manfred Uhlemann, a. a. O., S. 24

174

daß die bedingungslose Kapitulation - in Berlin-Karlshorst erfolgte sie am 8. Mai 1945 im Hauptquartier Marschall Schukows (Shukow) im Beisein von Vertretern der Westalliierten durch Generalfeldmarschall Keitel, Generaladmiral von Friedeburg und Generaloberst Stumpff und war eigentlich eine Wiederholung der Kapitulationserklärung am 7. Mai 1945 im Hauptquartier von General Eisenhower in Reims durch Generaloberst Jodl

auf den Ausgang des Ersten Weltkrieges - ein paar Monate später, am 4. Juni 1946, äußerte sich Kasack in einem Brief an Brecht: »Wie lebendig war das alles nach 1918 in der Literatur, der Malerei. Jetzt rührt sich bei den jungen Menschen fast nichts auf diesen Gebieten . . . Dabei waren die Burschen keineswegs alle Nazis. Aber die Kriegsideologie . . .: der Götze der Uniform ist wohl die tiefste Ursache. Nun ist er ihnen äußerlich zerschlagen, aber innerlich . . .« (Wolfgang Kasack, a. a. O., S. 85). - Was Kasack in diesen Aufzeichnungen nach Ende des Kriegs resümierte, hatte er schon zeitgenössisch seinem Tagebuch zwischen 1930 und 1943 anvertraut

177

Walter Pritzkow - Pritzkow (1894-1945), Studienrat am Potsdamer Lyzeum, wohnte in Milow an der Havel (unweit von Rathenow), bewahrte während der Kriegszeit Materialien Kasacks und seiner Freunde auf. Vgl. S. 151 (Wilhelm Pritzkow, geb. 1928, Chemiker, lebt als em. Professor in Merseburg)

Alexander Graf Brockdorff - philosophischer Schriftsteller, der auch unter dem Pseudonym Yori schrieb (u. a. UrWeWe = Uranische Weltwende, Berlin 1932 - mit Lithographien von Walter Gramatté), hielt

u. a. Vorträge in der Potsdamer Ortsgruppe der Kantgesellschaft, verstarb 1939: »Mit unsäglicher Mühe in diesen Tagen das Gedicht ›Grab der Volumnier‹ zu Ende geschrieben; das vor allem eine Gedächtnistafel - in memoriam - für Alexander Graf von Brockdorff sein soll und dessen ›freiwilliges‹ Ende, das ich in Italien hörte.« So Kasack am 17. Juli 1939 im Tagebuch, das Gedicht, in: Das ewige Dasein, S. 218 (»Jeder, der den Freiheitsschild / Hütet vor Vasallen, / Weiß, daß für sein Schicksal gilt: / Königlich zu fallen«)
Walter Gramatté - Walter Gramatté (1897-1929), Maler, dem Brücke-Kreis nahestehend, mit Kasack seit 1917 befreundet; ebenfalls 1917 lernten sich Loerke und Kasack bei einer Lesung in Gramattés Atelier kennen. Widmungsgedicht (1929) für Gramatté *Der Schakal,* in: Das ewige Dasein, S. 80; Aufsatz Kasacks über Gramatté, in: Die Horen 4, 1927/28; in der *Stadt hinter dem Strom* erscheint Gramatté als der Maler Katell. Gramatté schuf auch ein Brockdorff-Porträt - vgl. F.A.Z. vom 21. August 1995
mögen die Verluste - heute wird generell von folgenden Zahlen ausgegangen: insgesamt 62 Millionen Tote (einschließlich der Verluste in der Zivilbevölkerung), davon 27 Millionen in der UdSSR, 6 Millionen in Polen, 5,25 Millionen in Deutschland

178
pater peccavi - (lat.) Vater, ich habe gesündigt
»Willen zur Macht« - die Formel Nietzsches in der NS-Variante
Schuldeingeständnis - es ist höchst bemerkenswert, mit welcher Selbstverständlichkeit und Konsequenz Kasack schon so früh eine solche Position einnimmt und all das vorwegnimmt, was in der öffentlichen Debatte über »Kollektivschuld« dann mehr oder weniger überzeugend und kontrovers zur Geltung gebracht wird. Kasack ist in seiner Haltung nahe bei Reinhold Schneider, Werner Bergengruen, Rudolf Hagelstange u. a.

180
Erst gewahrten wir - Verse aus Goethes *Faust II* (vierter Akt - Hochgebirg, Verse 10399-10406). Von Oskar Loerke in den Tagebüchern zitiert unter dem 2. Februar 1935 (a. a. O., S. 330). Kasack kom-

mentierte (a. a. O., S. 376): »Diese oft zitierten Verse aus Goethes Faust in deutlicher Anspielung auf die Nazibewegung.« Im Katalog zur Marbacher Ausstellung *Klassiker in finsteren Zeiten 1933–1945*. Band 2, Marbach 1983, S. 198, wird Loerkes Tagebuch-Notiz nach dem Original (mit geringfügigen Veränderungen des Goethe-Textes) zitiert, wie dies auch in der Taschenbuch-Ausgabe der *Tagebücher* Loerkes (nicht in der das Goethe-Zitat korrekt wiedergebenden Originalausgabe von 1955) geschieht. Von Satzzeichen und der Präposition in Z. 5 (auf bzw. in) abgesehen, handelt es sich um: *Wilder Zeiten* irren Lauf (so Loerkes Version der Z. 2) statt *Wilden Wesens* (so Goethe - und so Kasack in diesen Aufzeichnungen). Für Hinweise danke ich Herrn R. Tgahrt, Marbach

»Changez les places« - (frz.) Wechselt die Plätze

181

Germanien raucht ... So sah es Jakob Balde - Jakob (Jacob) Balde (1603 oder 1604–1668), der aus dem Elsaß stammte, war 1623 in den Jesuitenorden eingetreten und war für diesen in unterschiedlicher Weise (auch als Professor der Rhetorik an der Universität Ingolstadt und in den vierziger Jahren als Hofprediger am bayerischen Hof) wirksam, vor allem aber - über die Zeiten hinweg - als Dichter. »In Jakob Balde ... besitzt (die) immer noch zweisprachige Zeit ihren wohl bedeutendsten neulateinischen Lyriker, der auch als Dramatiker, Historiograph und Epiker hervortrat. Balde stellte sein Schaffen zu einem guten Teil in den Dienst der gegenreformatorischen Erneuerungsbestrebungen, bewies hierbei ... patriotisches Empfinden und Mitgefühl für das durch den Dreißigjährigen Krieg heraufbeschworene Leid des Volkes. Herder, der als erster Baldes Oden verdeutschte (in ›Terpsichore‹, 1795 ff.), pries Talent und Gesinnung des Dichters.« So: Günter Albrecht u. a., Deutsche Literaturgeschichte in Bildern. Eine Darstellung von den Anfängen bis zur Gegenwart. I, Leipzig 1969, S. 140. - Die von Kasack zitierten Verse finden sich ziemlich zu Beginn des Gedichts *Der Janustempel. An die versammelten Friedensfürsten* (»Germanien raucht. Es trocknet die Augen / Der Bürger sich an seines Hauses Gluth ...«), was Herder so charakterisiert: »Fünf Lustren, d. i. fünf und zwanzig Jahre hatte damahls der Krieg gedauert; seine Folgen in und außer Deutschland werden hier geschildert. Der Janustempel ward geschlossen, es mußte endlich Friede gemacht werden; er ist aber nicht lange verschlossen geblieben, und am wenigsten ist der Wunsch unseres Dichters erfüllt worden, daß die Habsucht in ihm fest versperret, Ajax mächtiger Stein davor gewälzt, und kein Ritzchen am Tempel erspähet werden sollte. Mit tausend Fackeln hat man seitdem den Westphälischen Friedensschluß beleuchtet, die Thür mit Petarden gesprengt, und den ganzen Hain umher gelichtet.« Alles zitiert nach: Johann Gottfried von Herder's Terpsichore 1795. Herausgegeben durch Johann Georg Müller, Wien und Prag 1818, S. 117 und S. XIV f. (vgl. auch Suphan, Band 27). Herder hatte für *Terpsichore* die Oden übersetzt, ferner einige andere Gedichte, und neben poetologischen Texten Baldes findet sich dort ein großer Essay des protestantischen Generalsuperintendenten über den Jesuiten-Poeten. Herders (von Goethe gerühmte) Übersetzung von Jakob Balde und seine Würdigung gehören in den Umkreis jener Bemühungen, die Herder selber »Rettungen« nannte. Solchen Rettungen galten die editorischen Anstrengungen des Akademiepräsidenten Kasack in seiner Zeit

182

daß die Ostzone über die Elbe hinaus – die Vereinbarungen über die Demarkationslinien zwischen den Siegermächten in Deutschland wurden in der Zeit zwischen dem 1. und 4. Juli 1945 realisiert. In dieser Zeit zogen sich die Westalliierten einerseits zurück, andererseits besetzten sie die für sie bestimmten Sektoren in Berlin. So meldete die SPD-Zeitung *Das Volk* am 7. Juli 1945 nach TASS, daß am 4. Juli 1945 amerikanische Einheiten unter Generalmajor Parks und englische unter Generalmajor Lyne in Berlin eingetroffen seien; französische würden später folgen. – In Potsdam wurde damals von vielen die Hoffnung gehegt, die Stadt werde in diese Aktionen einbezogen, die Kasack sehr genau als »Umgruppierung der Besatzungsmächte« bezeichnet
Alfred Mühr – Dr. Alfred Mühr (1903 geboren), Publizist, Redakteur der *Deutschen Zeitung,* nach 1933 Chefdramaturg der Berliner Staatstheater, Verfasser von Arbeiten über Werner Krauss und (später) Gustaf Gründgens, 1930 bekannt geworden durch seine öffentliche Debatte

mit Ernst Toller »über den Kulturbankrott des deutschen Bürgertums« (abgedruckt in einer Publikation des Verlags Kiepenheuer). - Der Vorgang von 1933 ist u. a. im Tagebuch unter dem 23. und 24. März 1933, kritisch von Sibylle Bolik, Hermann Kasack als Hörspielautor, in: Helmut John, Lonny Neumann (Hrsg.), a. a. O., S. 92 ff., behandelt. *Der Ruf* war ein bereits im Spätherbst 1932 zuerst gesendetes Hörspiel, das die Arbeitslosigkeit thematisch berührte; am Vorabend des »Tags von Potsdam« wurde es wieder gesendet, mit wesentlichen Veränderungen, die mit dem Autor nicht abgesprochen waren (darunter mit der Einblendung einer Hitler-Rede); daraufhin war dieses Hörspiel auch von anderen Sendern übernommen worden und gehörte damals zu den am meisten gesendeten

184

Regelung der Lebensmittelkarten - die Normen der Lebensmittelversorgung wurden modellhaft schon durch den Beschluß Nr. 063 des Kriegsrates der Ersten Belorussischen Front für Berlin vom 13. Mai 1945 so klassifiziert: 1. Schwerarbeiter und Arbeiter mit gesundheitsschädlicher Tätigkeit, 2. Arbeiter, die nicht in schweren oder gesundheitsschädlichen Berufen tätig sind, 3. Angestellte, 4. Kinder, Familienmitglieder ohne Einkommen und die übrige Bevölkerung. Weiter hieß es in diesem Dokument: »Den in Wissenschaft, Technik, Medizin, Kultur und Kunst sowie den an führender Stelle im Magistrat, in den Bezirksverwaltungen und in den großen Industrie- und Transportunternehmen Tätigen sind nach Listen, die von den entsprechenden Bürgermeistern aufzustellen sind, alle Nahrungsmittel nach Schwerarbeiternormen zu bewilligen. Dem übrigen ingenieurtechnischen Personal, den Ärzten, Lehrern und Amtsträgern der Kirchen sind alle Nahrungsmittel nach den Arbeiternormen zu bewilligen. Für die Ernährung der Kranken, die sich zur Heilung in den Krankenhäusern befinden, sind Lebensmittel nach Normen zu bewilligen, die für Arbeiter festgesetzt wurden oder die bei einer Spezialbehandlung von der Abteilung für Gesundheitswesen der städtischen Selbstverwaltung bestimmt werden.« War damit das Modell für die Klassifizierung geschaffen, so hieß das aber nicht, daß die Normen in anderen Teilen der SBZ wie in Berlin fixiert waren. Wenn Kasack für die vierte Kategorie in Potsdam 1500 g Brot, kein Fleisch, kein Fett angibt, so galt für Berlin: 2100 g Brot, 140 g Fleisch, 49 g Fett. Was Kaffee angeht (Kasack ist an anderer Stelle - S. 130 - hierauf eingegangen), so war für Berlin vorgesehen (und es hat sich dies damals möglicherweise nach Potsdam herumgesprochen): »Bohnenkaffee, Kaffee-Ersatz und schwarzer Tee. 1. Schwerarbeiter und Arbeiter mit gesundheitsschädlicher Tätigkeit: 100 g Bohnenkaffee, 100 g Kaffee-Ersatz und 20 g schwarzen Tee im Monat. 2. Arbeiter, die nicht in schweren oder gesundheitsschädlichen Berufen tätig sind: 60 g Bohnenkaffee, 100 g Kaffee-Ersatz und 20 g schwarzen Tee im Monat. 3. Angestellte: 60 g Bohnenkaffee, 100 g Kaffee-Ersatz und 20 g schwarzen Tee im Monat. 4. Kinder, Familienmitglieder ohne Einkommen und die übrige Bevölkerung: 35 g Bohnenkaffee, 100 g Kaffee-Ersatz und 20 g schwarzen Tee im Monat.« Am 27. Oktober 1945 meldete die Zeitung *Volkswille,* Marschall Schukow (Shukow) habe befohlen, daß ab 1. November 1945 in der SBZ (mit Ausnahme der Landbevölkerung) eine einheitliche Lebensmittelrationierung vorzusehen sei

185
Bachmann - Otto Bachmann, Brotfabrik, Bäckerei und Konditorei, Augustastraße 7 (so im Adreßbuch von 1938/39); Otto Bachmann, Weinbergstraße 7, Gregor-Mendel-Straße 39, Zeppelinstraße 1 (u. a. wird besonders angepriesen: »Märkerstolz-Pumpernickel«), ferner Knäckebrotfabrik (so im Adreßbuch von 1947)
Braune - bekannte Potsdamer Bäckerei - Wilhelm Braune - Nauener Straße 19 (heute: Friedrich-Ebert-Straße 101)

186
Osiris-Figur, die Loerke einst von Emil Orlik - Osiris - ägyptischer Sonnengott; Emil Orlik (1870-1932), bedeutender Maler und Grafiker, Freund Loerkes. Kasack lernte ihn im März 1932 bei Loerke kennen: »Prof. Emil Orlik, der ein Gedicht . . . für mich abschrieb - ein herrliches stilles Zeichen von Sympathie.« Tagebuch vom 19. März 1932. Orlik hatte für die Sommerlaube in Loerkes Garten ein Wandbild geschaffen, das nahöstliches Gepräge trug und in dem u. a. Loerke, Orlik und Max Slevogt porträtiert waren. Das Wandbild wurde 1945 zerstört

187 f.
Kleine Erzfigur des Osiris – in Suhrkamps Ausgabe aller *Gedichte* Loerkes auf S. 446 f.
etwa bei »Sklaven des Michelangelo«, der »Pietà« oder der »Kleinen Bleimadonna« – Sklave des Michelangelo, in: Das ewige Dasein, S. 160; Pietà, in: ebenda, S. 244; Kleine Bleimadonna – nicht gedruckt; im Nachlaß Kasacks im Marbacher Deutschen Literaturarchiv liegt das handschriftliche Manuskript des Gedichts »Kölner Madonna« (datiert vom 30. Mai 1937, »angesichts der *Bleimadonna*«) – ich danke R. Tgahrt und Frau Doster, beide Marbach

188
Loerke mündet stets ..., während mein Ziel ... – Loerke hatte seinerseits schon in Briefen vom 17. und 20. Januar 1921 an Kasack (im Zusammenhang mit Mißverständnissen anläßlich einer Rezension Loerkes) das Wesen der Lyrik Kasacks so beschrieben: »Ich hatte ... gehofft, Sie würden sich freuen, daß ich bekenne, bei Ihnen eine solche absolute Einheit und Untrennbarkeit aller dichterischen Elemente zu finden, wie ich sie ... theoretisch als Notwendigkeit für das vollkommene Gebilde postulierte ... Auch heute finde ich bei Ihnen weder etwas Ethisches –, etwas Materiales, weder eine Formmarotte noch Gott noch Teufel propagiert, sondern die Ideen und Substanzen leben Ihre und daher ihre Gestalt. Sie sind das Gedicht wie das Gedicht sie: als Gedicht, als Melodie, als Weltbild ... Dabei ergreift mich noch immer die Erkenntnis, daß Gott in der Melodie nur als Melodie vorhanden sein könne, nicht außerdem noch als Begriff oder Postulat ... Und so fort und fort: Melodie als Verantwortung, d. h. Ethik, im Gedicht, d. h. *künstlerische* Logik der ganzen Welt. Das Ganze Magie – aber seht: Klarheit, Faßlichkeit durch und durch ...« Zitiert nach: Oskar Loerke, Literarische Aufsätze. Aus der »Neuen Rundschau« 1909–1941, Heidelberg/Darmstadt 1967, S. 406 f. 38. Veröffentlichung der Deutschen Akademie für Sprache und Dichtung (sie geht »wie alle Loerke-Publikationen der Deutschen Akademie ... auf eine Anregung Hermann Kasacks zurück«). Das Zitat ist den Erläuterungen des Herausgebers Reinhard Tgahrt entnommen, der in diesen Briefen eine »Poetologie« Loerkes festgemacht hat

Conrad Ferdinand Meyer – Conrad Ferdinand Meyer (1825–1898), bedeutender Schweizer Novellist und Lyriker. Das Gedicht *Römischer Brunnen* hat folgenden Wortlaut: »Aufsteigt der Strahl und fallend gießt / Er voll der Marmorschale Rund, / Die, sich verschleiernd, überfließt / In einer zweiten Schale Grund; / Die zweite gibt, sie wird zu reich, / Der dritten wallend ihre Flut, / Und jede nimmt und gibt zugleich / und strömt und ruht«
Loerke starb Anfang des Jahres 1941 – Loerke starb am 24. Februar 1941. Wie er verfügt hatte, wurde die »Nachrede« von Pfarrer Arthur Rackwitz, dem bekannten Neuköllner religiösen Sozialisten und BK-Pfarrer, gehalten (einem Schwager von Loerkes Nachbarfreund Jacubeit). In einem Brief an Wilhelm Lehmann vom 11. März 1941 hat Elisabeth Langgässer den bewegenden Vorgang dieser Beisetzung so beschrieben: »In der hölzernen, kleinen Friedhofskapelle, wo der Sarg mit unendlich viel Frühlingsblumen und Kränzen aufgebahrt worden war – Mimosen und Flieder, Schneeglöckchen, Veilchen, Anemonen – sprach zuerst der evangelische Pfarrer über das Psalmwort: ›wir sind mit Christus verborgen in Gott‹ – wobei er dieses gütige und begnadete Leben Loerkes auf den tiefsten Grund und die eigentliche Ursache alles wahrhaft Verborgenseins der Gotteskinder auszulegen bemüht war...« Während die Orgel ein Abschiedslied gespielt habe, sei eine unermeßliche Fülle von Licht in die Totenkapelle hereingedrungen, »ein Strom von göttlicher Heiterkeit« – – »Freiheit, Freiheit, Freiheit!...« Schließlich: »Weder die Gnade, noch die Natur hat sich seiner Heimkehr verweigert – das glaube ich gewiß. Beide waren in dieser Stunde einig und gütig zu ihrem Sohn...« Nach: Elisabeth Langgässer, ... soviel berauschende Vergänglichkeit. Briefe 1926–1950, Hamburg 1954, S. 94 ff.. – Am 24. Februar 1942 notiert Kasack, er sei am Grab Loerkes gewesen

189
Ein Jahr vor seinem Tode – Testament Loerkes, »Letzwillige Bitten für den Fall meines Todes«, vom 6. Februar 1940, in: Oskar Loerke, Tagebücher 1903–1939, a. a. O., S. 369 f. Eine unterschiedliche Leseart findet sich am Beginn des dritten Absatzes: »... die einzige, *sie schwer* belastende Bitte...«

190
Suhrkamp bei seiner Rede am Grabe – er sagte u. a.: »Schon in der ersten Bestürzung meldete sich bald das Gefühl, daß nicht er der zu Beklagende sei, sondern wir, die wir nun unseren Weg ohne ihn finden müssen. Und wenn ich das sage, denke ich gewiß auch an den unvergleichlichen Dichter und ehrfürchtigen Essayisten, gewiß auch an den Lektor des Verlages, seine prüfend-hegende und fördernde Arbeit, aber recht eigentlich gilt dieses Gefühl einem ganz seltenen Menschen.« Unseld, a. a. O., S. 96 f.
über einen Kamm geschoren werden – diese frühe Bemerkung Kasacks aus der »Übergangszeit« nahm schon die Debatte über die »innere Emigration« vorweg, und sie bezog sich offenbar darauf, daß Loerke – auf das Drängen S. Fischers hin – zusammen u. a. mit Otto Flake die Ende Oktober 1933 veröffentlichte Loyalitätserklärung von insgesamt 88 Schriftstellern gegenüber dem NS-Staat unterschrieben hatte. Vgl. hierzu die Erläuterung Kasacks zu Loerkes Tagebüchern, S. 374 f.
Nun geh – dies gehört zu den Gedichten, die Kasack aus dem Nachlaß herausgegeben hat. In der Ausgabe Peter Suhrkamps auf S. 622 f.

192
vor einigen Tagen, am 14. Juni . . . wie ich sie am 24. Mai . . . – dazu Wolfgang Kasack am 6. März 1996: »Ich geriet am 30. 4. 45 in Gefangenschaft, also war ich zu den genannten Daten auf dem Wege – anfangs mörderische Fußmärsche, dann Bahnfahrt – nach Kujbyschew, heute wieder Samara. Das können Tage wichtiger Entscheidungen oder Fügungen gewesen sein. Wir wußten nie das Datum. Kalender hat ein Gefangener, Verhungernder, nicht.«
Rudolf C. Neher – eigentlich Caspar-Rudolf Neher, zumeist Caspar Neher (1897–1962), bekannter Bühnenbildner, Grafiker und Librettist, zeitweilig in Potsdam lebend, Freund Kasacks und Brechts, für dessen erste Stücke er die Bühnenbilder schuf, vor allem die charakteristisch gebliebene, halbhohe »Brecht-Gardine«, war auch Verfasser der Libretti für Opern Rudolf Wagner-Regenys. Neher gestaltete den Lyrikband Kasacks *Aus dem Chinesischen Bilderbuch.* Neher wird häufig in Kasacks Tagebuch erwähnt: »Er ist jemand« (28. Mai 1939); in der

schwierigen Zeit seiner Isolierung gehörte Neher zu denen, die für Kasack »der Halt im Leben waren« (3. Mai 1940)
Hans H. König - Hans H(einz) König (geboren 1912), Schriftsteller, Rundfunk- und Filmautor, nach 1945 erfolgreicher Filmproduzent; ursprünglich Lyriker (Die Lichtung, 1947) und Essayist (Neue Rundschau usw.). In der Potsdamer *Tagespost* vom 3. Juli 1947 publizierte König einen Bericht über einen Berliner Vortrag über Hermann Kasack. König lebt in Icking

193
Völlig ungewiß ist das Schicksal von Volker Lachmann - Volkmar Lachmann (1921-1945), junger, von Kasack geförderter Schriftsteller, war 1941 Soldat, wurde 1942 entlassen, 1945 wieder eingezogen; er starb am 8. Mai 1945 in Berlin-Lichtenberg an Lungenentzündung. 1943/44 wurden in der *Neuen Rundschau* drei Erzählungen Lachmanns, u. a. *Das Tribunal auf dem Fischmarkt von Henna,* abgedruckt. 1946 gab Kasack Briefe Lachmanns heraus (Das Jahr des Jünglings, Berlin), worüber die Potsdamer *Tagespost* am 19. November 1947 eine Kurzrezension abdruckte. Zu den Henna-Erzählungen hat Kasack geschrieben: »Henna, das Stadtreich der strengen Güte und ausgewogenen Gerechtigkeit, dessen Volk frei ist vom Zufall des Bösen, unter einer Kaiserin, die in diesem Mütterreich des Geistes das Gott verantwortliche Gewissen ihrer Untertanen versinnbildlicht.« In: Lexikon der deutschsprachigen Gegenwartsliteratur. Begründet von Hermann Kunisch, fortgeführt von Herbert Wiesner und Sibylle Cramer, München 1987², S. 363. Als Lachmar finden wir Lachmann in mehreren Abschnitten der *Stadt hinter dem Strom,* etwa im 15. Kapitel, wo Kasack Lachmar die Vorstellung abwehren läßt, Henna sei eine Art von Orplid Mörikes: »Henna muß das alte Mütterreich des Geistes werden, sonst wäre alles vergeblich gewesen, vergeblich gebaut, vergeblich gelebt, vergeblich in Schlachten geschlagen und verteidigt.«
unsere Freundin Hibi - Hibi (eigentlich Frieda) Schnell, frühere Frau von Simon Kronberg (1891-1947). Kronberg, expressionistischer Dichter, dessen Werke Anfang der zwanziger Jahre bei Kiepenheuer bzw. bei der Presse Oda Weitbrecht in Potsdam erschienen, Schauspieler, Chorleiter im jungjüdischen Wanderbund. 1934 Emigration nach Palästina, wo er u. a. als Schuster und Stimmbildner arbeitete

196
Fahrradhändler Bock - Fahrradhandlung Otto Bock, Jägerallee 34
Waltraut Rohde - Waltraut Rohde (geboren 1927), Tochter von Walter und Melitta Rohde, auf die wir noch zurückkommen. Sie war eine Jugendfreundin Wolfgang Kasacks, studierte in Greifswald und an der FU Berlin. Seit 1951 ist sie verheiratet (Waltraut Schneider). Sie war von 1952 bis 1954 wissenschaftliche Assistentin am Hygieneinstitut Gelsenkirchen; 1960 wurde sie Lehrerin am Albert-Schweitzer-Gymnasium in Marl

199
Haus Ödenstein - vermutlich Wohnsitz der mit Kasack befreundeten Familie Ehinger am Bodensee
San Gimignano - architektonisch interessante Kleinstadt in der Nähe von Siena und Florenz: Kirche aus dem 6. Jahrhundert, Dom von 1148, die für die Stadt besonders charakteristischen sog. Geschlechtertürme. San Gimignano wird von der UNESCO zum Weltkulturerbe gerechnet. Gedicht von Kasack (»Hoch in den saugenden Himmel / Ragen gläsern die Türme, / Ihre gefalteten Flügel / Wachen über die Stadt«), in: Das ewige Dasein, S. 169

200
Siena - ehemals römische Kolonie an Stelle einer ursprünglichen etruskischen Siedlung, seit dem 12. Jahrhundert von großer politischer, ökonomischer und kultureller Bedeutung, nach Konflikten mit Florenz und Spanien seit 1555 an das Herzogtum Toskana angeschlossen. Malerschule von Siena
zwei Jahre später - es muß wohl heißen: *ein* Jahr später
Lorenzetti - die Brüder Ambrogio (um 1290-1348) und Pietro Lorenzetti (um 1280-1348), hervorragende Vertreter der Malerschule von Siena (letztes Drittel des 13., erste Hälfte des 14. Jahrhunderts), vor allem Fresken (auch für Assisi)
Duecento und Trecento - Bezeichnungen für das 13. und 14. Jahrhundert in der Kunstgeschichte, zumal Italiens
Niemals wieder - im Mai 1956 weilte Kasack mit seiner Frau in Rom zu einem Vortrag über Loerke, er traf dort u. a. Marie Luise Kaschnitz und Hermann Kesten, im Herbst 1959 in Südtirol

201

Es rauschet . . .« – aus: Hölderlin, Hymnische Bruchstücke aus der Spätzeit, Hannover 1920, S. 21 (Leben). In der Nachbemerkung hat Kasack festgehalten: »Unseren Texten liegen die Handschriften der Homburger Stadtbibliothek zugrunde (Wasserzeichen C & I Honig). Wie sehr wir uns bemüht haben, die Übertragung der Manuskripte, die zu den schwerstentzifferbaren Hölderlins gehören, buchstabengetreu zu halten, muß doch die Lesart einzelner Stellen als zweifelhaft angemerkt werden. Lücken im Text geben im Entwurf freigebliebene Stellen wieder.« Ferner: »Das letzte der hymnischen Stücke ›Leben‹ (H.I68) – als Überschrift wiederum unsicher – ist allem Anscheine nach auch das späteste von größerem Zusammenhange dieser Reihe. Die Schwierigkeit, den Text getreu wiederzugeben, liegt weniger in den hier besonders fragwürdigen Schriftzügen, als vielmehr darin, daß für den Zusammenhang entscheidende Worte wohl noch vom Vorentwurf her, in den hinein sogleich die Niederschrift erfolgte, wie auch Verbesserungen stehen geblieben sind, ohne daß das seiner Stelle nicht entsprechende Wort getilgt ist.« A. a. O., S. 25 und 27

Friedrich Seebass – Friedrich Seebass (1887–1963), bedeutender deutscher Literaturwissenschaftler und Essayist, verdient um die Hölderlin-Forschung. Arbeiten auch über J. V. Andreae, Stifter, Mörike, Gotthelf, Brentano, Blumhardt u. a.

vierbändige Ausgabe – Friedrich Hölderlin, Gesammelte Werke, herausgegeben von Friedrich Seebass und Hermann Kasack, Potsdam 1922 (in vier Bänden)

Hellingrath-Ausgabe – Norbert von Hellingrath (1888–1916), Hölderlin-Forscher, dessen Arbeiten – 1913 mit einer Werkausgabe beginnend – grundlegend für die Neubewertung des Dichters wurden, fiel vor Verdun

202

Ludwig von Pigenot – Ludwig von Pigenot (geboren 1891), Privatgelehrter (Dr. phil.) in München, Hölderlin-Forscher. Er gab 1921 Hellingrath-Vorträge aus dem Nachlaß und 1936 ein Gedenkbuch für Hellingrath, jeweils in München, heraus

korrigierte mit Recht diesen Irrtum – aus: Hölderlins Sämtliche Werke, besorgt durch Ludwig von Pigenot und Friedrich Seebass. Sechster Band, Berlin 1923, S. 13. Kasack hatte in der Nachbemerkung zu seiner Edition Irrtümer von vornherein als möglich angesehen (s. o.); von Pigenot bemerkt S. 481: »Der Kasacksche Erstdruck liest unrichtig ...«

charakteristischer scheinende des Raschen – auch v. Pigenot (a. a. O., S. 481) räumt zu diesem Gedicht ein: »Nebeneinander jäher Bilder, die um den Anfangsakkord *Leben* irgendwie zu schwingen scheinen.«

Übrigens fällt mir – Ernst Toller (1893–1939), *Das Schwalbenbuch;* es erschien (wie auch einige Theaterstücke des Schriftstellers) bei Kiepenheuer (Potsdam 1924) in der Zeit von Kasacks dortiger Tätigkeit (neue, durchgesehene Auflage mit Epilog, Potsdam 1927). Bis 1933 erreichte das Buch eine Auflage von 30 000 Exemplaren. 1957 kam *Das Schwalbenbuch* im Rahmen der Insel-Bücherei Leipzig (Nr. 633) neu heraus, ferner in: Ernst Toller, Ausgewählte Schriften, zusammengestellt von Irmgard Schütze, Berlin 1959 (dort S. 221 ff.); hiernach wird zitiert

»Der Schwalben Flug ...« – die zitierten Verse lauten genau: »Der Schwalbe Flug – wie Unnennbares nennen? / Der Schwalbe Flug – wie Unbildbares bilden? / Lebte ein Gott, / Sein Zorn: / Der Schwalbe schnellendes Pfeilen ...« (a. a. O., 1959, S. 241). Es stehen diese Verse in Verbindung mit der zuvor (S. 240) aufgeworfenen Frage: »Weißt Du, wie eine Schwalbe fliegt?« Ebenso mit der (S. 242) folgenden: »Wer preist mit mir den Flug der Schwalbe?«

Das ist die einzige Aussage – man könnte noch heranziehen (S. 249): »Eilig fliegt das Männchen herbei, / Aufgeregt, geschäftig, betriebsam / Umkreist es plaudernd das Nest. / Gleich in schelmischer Freude / Wehrt die Schwälbin / Dem forschenden Flug.« Übrigens finden sich auch diese Verse im *Schwalbenbuch* (S. 229): »Unser Frühling / ist nicht mehr Hölderlins Frühling, / Deutschlands Frühling ward wie sein Winter ...«

203 f.

im weiteren Umkreis auf dem Lande – möglicherweise ist damit das Lager Ketschendorf gemeint. Vgl. u. a. Lydia Weisflog, Stürmischer Sommer, in: Franz Fabian (Hrsg.), a. a. O., S. 11 ff. Der Mann von Frau Weisflog, die seit 1936 in Potsdam wohnte, wurde nach Ketschendorf verbracht und starb dort

Anschlag des neuen Stadtmedizinalrats – damit ist Joachim Heinrich gemeint. Am 20. Oktober 1945 berichtete die Zeitung *Volkswille* (Nr. 6): »Der ehemalige Medizinstudent Joachim *Heinrich* führte unberechtigt den Doktortitel und hatte sich unter raffinierter Fälschung der Urkunden über seine Approbation als Arzt in die verantwortungsvolle Stellung eines Stadtmedizinalrats von Potsdam zu drängen gewußt ...« Das Schöffengericht Potsdam habe ihn zu einem Jahr und drei Monaten Gefängnis sowie zu vier Wochen Haft wegen schwerer Urkundenfälschung und unberechtigter Führung des Doktortitels verurteilt

205

daß Typhusgefahr besteht – zur Seuchengefahr ist in einer im Staatsarchiv Potsdam vorliegenden Übersicht über die Seuchengefahren im Lande Brandenburg zwischen 1945 und 1949 festgehalten, daß es 1945 26 808 Typhusfälle, 2326 Paratyphus- und 5986 Ruhrfälle gegeben habe. Als Ursache hierfür ist angegeben: »Durch die sinnlosen Zerstörungen vieler lebenswichtiger, insbesondere sanitärer Anlagen und Einrichtungen, wie Wasserwerke, Kanalisationsanlagen, Wasserrohrleitungen usw., in den Tagen und Wochen des Krieges sowie durch das bald nach Beendigung der Kriegshandlungen einsetzende unkontrollierbare Einströmen von Flüchtlingen aus dem Osten waren der Entstehung und Verbreitung seuchenhafter Erkrankungen wie Typhus, Paratyphus, Ruhr- und Fleckfieber Tür und Tor geöffnet ...« Nach: Richard Lakowski, a. a. O., S. 441

mittels »Handgranaten und Minen« – auch noch später war an Potsdamer Gewässern zu beobachten, wie sowjetische Soldaten mit Munition »fischten«

206

ist der bisherige Oberbürgermeister Zahn – in dem schon zitierten Bericht zu dem Fall Heinrich aus dem *Volkswillen* vom 20. Oktober 1945 heißt es weiter: »Die Verantwortung für diese Fehlbesetzung trägt sein Freund: der damalige, inzwischen seines Amtes enthobene Oberbürgermeister *Zahn,* der übrigens selbst unberechtigt den Doktortitel führte ...«

An seine Stelle - Walter Paul (1901 geboren), aus Westpreußen stammend, seit 1924 KPD, 1946 SED, 1945 Bürgermeister in Babelsberg, dann bis 1950 Oberbürgermeister von Potsdam; er ging 1951 in die alte Bundesrepublik, Gewerbetreibender. - Georg Spiegel (1895-1960), aus Württemberg stammender SPD-Journalist und -Politiker, vor 1933 Vorsitzender der SPD in Potsdam, 1933 verhaftet, illegale Arbeit, 1944 wieder verhaftet, 1945 Bürgermeister in Potsdam, Vorsitzender der SPD in der Mark Brandenburg, 1946 Mitglied des Sekretariats der Landesleitung der SED, Stadtverordnetenvorsteher in Potsdam, ab 1950 leitend im Ministerium für Außenhandel und innerdeutschen Handel der DDR.
Es war damals in Potsdam die Frage aufgetaucht, wieso der in Babelsberg, Kleiststraße 15, wohnende, dort aber kaum bekannte, in Berlin als Schneider arbeitende Paul (Kasack war also gut informiert) Oberbürgermeister wurde - und nicht der mit der Leuschner-Maaß-Gruppe verbundene sozialdemokratische Widerstandskämpfer Georg Spiegel (1939 wohnhaft Schützendamm 40). Uhlemann, der diese Frage aufnimmt, führt dies auf Pauls »Kontakte zur Besatzungsmacht« zurück und verweist überdies darauf, daß Spiegel Ende 1945, Anfang 1946 wiederholt Sorgen hinsichtlich des Übergewichts der KPD geäußert hatte. Spiegel habe gefordert: »eine Gleichberechtigung beider Parteien bei der Besetzung von Verwaltungsstellen, die infolge eines kommunistischen Übergewichts nicht gewährleistet war. Dieser Zustand sei auf der letzten SPD-Bezirkskonferenz wie auf der Generalversammlung der Potsdamer SPD-Ortsgruppe stark bemängelt worden. Als Beleg führte er für die Provinz Brandenburg auf: Oberbürgermeister KPD = 11, SPD = 6, Landräte und deren Stellvertreter KPD = 29, SPD = 9, Oberlandräte KPD = 2, SPD = 1 . . .«
Neues Stadthaus - Stadtverwaltung damals im *Versicherungsgebäude* am Nauener Tor (heute Landgericht) und im *ehemaligen Rechnungshof* des Deutschen Reichs, Waisenstraße 30/34 (spätere Dortustraße)

207

es verdichtet sich - auch hier muß zum wiederholten Male die Genauigkeit des Beobachters und Analytikers Kasack hervorgehoben werden. In der sowjetischen Besatzungszone und Berlin (zunächst ganz Berlin) wurden keine Groß- und Privatbanken zugelassen. Für die Mark Brandenburg wurden in Heft 3 der Schriften des Informationsamtes der Provinzialverwaltung Mark Brandenburg, *Ein Jahr Bewährung der Mark Brandenburg. Rückblick und Rechenschaft,* Potsdam 1946², S. 37 (Textbearbeitung von Werner Wilk), hierzu folgende Angaben gemacht: »Der Neuaufbau des Bank-, Sparkassen- und Versicherungswesens wurde Ende Juli 1945 in Angriff genommen. Seit dem 6. August 1945 arbeitet die Provinzialbank Mark Brandenburg in Potsdam, der 26 selbständige Kreis- und Stadtbanken, verteilt auf alle Stadt- und Landkreise der Provinz, angeschlossen sind. Die Provinzialbank unterhält außerdem eine Depositenkasse in Potsdam, die Kreisbanken an den neben der Kreishauptstadt wichtigen Plätzen 12 Zweigstellen. Die Zahl der öffentlich rechtlichen Sparkassen beläuft sich auf 52 mit rund 250 Haupt- und Nebenzweigstellen sowie Annahmestellen. Außerdem ist das Banksystem erweitert worden durch die Einschaltung von etwa 450 landwirtschaftlichen und 50 gewerblichen Kreditgenossenschaften. Damit hat der Aufbau des Geld- und Kreditwesens seinen Abschluß gefunden.« Hierbei spielte in der Tat auch eine Rolle, was in Berlin beispielhaft entwickelt worden war: »... in der ›Ruhensanordnung‹ vom 4. Juni 1945 hieß es ... lapidar: ›Als neue Berliner Stadtbank ist die Reichsbank bestimmt worden‹.« Zusätzlich wurden im Winter 1945/46 allein Genossenschaftsbanken genehmigt. 1947/48 wurden die Landes- bzw. Provinzialbanken durch Landesgesetze faktische, nicht juristische Nachfolger der Großbanken in den Ländern der SBZ. Nach: Herbert Wolf, Geld und Banken nach dem Zweiten Weltkrieg - in Deutschland, in: Hans Pohl (Hrsg.), Europäische Bankengeschichte, Frankfurt am Main 1993, S. 554

meines verstorbenen Freundes - Peter Wust (1884-1940), katholischer Philosoph, zuletzt Professor an der Universität Münster, mit Kasack seit 1933 (Aufenthalt in Dornburg) gut bekannt und befreundet, erschien in *Der Stadt hinter dem Strom* als Professor Munster. Wusts Buch *Ungewißheit und Wagnis* kam (Salzburg/Leipzig) 1937 heraus. Im Tagebuch Kasacks gibt es zahlreiche Hinweise auf Wust, die bezeugen, wie dieser Kasack zu philosophischer Lektüre (Nietzsche, Plato) anregte und wie gut er gleichzeitig Kasack als Dichter verstand. Anfang April 1942 (Ostern) heißt es im Tagebuch: »... ich las einige Stellen aus sei-

nem (Wusts) Buch ›Ungewißheit und Wagnis‹. Darin lag seine letzte Karte an mich und die Todesanzeige. Sie trug das Datum des 3. April. Und der 3. April war auch dieser Karfreitag. So ›melden sich‹ die Toten!«
Insecuritas humana – (lat.) menschliche Unsicherheit, Ungewißheit

210
Annas Haus – Anna Höllering, Österreicherin, in den zwanziger Jahren Frau des mit Kasack befreundeten österreichischen Schriftstellers Georg Kulka (1897–1929), dessen *Aufzeichnung und Lyrik* Kasack und Helmut Kreuzer (Stuttgart 1963) herausgaben. Anna Höllering war auch Rezitatorin im Rundfunk, dann Cutterin bei der Ufa. Ihre Schwester Lene war mit dem Berliner Fabrikanten Erich Schulhof verheiratet, in dessen Haus Kasack bis zur Emigration Schulhofs nach England viel verkehrte. *Gerkrathstraße* in Berlin-Nikolassee

211
wenn es gelingt – am 30. November 1945 schrieb Hans Erich Nossack an Hermann Kasack: »Lieber Freund, gestern trafen Briefe vom 18., 22. 11. und das restliche Manuskript ein. Der Einschreibbrief hat 4 Tage länger gebraucht als der gewöhnliche Brief aus Zehlendorf...« Aus: Hans Erich Nossack, Dieser Andere. Ein Lesebuch mit Briefen, Gedichten, Prosa, hrsg. von Christof Schmid, Frankfurt am Main 1976, S. 55
Nossack – Hans Erich Nossack (1911–1977), mit Kasack befreundeter und von diesem geförderter Schriftsteller, freier Schriftsteller erst seit 1956, zuvor in der väterlichen Kaffeehandelsfirma (Eugen Nossack Hamburg 11, Sandthorquai 1) tätig. Bei den Luftangriffen auf Hamburg 1943 verbrannten fast alle Manuskripte Nossacks, von denen abgesehen, die bei Freunden in Salzburg und vor allem bei Kasack bzw. bei Pritzkow in Milow lagen. In einem langen Brief an Kasack vom 12./13. Dezember 1943 (a. a. O., S. 13 ff.) wird von Nossack sein Schaffen bis dahin (Rotte Kain, Ilnin. Szenen aus der Russischen Revolution, Der Hessische Landbote, Die Hauptprobe u. a.) gleichsam bilanziert, und Nossack erinnert an seine Begegnungen mit Kasack (August 1942). Kasack hatte Gedichte von Nossack in einem Band publizieren wollen. Am 13. März 1942 notierte Kasack:

»... Hans Erich Nossack, dessen großartiges Gedicht ›Das Mädchen und der Tod‹ auch Suhrkamp, dem ich's mit einigen anderen vorlegte, einzugehen schien.« Die Zensur verhinderte das Erscheinen des Bandes, Kasack ließ aber in der *Neuen Rundschau* 1944 ein Gedicht Nossacks (Die Botschaft = Der Flüchtling) drucken, das auf diese Weise zu Nr. 1 der Bibliographie Nossacks geworden ist. In dem Brief Nossacks vom 12./13. Dezember 1943 heißt es bekennerisch: »Ich spreche nicht zu dem Lektor eines Verlages, sondern zu dem befreundeten Dichter, den ich durch meine Verse kennenlernte, wofür ich Ihnen dankbar sein muß. Etwas Höheres kann es eigentlich nicht geben, als für eine dichterische Äußerung eine menschliche Antwort zu erhalten. Sie können sich auch kaum vorstellen, welche Bereicherung ich dadurch erfuhr, als mir, der ich bislang blind durch mich selber war, plötzlich über Ihr ›Ewiges Dasein‹ die Augen für eine Welt aufgingen, die außer mir da war...« (a. a. O., S. 27). Vom Thematischen her (Tod, Mythos) gibt es zweifellos Affinitäten im Werk beider Schriftsteller. – Als Nossack 1961 den Büchnerpreis erhielt, hielt Kasack die Laudatio (Jahrbuch der Deutschen Akademie, 1961, S. 79 ff.). Nossack schrieb über Kasacks *Webstuhl* (Meister des Gleichnisses, in: Die Welt am Sonntag, 18. Dezember 1949) und Erinnerungen an Kasack (Er wurde zuletzt ganz durchsichtig, in: Parabeln. Jahrbuch der Freien Akademie der Künste in Hamburg, 1966, S. 228 ff.). Briefe Nossacks sind in dem hier erwähnten Band gedruckt; der Briefwechsel Kasack – Nossack 1945 bis 1949 findet sich, présenté par Huguette Giraud, in: Recherches Germaniques, 2, 1972, S. 204 ff. Von Nossack erschienen u. a. *Gedichte* (Hamburg 1947) und *Nekya. Bericht eines Überlebenden* (Hamburg 1947), die Kasack im wesentlichen aus den Manuskripten kannte, *Spätestens im November* (Suhrkamp 1955) und vor allem *Der Fall d'Arthez* (Suhrkamp 1968)

212

Ihr Mann – von Haus aus Ingenieur, gehörte nur am Rande zu Kasacks Freundeskreis

Sämtliche Konten sind gesperrt – auf einer Konferenz von Marschall Schukow (Shukow) mit den Präsidenten und Vizepräsidenten der Landes- und Provinzialverwaltungen der SBZ am 13./14. November 1945 sprach der

Chef der Finanzverwaltung der Sowjetischen Militär-Administration (zitiert nach der Quellenedition aus der Zeit der antifaschistisch-demokratischen Umwälzung, a. a. O., S. 138): »Dieser führte aus: Bei dem Einmarsch der Roten Armee betrug der Geldumlauf 68 Milliarden RM, die Staatsschuld 400 Milliarden RM. Heute befinden sich noch bei den Landesbanken insgesamt 3 Milliarden RM. Die Zahlen beweisen, daß eine Überschwemmung von Geldmitteln zu verzeichnen und die ganze Währung wertlos war, weil ein genügender Warenaustausch nicht vorhanden gewesen ist. Für die SMA stand die Frage einfach so, soll dieser Geldumlauf, der unvermeidlich zu einer Inflation führen muß, bleiben oder eine starke Einschränkung des Notenumlaufes durchgeführt werden. Die SMA entschloß sich zu dem letzteren, um den Versuch zur Stabilisierung der Währung unter allen Umständen zu machen und um eine Inflation, die das Chaos noch vergrößert hätte, unter allen Umständen zu vermeiden. Dies konnte nur dadurch geschehen, daß die Bankkonten gesperrt wurden. Hierbei ist noch zu bedenken, daß im allgemeinen gesehen die auf Bankkonten lagernden Geldmittel durch den Krieg angesammelt worden sind.«

»Opfer des Faschismus« – bereits bei der Bildung des Berliner Magistrats im Mai 1945, der zum Modell für die gesamte frühe Entwicklung der Administration in der SBZ wurde, war eine Abteilung eingerichtet worden, die Opfer des Faschismus anerkannte, sie mit entsprechenden (O. d. F.)Ausweisen ausstattete und ihnen jegliche Hilfe zukommen ließ. Für die Mark Brandenburg finden sich (Rückblick und Rechenschaft, a. a. O., S. 46) folgende Angaben: »In dem Referat ›Opfer des Faschismus‹ wird insbesondere die Frage der Anerkennung der wirklichen Opfer des Faschismus, d. h. der politischen Kämpfer, sowie die Frage der Wiedergutmachung der ihnen durch den Faschismus zugefügten Schäden bearbeitet. Von rund 6000 Anträgen auf Anerkennung als Opfer des Faschismus wurden 1900 anerkannt und bestätigt. Davon sind etwa 40 % politische Kämpfer, 10 % Hinterbliebene, 15 % Rassenverfolgte, 35 % Sonstige (Rundfunkverbrecher, 20. Juli usw.).«

Dr. Poczka – Dr. Niels Poczka, Chefarzt im Städtischen Krankenhaus Potsdam, der (wie mit Kasack auch) mit Suhrkamp bekannt war und ihn 1945 behandelte. »Als Potsdam von den Russen eingenommen wurde, wurde Herr Dr. Poczka nach Rußland verschleppt und zu 25 Jah-

ren schweren Kerker verurteilt. Er kehrte jedoch im Dezember 1953 zurück und hatte dann auch wieder Kontakt mit Herrn Dr. Suhrkamp.« Mitte der fünfziger Jahre lebte Dr. Poczka in München. Nach Mitteilungen von Helene Ritzerfeld an Günter Wirth, März 1996. – In Potsdam hatte Dr. Poczka gewohnt: Behlertstraße 5. In einem Brief Suhrkamps an Gottfried Bermann Fischer vom 3. August 1945 heißt es: »... Unsere Wohnungsadresse ist jetzt: Potsdam, Behlertstr. 5, dort haben wir im Augenblick ein Zimmer; die Verlagsadresse: Berlin W 35, Woyrschstr. 13.« Gottfried Bermann Fischer, a. a. O., S. 336
Frau Feder und ihre Tochter – Näheres war noch nicht zu ermitteln

213
Maria Luther – Näheres war noch nicht zu ermitteln
keine Musik gibt – vgl. die (auch musikästhetisch hochinteressanten) Abschnitte im 13. Kapitel der *Stadt hinter dem Strom,* wo sich überdies Bemerkungen zu Bach finden. Vgl. auch S. 35

214
Wait and see - (engl.) (ab)warten und (zu)sehen
in Potsdam ist man noch etwas zurückhaltend – auf der ersten Konferenz der Provinzialverwaltung der Mark Brandenburg mit Landräten und Oberbürgermeistern am 13. Juli 1945 in Brandenburg/Havel, die schon einmal erwähnt war, sagte der Erste Vizepräsident Bechler: »Wir stehen auf dem Standpunkt, daß in unserer Selbstverwaltung, d. h. in den Körperschaften, die heute das deutsche Volk verwalten und regieren, unmöglich ein Angehöriger der NSDAP bleiben kann. Wir sind der Ansicht, daß an diesen Stellen kein Angehöriger der Nazipartei bleiben kann, der mit dazu beigetragen hat, uns in diese Katastrophe zu führen. Wir geben deshalb von der Provinzialverwaltung aus die klare Anweisung an Sie: Im Laufe dieses Monats sind etwa noch vorhandene Angehörige der Partei aus allen Stellen der Selbstverwaltung zu entfernen. Ich bitte, daß die Herren Landräte und Oberbürgermeister uns am 1. August 1945 darüber berichten, daß diese Anordnung durchgeführt wird. Diese Weisung entspricht gleichzeitig einer Anordnung der Militärregierung des Marschalls Shukow. Es wäre politisch falsch, die Leute auf die Straße zu setzen, d. h., sie sind dem Arbeitsamt zu übergeben.« A. a. O., S. 69

216
Civil-Waisenhaus – Stiftung aus den Jahren 1820 bis 1822, aus der Zeit von Türks, des Potsdamer »Pestalozzi«, in der Neuen Königstraße 122, der späteren Berliner Straße. Es war dies insofern die alte *Fellenbergsche Heimat,* als der Vater von Johanna (Hanne) Fellenberg und ihrer Schwester Maria, Professor Otto Fellenberg (1859–1926), von Haus aus Lehrer an einer höheren Schule, Leiter des Civil-Waisenhauses gewesen war. Ihre Mutter war die zweite Frau Fellenbergs, Elisabeth geb. Lumpe (1875–1928)
Apotheker Branstedt – Apotheker August Bramstedt in der Spandauer Straße 3 (Friedrich-Ebert-Straße 35), Cecilienapotheke; 1947 im Adreßbuch nicht erwähnt, aber 1949 (als Bramstaedt)
Sigismundstraße 13 – heutige Hans-Sachs-Straße, unweit des Parks von Sanssouci. Hier wohnten Kasacks bei Famlie Rohde bis zum Weggang Anfang Februar 1949, hier wurde 1946 *Die Stadt hinter dem Strom* vollendet. Rohdes waren wir schon als den Eltern von Waltraut Rohde begegnet: Walter Rohde (1888–1974), Reichsbankrat, nach 1945 führendes Mitglied der LDP, wegen eigenständiger Auffassungen beruflich und politisch repressiven Maßnahmen ausgesetzt; Melitta Rohde (1893–1990), bis zur Heirat (1920) Lehrerin. 1958 sind Rohdes nach Höxter gegangen. »Es gab niemals Schwierigkeiten mit der ›Einquartierung‹ von Kasacks bei meinen Eltern. Mein Vater und Hermann Kasack, beide Altphilologen und Schüler des Viktoriagymnasiums, sympathisierten sehr; beide Frauen waren seit langen Jahren befreundet ...« (Waltraut Schneider an Günter Wirth, 18. März 1996). Waltraut Schneider fügte hinzu, die Familie habe früh um die Bedeutung der *Stadt hinter dem Strom* gewußt; schließlich sei ja der Roman »in unserem Hause« entstanden. »Nach Kasacks Weggang nach Stuttgart hat meine Mutter Kasacks beweglichen Hausrat in Paketen ... nachgeschickt, und das unter beinahe Lebensgefahr, denn in Potsdam wurde die S-Bahn ja sehr kontrolliert ...« (a. a. O.). Ende August 1960 schickte Hermann Kasack nach seiner Moskau-Reise ein Foto, das Wolfgang Kasack im russischen Winter zeigt, und er fügte hinzu: »Seien Sie für alle Zuneigung seit fast anderthalb Jahrzehnten bedankt, damals, als Sie uns Obdachlose im August 1945 aufnahmen! Wieviel Erinnerungen!« Foto und Text bewahrte Walter Rohde in einer von H. K. gewidmeten Ausgabe der *Fälschungen*

Dr. Christians - Näheres war noch nicht zu ermitteln
Buhses - ein »Tante-Emma«-Laden in der Lindenstraße

217
Kohlenfirma Krüger - Holz- und Kohlenhandlung Ewald Krüger, Viktoriastraße 84 (Geschwister-Scholl-Straße)
Freuer - Näheres war noch nicht zu ermitteln; 1949 ist in Potsdam ein Schriftsetzer W. Freuer, Brandenburger Straße 70, nachgewiesen
Stichnote - Werner E. Stichnote (1908-1994), Sohn des Potsdamer Buchdruckereibesitzers Ed. Stichnote, Realgymnasium und Buchdruckereilehre, seit 1943 Inhaber der Druckerei und des Verlags, 1951 Übersiedlung nach Darmstadt und Neugründung des Verlags, 1953 Geschäftsführer des Verlags Das Goldene Vließ, später des Ullstein Taschenbuch Verlags, schließlich (bis 1971) Leiter des Ullstein Propyläen Verlags, 1968 bis 1971 Vorsteher des Börsenvereins; Mitglied des P.E.N. In der Potsdamer Nachkriegszeit Publikation bemerkenswerter Kunstbände und wissenschaftlicher Werke, Mitarbeit bei der Gründung von *Sinn und Form,* zusammen mit Peter Huchel, Kasack und Werner Wilk

218
Frau Lange - offenbar Frau Lange, eine Witwe, die in der Nauener Straße 59 wohnte (Friedrich-Ebert-Straße)

219
Betriebsmühle des Verlages - »Als erstem Berliner Verleger wurde Peter Suhrkamp ... am 17. 10. 1945 die Lizenz von der britischen Besatzungsmacht erteilt. Kasack blieb Verlagslektor, bis er nach Stuttgart übersiedelte und der Verlag seinen Schwerpunkt von Berlin nach Frankfurt verlagerte ...« (Wolfgang Kasack, a. a. O., S. 66). Die Übersiedlung nach Stuttgart erfolgte am 17. August 1949 (ebenda, S. 92)

220
Vision für die Stadt - gemeint ist zweifellos die Versammlung auf dem Katakombenfeld, mit dem das 13. Kapitel abschließt, das erste nach dem Krieg geschriebene. In ihm reflektierte der Dichter das Miserere der Geschundenen, aber auch die Selbstanklagen und Selbstrechtfer-

tigungen der Peiniger, etwa der »Schwarzblusen«. Durch den Archivar spricht Kasack: »Mir kommt es so vor, ... als ob das Böse, die Gemeinheit, die Niedertracht, all die Scheußlichkeiten erst durch uns ... in die Welt gebracht werden ... Wenn ich sage, ... daß das Leben ein Gleichnis des Todes ist, so gibt euch das Wissen darum keinen Trost. Trost schenkt nur gläubige Liebe ...«

Lisa Loock - Schwester von Hans Loock, Angestellte (Sekretärin in einem Krankenhaus). Vgl. auch S. 152

nach dem 30. 9. - am 7. September 1945 veröffentlichten die Tageszeitungen - hier zitiert aus der SPD-Zeitung *Das Volk* - eine Meldung über die Sitzung der alliierten Kommandantur der Stadt Berlin. Im Kommunique dieser Sitzung heißt es: »Der Termin zur *Registrierung und Ausgabe der Lebensmittelkarten* an zurückgekehrte, ehemalige Bewohner Berlins wird bis zum 1. Oktober 1945 verlängert ...«

Für Dr. D[ornseiff] - Prof. Dr. Franz Dornseiff (1888-1960), Altphilologe, seit 1925 Professuren in Greifswald, Erlangen und Leipzig, Mitglied der Sächsischen Akademie der Wissenschaften, Nationalpreis der DDR. Veröffentlichungen u. a. über archaische Mythen sowie über Antike und alten Orient. Hauptwerk: Der deutsche Wortschatz nach Sachgruppen, 1934. Hierzu hatte Kasack dem damaligen Greifswalder Ordinarius Ergänzungen geschickt. Aus einer ersten Begegnung am 28. Oktober 1934 (Tagebuch vom 2. November 1934 mit bewegenden persönlichen Eindrücken und von sachlicher Stringenz - Sprache, Archaisches, Orient, Dichtung) erwuchs eine enge Zusammenarbeit. Von der dritten Auflage an (1943) war das Werk Kasack gewidmet, und Dornseiff hielt im Vorwort fest, die »assoziative Kraft des Dichters« sei seinen philologischen Bemühungen zu Hilfe gekommen. Offensichtlich strebte Kasack nach dem Kriege eine Zusammenarbeit mit Dornseiff über das an, was dann schon frühzeitig von Victor Klemperer mit *LTI* geleistet worden war

221

Hebbel-Theater - das Hebbeltheater (Hebbel-Theater) war eines der ersten Berliner Theater, das nach der Befreiung der Stadt spielte (in der heutigen Stresemannstraße im damaligen amerikanischen Sektor). Am 15. August 1945 war Premiere der *Dreigroschenoper* Brechts in der Inszenierung des Intendanten Karl-Heinz Martin, am 22. August 1945 von Zuckmayers *Der fröhliche Weinberg* in der Inszenierung von Ernst Stahl-Nachbaur. Möglicherweise war Suhrkamp, Freund Brechts und Zuckmayers, in einer der Aufführungen. Vgl. Walther Karsch, Was war – was blieb ... Berliner Theater 1945–1946, Berlin 1947, S. 163

daß es ihm auf das Sein ankäme – als Suhrkamp am 13. November 1945 erstmalig wieder an Hesse schrieb, bekannte er: »Da ich ... keine eigentliche Rekonvaleszenz hatte, habe ich mich nur sehr schwer und auch bis jetzt nur sehr schlecht erholt ... Immerhin arbeite ich jetzt wieder, und mehr denn je und klarer denn je steht meine Aufgabe vor mir. Ein Gefühl der tiefen Hoffnungslosigkeit als Schatten manchmal im Hintergrund will ich dabei nicht ganz verleugnen. Suchen Sie mich deswegen aber nicht unter den Kultur- und Kunstbeflissenen hier, die sofort wieder betriebsam und geschäftig aus ihren Löchern auf die Straße gekommen sind ...« Nach: Siegfried Unseld, a. a. O., S. 114

222

Gestern traf ich Prof. Schadewald – Prof. Dr. Wolfgang Schadewaldt (1900–1974), klassischer Philologe, Professuren u. a. in Königsberg, Freiburg, Berlin (1941–1950), dann Tübingen, bedeutender Homer-Forscher und -Übersetzer, ferner u. a. Arbeiten über Sophokles, Mitherausgeber von *Hermes* (1931 bis 1944) und *Die Antike* (1936 bis 1944), von 1966 an mitverantwortlich für das Goethe-Wörterbuch

Stück I vom Totentanz – Aus dem »Totentanz 1945«, in: Gunter Groll, De Profundis – Deutsche Lyrik in dieser Zeit. Eine Anthologie aus zwölf Jahren, München 1946. Dort sind zwei Stücke abgedruckt, die Kasack als III. und IV. Stück bezeichnet hat (datiert auf September und 4. Oktober 1945). Grolls Anthologie mit Gedichten aller wichtigen Autorinnen und Autoren der inneren Emigration von Bergengruen bis Wiechert liest sich wie eine Antwort auf Thomas Mann. Vgl. S. 224

Erika Lindhorst – erste Frau von Walter Gramatté

223

ist Omi gestorben, Tante Lena – in Nr. 45/1945 der Berliner CDU-Zeitung *Neue Zeit* vom 12. September 1945 ist folgende Traueranzeige veröffentlicht: »Meine liebe Mutter *Elsbeth Kasack geb. Huguenel* ist im 73. Lebensjahr am 31. August 1945 sanft entschlafen. Zwei Tage zuvor verschied ihre Schwester *Helene Thiele geb. Huguenel* im 69. Lebensjahr. Im Namen der Hinterbliebenen *Hermann Kasack,* Potsdam, z. Z. Sigismundstraße 13. Die Trauerfeier hat bereits stattgefunden.« – Hieraus würde, wie schon angedeutet, hervorgehen, daß Hermann Kasack die *Neue Zeit* bereits früh als wichtigstes »bürgerliches« Organ zur Kenntnis genommen hatte. – Helene Thiele, Tante Lena, war in Berlin ausgebombt und hatte bei ihrer Schwester Zuflucht gefunden; ihr Mann war im Bauwesen tätig gewesen

Zur Totenstadt – vermutlich die Szene aus dem 9. Kapitel: »Andere konnte man in den zusammengestürzten Wohnstätten, die ihres Zweckes entkleidet waren, dabei beobachten, wie sie nach Resten von verschüttetem Hausrat suchten ... Sie stökerten herum wie schüchterne Schatzgräber und machten einen erschöpften Eindruck ...« Vgl. vor allem aus dem Zyklus *Totentanz* (a. a. O., S. 189): »Mitten im sommernden Wald sind rotbraun die Blätter gefallen, / Kühle schauert ins Land, als sei ein Ephebe der Trauer / Aus der Erde gestiegen und zöge durch schwammiges Zwielicht / Graue Schatten heran, bis aus dem Gehölz auf den Wiesen, / Wo die Krähen, verscheucht, träge zu schwärmen beginnen, / Mächtig ein Heerbann sich zeigt und, ungeordnet im Geiste, / Stockenden Fußes sich hinschleppt: der Bettelorden der Zukunft.«

Frau Petz, Frau Duboys-Reymond – Näheres war noch nicht zu ermitteln

224

Gleiche Ansicht über Thomas Manns Entgegnung – damit ist Bezug genommen auf die frühe Debatte über Kollektivschuld und individuelle Verantwortlichkeit im Umfeld der deutschen Literatur, die im allgemeinen unter dem Rubrum »innere Emigration« behandelt wird. Die Tatsachen und die Problemlage sind übersichtlich dargestellt von Dieter Lattmann, in: Kindlers Literaturgeschichte der Gegenwart. Die Literatur der Bundesrepublik Deutschland, hrsg. von Dieter Lattmann. Teil I (Überblick von Dieter Lattmann), München 1973, S. 34 ff. »Am 8. Mai 1945 hatte Thomas Mann, inzwischen amerikanischer Staatsbürger, sich ausdrücklich einbezogen in das, was er ›unsere

Schmach‹ nannte. ›Denn alles Deutsche‹, erklärte er, ›alles, was deutsch spricht, deutsch schreibt, auf deutsch gelebt hat, ist von dieser entehrenden Bloßstellung mitbetroffen.‹ Diese Rundfunkrede erschien in der *Bayerischen Landeszeitung* vom 18. Mai 1945 und löste eine tiefgreifende Kontroverse aus.

Zu denen, die ihm jetzt und später öffentlich antworteten, gehörten *Walter von Molo, Frank Thiess, Edwin Redslob, Emil Preetorius* und *Wilhelm Hausenstein.* Molo, der seit 1913 in Berlin als freier Schriftsteller gelebt und sich 1933 aus Gegnerschaft gegen das nationalsozialistische Regime auf sein Gut bei Murnau in Bayern zurückgezogen hatte, veröffentlichte am 13. August 1945 in der *Münchener Zeitung* einen offenen Brief an Thomas Mann, in dem es unter anderem hieß:

›Mit aller, aber wahrhaft aller Zurückhaltung, die uns nach den furchtbaren zwölf Jahren auferlegt ist, möchte ich dennoch heute bereits und in aller Öffentlichkeit ein paar Worte zu Ihnen sprechen: Bitte, kommen Sie bald, sehen Sie die von Gram durchfurchten Gesichter, sehen Sie das unsagbare Leid in den Augen der vielen, die nicht die Glorifizierung unserer Schattenseiten mitgemacht haben, die nicht die Heimat verlassen konnten, weil es sich hier um viele Millionen Menschen handelte, für die kein Platz auf der Erde gewesen wäre als daheim, in dem allmählich gewordenen großen Konzentrationslager, in dem es bald nur mehr Bewachende und Bewachte verschiedener Grade gab . . .‹

Wenige Tage danach, am 18. August 1945, ließ *Frank Thiess* in derselben Zeitung einen offenen Brief an Thomas Mann folgen, der mit dem Titel *Die innere Emigration* überschrieben war . . .

In einem ›Offenen Brief an Deutschland‹, der zuerst am 28. September 1945 in der deutschsprachigen, in New York herauskommenden Zeitschrift *Aufbau* erschien und dann unter dem Titel *Warum ich nicht nach Deutschland zurückgehe* im Oktoberheft 1945 der *Neuen Schweizer Rundschau* sowie in der Tageszeitung *Augsburger Anzeiger* vom 12. Oktober 1945 nachgedruckt wurde, beantwortete Thomas Mann das Ansinnen Walter von Molos. Er schrieb unter anderem: ›. . . Ich gestehe, daß ich mich vor den deutschen Trümmern fürchte – den steinernen und den menschlichen. Und ich fürchte, daß die Verständigung zwischen einem, der den Hexensabbat von außen erlebte, und Euch, die Ihr mitgetanzt und Herrn Urian aufgewartet habt, immerhin schwierig wäre. Wie sollte ich unempfindlich sein gegen die Briefergüsse voll lang verschwiegener Anhänglichkeit, die jetzt aus Deutschland zu mir kommen! Es sind wahre Abenteuer des Herzens für mich, rührende. Aber nicht nur wird meine Freude daran etwas eingeengt durch den Gedanken, daß keiner davon je wäre geschrieben worden, wenn Hitler gesiegt hätte, sondern auch durch eine gewisse Ahnungslosigkeit, Gefühllosigkeit, die daraus spricht, sogar schon durch die naive Unmittelbarkeit des Wiederanknüpfens, so, als seien diese zwölf Jahre gar nicht gewesen. Auch Bücher sind es wohl einmal, die kommen. Soll ich bekennen, daß ich sie nicht gern gesehen und bald weggestellt habe? Es mag Aberglaube sein, aber in meinen Augen sind Bücher, die von 1933 bis 1945 in Deutschland überhaupt gedruckt werden konnten, weniger als wertlos und nicht gut in die Hand zu nehmen. Ein Geruch von Blut und Schande haftet ihnen an; sie sollten alle eingestampft werden.‹

Der Streit erreichte dann das Stadium der unmittelbaren Konfrontation, als Thomas Mann am 30. Dezember 1945 in einer Rundfunkrede nochmals und in abermals verschärftem Ton den Gedanken seiner Heimkehr brüsk zurückwies und Frank Thieß ihm noch am selben Tag über den Nordwestdeutschen Rundfunk antwortete. Der Bruch schien unwiderruflich zu sein. In der 1946 erschienenen Schrift *Ein Streitgespräch über die äußere und die innere Emigration* veröffentlichte Thieß den Beitrag *Abschied von Thomas Mann.*

Die Kontroverse blieb trotz einiger Ausgleichsversuche (vor allem *Erich Kästner* versuchte mit dem Artikel *Betrachtungen eines Unpolitischen* in der *Neuen Zeitung* vom 14. 1. 1946 in seiner unnachahmlichen Weise den verbitterten Tonfall ironisch aufzubrechen) noch über das ganze Jahr 1946 hinweg ein vielfach besprochenes Thema, ehe sie 1947 mit dem Erscheinen des *Doktor Faustus* einen neuen, ebenso brisanten Anlaß fand. Thomas Mann hat sich daran öffentlich nicht mehr beteiligt, jedoch lassen einige Privatbriefe aus jener Zeit (an Hermann Hesse vom 25. November 1945, an Dolf Sternberger vom 19. März 1946) an seiner Meinung keinen Zweifel.

Walter von Molo schrieb am 13. September 1946, also aus einigem Abstand, an Hermann Kasack:

›... Im Vorjahre, als ich an Thomas Mann schrieb, war ich der Alte in Kraft und Hoffnung, und erwartete endgültigen, schönen gemeinsamen Kampf mit den früheren Freunden, gegen alles das, was vor 1933 wir wohl deutlich sahen, aber doch nicht ernst genug betrachteten. Und dann kam der Brief von Thomas Mann, sehr weltfremd und enttäuschend für mich. Aber ich hätte ihm geantwortet, denn wir hätten manches Gute klären können, da begann die unleidige Briefschreiberei der Literaten, und jeder mischte sich in diesen Briefwechsel, der wahrhaft als persönlicher angefangen hatte. Da verlor ich die Lust, und seither habe ich vor unserer Öffentlichkeit mit allem Drum und Dran einen derartigen Ekel, daß es mir schwer wird, über die Menschen zu lächeln ...‹«
Zu Kasack und innerer Emigration vgl. u. a.: Heribert Besch. Dichtung zwischen Vision und Wirklichkeit. Saarbrücker Beiträge zur Literaturwissenschaft Band 33, St. Ingbert 1992; Günter Scholdt, »Den Emigranten nach außen entsprechen die Emigranten im Innern.« Kasacks Diktum und die Kritik an einem Begriff, in: John, Neumann (Hrsg.), a. a. O., S. 99 ff. Kasacks »Diktum« steht im Tagebuch schon unter dem 26. Juni 1933! Auf Walter von Molo schrieb Kasack einen Nachruf, in: Jahrbuch der Akademie der Wissenschaften und der Literatur, 1959. Zuvor hatte er ihn zum 70. Geburtstag (14. Juli 1950) gewürdigt (Mosaiksteine, S. 317 ff.)

225
daß die Neue Rundschau – »Den Verlust unserer Zeitschrift ›Neue Rundschau‹ hatte ich in allen diesen Jahren nicht verschmerzt ... Meine Vermutung, daß sie inzwischen verboten worden war, hat sich später als richtig erwiesen. Der 70. Geburtstag Thomas Manns bot mir den Anlaß, sie wieder zum Leben zu erwecken und als freie unabhängige Zeitschrift außerhalb Deutschlands erscheinen zu lassen. Das erste Heft sollte Thomas Mann gewidmet sein und aus Beiträgen seiner Freunde bestehen. Joachim Maass ... und Richard Friedenthal ... boten mir ihre redaktionelle Hilfe an ...« Gottfried Bermann Fischer, a. a. O., S. 310. Nach der Erinnerung von Helene Ritzerfeld hatte Suhrkamp ebenfalls die Edition der *Neuen Rundschau* geplant, mit Dolf Sternberger als Herausgeber. Vgl. S. 224

Die schlimme Zeit beginnt - auch hier sehen wir wieder, wie der genaue Beobachter Kasack die Nöte des Alltags in objektiver Perspektive festmacht. In der Rückschau heißt es etwa in *Rückblick und Rechenschaft,* a. a. O., S. 24 (und der Winter 1946/47 war ja dann gerade auch in Potsdam noch schwieriger): »Große Rückschläge entstanden auch dadurch, daß die aus anderen Provinzen und Ländern vorgesehenen Lieferungen nicht oder nur teilweise in der Mark Brandenburg eintrafen. So blieb Margarine vollkommen aus. Allein daraus ergab sich ein Ausfall von 63 % der für die Bevölkerung planmäßig vorgesehenen Fettmenge. Im Versorgungszeitraum November/Dezember 1945 haben die auswärtigen Liefergebiete die Provinz Mark Brandenburg mit der Belieferung von Fett sehr weitgehend im Stich gelassen. Dadurch konnten im Durchschnitt der Provinz nur 40 % der Kartenansprüche auf Fett erfüllt werden. Die Zuckerlieferungen aus anderen Gebieten waren ebenfalls stockend. Es konnten infolgedessen die Kartenansprüche auf Marmelade nicht voll erfüllt werden.
Im ersten Quartal 1946 war die Beschaffung auf anderen Gebieten noch immer schwierig und zögernd. Trotzdem gelang es - mit Ausnahme gewisser Restmengen an Brennereikartoffeln -, die planmäßig bestimmten Liefermengen restlos zu beschaffen. Im ersten Quartal 1946 konnten zum erstenmal seit Einführung der Versorgungspläne die Kartenansprüche der Verbraucher vollkommen erfüllt werden. Allerdings mußten einige Ersatzlieferungen vorgenommen werden; so wurde beispielsweise Fett in geringem Umfange durch Zucker und Mehl ersetzt.«
Dr. Ahlmann - Dr. Dr. Wilhelm Ahlmann (1895-1944), Privatbankier, war ein enger Freund Suhrkamps aus der Zeit des ersten Weltkriegs, offenbar der einzige aus dieser Zeit, und er war Gesprächspartner des Verlegers in der schweren Zeit des NS-Regimes (». . . in den Zeitbetrachtungen, die Suhrkamp unter dem Titel ›Der Zuschauer‹ und ›Tagebuch des Zuschauers‹ für die ›Neue Rundschau‹ schrieb, ist Ahlmanns Aspekt unverkennbar; die Figur des Doktor Violet weist charakteristische Züge von Ahlmann auf, und als Freund Hektor tritt er persönlich in Erscheinung . . .«). Der blinde Bankier schied unmittelbar vor seiner Verhaftung im Dezember 1944 »freiwillig« aus dem Leben, »›um die eigene Freiheit zu retten und um die Verschwiegen-

heit für seine Freunde zu wahren‹«. Nach: Siegfried Unseld, a. a. O., S. 60 und S. 102 f. Hermann Kasack würdigte Ahlmann, in: Der Lübecker Kaufherr Dr. Hahn (= Dr. Wilhelm Ahlmann), in: Tymbos für Wilhelm Ahlmann. Ein Gedenkbuch, hrsg. von seinen Freunden, Berlin 1951, S. 127 ff. Vgl. auch *Mosaiksteine,* S. 297 ff. Als »Hahn« hatte Kasack Ahlmann in der *Stadt hinter dem Strom* porträtiert
Gültigkeit - gültig, Gültigkeit sind Schlüsselbegriffe für Kasack. Vgl. Günter Wirth, in: John, Neumann (Hrsg.), a. a. O., S. 132 f.

228
Viele Briefe ... - von H. E. Nossack Briefe vom 19. September 1945 und 30. November 1945. In einem Brief Nossacks an Peter Suhrkamp vom 29. Oktober 1945 wird mitgeteilt, König lebe »in seinem verlassenen Drentwede« und »Neher bemüht sich hier«, also in Hamburg, darum, Gedichte Nossacks rezitieren zu lassen. Kasack hat also spätestens über Peter Suhrkamp vom Aufenthalt Königs und Nehers erfahren. Wahrscheinlich ging die Post Kasacks von Berlin-Zehlendorf aus ... Vgl. Christof Schmid, a. a. O.

229
mit der Thomas-Mann-Szene - offenbar die Passage im 13. Kapitel, in der ein Autor feststellen muß, daß seine Gesammelten Werke beim Besuch im Archiv sich auflösten; sie hatten keinen Bestand. »Als sich der Archivar später bei Leonhard erkundigte, unter welchem Stichwort der Besucher registriert worden sei, gab der Famulus an, daß er keinen Moment geschwankt habe, den Schriftsteller unter der Rubrik ›Gewesenes Bürgertum‹ einzugliedern.« Allerdings war dies wohl nur der Reflex auf die Debatte über »innere Emigration«, nicht das letzte Wort Kasacks zu Thomas Mann, über den er schon 1927 und 1930 in der Berliner Funkstunde gesprochen hatte und dem er dann 1955 Nachrufe in der ARD und in der Darmstädter Akademie widmete (Mosaiksteine, S. 335 ff.)

238
Karl Eugen Neumann ... - Karl Eugen Neumann (1865-1915), österreichischer Indologe, Privatgelehrter, gilt als meisterhafter Übersetzer

buddhistischer Texte; Hans Hasso von Veltheim, Schloßherr auf Ostrau, Privatgelehrter, in den fünfziger und sechziger Jahren erschienen seine Tagebücher aus Asien - über ihn u. a.: Udo von Alvensleben, Besuche vor dem Untergang. Adelssitze zwischen Altmark und Masuren (hrsg. von Harald von Koenigswald), Berlin, Frankfurt am Main, Wien 1968; Richard Wilhelm (1873-1930), Theologe und Sinologe, Missionar in Tsingtau, dann (ab 1924) Professor in Frankfurt am Main, Übersetzer von Lao-Tse, von seinen Werken sei genannt: Die Seele Chinas

239 f.
als man nicht merkt - eine tiefe Zäsur an dieser Stelle sah demgegenüber Carl Schmitt. Erst nach Abschluß meiner Nachbemerkungen wurde ich auf die Notiz in seinem *Glossarium* (Berlin 1991) unter dem 30. März bzw. 5. April 1948 hingewiesen. »Tief enttäuscht von dem zweiten Teil ...; hier wird er ein Karikaturist (mit Lizenznummer).« Der erste Teil habe Kubins »Andere Seite« und Kafkas »Prozeß« »mit bestem Erfolg in die Gegenwart der Jahre 1943/44« geführt; der zweite werde »plötzlich Karikatur«. »Warum hören alle diese begabten Schriftsteller nicht auf Ernst Jüngers Warnung vor jedem polemischen Wort?« Ich erwähne dieses Urteil, ohne es zu teilen, auch deshalb, weil die zuletzt gemachte Äußerung Schmitts mit einer Bemerkung Hans Erich Nossacks in einem Brief an Kasack schon vom 31. März 1944 (zu Kasacks Arbeit am Roman) korrespondiert: »Wovor wir uns hüten müssen: daß wir aus Polemik nicht Dingen, die schon einen Namen in der Zeit haben, eine Verkleidung mit andern Namen geben ...« Nach: Christof Schmid, a. a. O., S. 36

243
Haeckel - Julius Haeckel (1866-1940), führender Potsdamer Lokalhistoriker, Jurist, Amtsgerichtsdirektor, Verwandter Ernst Haeckels, der ja in Potsdam geboren wurde

245
»... zu überstehen haben werden ...« - wie sehr Kasack dies beschäftigte, geht aus seinem Briefwechsel u. a. mit Hans Erich Nossack hervor.

Am 5. April 1944 hieß es in einem Brief des im Bombenkrieg erfahrenen Hamburgers an den Potsdamer: »Daß Sie nun auch die äußerlichen Behinderungen durch zerstörte Fenster kennenlernen müssen, ist bedauerlich . . .« Und zuvor, am 20. Dezember 1943, hatte Nossack in einem Weihnachtsbrief geschrieben: ». . . Statt Weisheit müßten wir wohl lieber sagen: Kraft. Könnte ich sie nur auch anwenden, um die Bomben von Potsdam abzuwenden.« A. a. O., S. 44 und 34

263
bei Reclam in Leipzig - interessanterweise wurde in einer Notiz des Verlags die Nähe von Kasacks Buch zu Kubins *Anderer Seite* herausgestellt (vgl. Carl Schmitt)

BIBLIOGRAPHISCHE NOTIZ

Die Notizen aus Kasacks Tagebüchern sind zitiert aus: Heribert Besch, Dichtung zwischen Vision und Wirklichkeit. Eine Analyse des Werkes von Hermann Kasack mit Tagebuchedition (1930-1943), St. Ingbert 1992

Die Angaben zu Gedichten aus dem *Ewigen Dasein* folgen der Ausgabe von 1949

Heinrich von Kleist

Politische und journalistische Schriften

Ausgewählt und eingeleitet von Adam von Trott

1935 veröffentlichte Adam von Trott zu Solz im Potsdamer Alfred Protte Verlag die nun im Reprint wieder zugängliche Textauswahl. Dem Regimegegner ging es um eine radikale Diagnose der sich etablierenden Nazi-Diktatur. Heinrich von Kleist wurde für ihn zum Symbol für die Verteidigung des Rechts auf Freiheit: »Je unsicherer es mit der Welt überhaupt bestellt ist, desto sicherer ist es notwendig, für dieses Recht zu kämpfen.«
Der Historiker Prof. Dr. Dr. h. c. Günter Wirth spürt in einem ausführlichen Nachwort dem geistigen Umfeld Adam von Trotts nach und teilt die Ergebnisse aufwendiger Recherchen zur Potsdamer Buchhandels- und Verlagsgeschichte mit.

228 Seiten · 1 Abbildung · Festeinband · ISBN 3-89468-159-4

EDITION HENTRICH

Nathan Peter Levinson

Ein Ort ist, mit wem du bist

Lebensstationen eines Rabbiners

1921 in Berlin geboren, fielen Levinsons Entwicklungsjahre in die Anfangszeit des Naziregimes.
1941 gelang es ihm, mit seinen Eltern über Polen, Rußland, Korea und Japan nach Amerika zu kommen. Er begann mit seinem Studium am Hebrew Union College, dem ältesten Rabbinerseminar Amerikas, das er 1948 abschloß. Zwei Jahre später schickte ihn Leo Baeck nach Berlin zur Übernahme des liberalen Rabbinats in der Viersektorenstadt.
Nach mehreren Jahren als Militärrabbiner der amerikanischen Luftwaffe in Japan und Ramstein in der Pfalz wurde Levinson 1961 Gemeinderabbiner in Mannheim und 1964 Landesrabbiner in Baden. Zur gleichen Zeit übernahm er das Landesrabbinat in Hamburg und Schleswig-Holstein.

324 Seiten · 45 Abb. · Festeinband · ISBN 3-89468-206-X

EDITION HENTRICH